아웃퍼포머의 힘

뉴스통신진흥총서39

아웃퍼포머의 힘

9인의 일류 저널리스트

송의달 지음

미디어

한국 언론은 지금 3~4중(重) 위기를 겪고 있다. 팩트(fact·사실)보다 진영 논리에 입각한 가짜뉴스 범람에 따른 신뢰의 위기, 디지털 기술을 효과적으로 수용 못 하는 전환의 위기, 그리고 사안에 대한 심층 분석과 대안 제시, 권력 비판 같은 언론 본연의 사명감이 옅어지는 전문직주의(professionalism)의 위기이다.[1] 일부 인터넷 매체와 유튜브 방송 같은 신종 언론들은 실제로 뉴스를 돈벌이 수단으로만 여기고 있다.

챗GPT를 비롯한 생성형 인공지능(generative AI·생성 AI) 확산도 새로운 도전이다. 2023년 상반기에만 영국 파이낸셜 타임스(Financial Times)와 가디언(The Guardian), 독일 DPA(Deutsche Presse-Agentur)통신, 미국 비즈니스 인사이더(Business Insider) 등 세계 20여 개 언론사가 '생성 AI' 활용에 착수했다.[2]

생성 AI는 콘텐츠 생산의 효율화와 인력 절감에 효과가 큰 만큼 우리나라 언론계에 도입은 시간문제이다. 이렇게 되면 한국 언론은 업(業)의 본질이 취약한 상태에서 또 하나의 첨단 IT기술에 포획될 공산이 크다. 이는 근대성의 과제를 해결하지 못한 마당에 초현대적 문제까지 겹쳐져 실타래처럼 꼬인 모습을 연상시킨다.

그러잖아도 디지털 플랫폼이 정보 유통을 지배하는 21세기에는 100여 년 동안 통용돼 온 미디어 법칙들이 뒤집히고 있다. 필자가 언론계에 입문한 1989~90년만 해도 "신문에 나왔으니까"라는 말이 진실의 보증수표였다. 그러나 지금엔 그렇게 생각하는 이들을 찾는 게 더 어렵다.

이 책을 쓰게 된 동기(動機)는 이처럼 전례 없는 위기에 처한 한국 언론과 그 종사자들을 위한 희망과 용기를 찾아내기 위함이다. 미국 언론인 월터 리프먼(Walter Lippman)은 "저널리즘의 위기는 곧 민주주의의 위기"라고 했다. 그의 말 대로라면 한국 언론이 취약해질수록 한국 민주주의의 성숙과 한국 사회의 일류화·선진화는 멀어질 수밖에 없다.

종사자들의 위상도 마찬가지다. 독일의 사회학자 막스 베버(Max Weber)는 1919년 1월 말 뮌헨에서 '직업으로서 정치'라는 제목의 강연에서 "저널리스트의 책임은 학자보다 훨씬 크지만 세상 사람들은 경멸과 가장 애처롭고도 두려움이 섞인 눈길로 이들을 바라보고 있다"고 말했다.[3] 지금 한국 저널리스트들의 처지(處地)가 104년 전 독일보다 낫다고 얘기할 수 있는 사람이 몇 명이나 될까?

이런 와중에 한국 사회는 1인당 국민소득 3만 달러를 돌파하면서 글로벌화와 경제력 상승, 지식·학습 사회로의 급격한 진화 등을 경험했다.[4] 뉴스 소비자들의 기대와 눈높이는 당연히 선진국 상위 수준으로 높아졌다.[4] 한국 언론계는 생존 돌파구로 콘텐츠 유료화(有料化) 시도에 나서고 있다. 하지만 '돈 내고 구독할 만한 가치 있는' 콘텐츠를 지속 생산해내는 일류 저널리스트들이 없거나 그들의 존재가 빈약하다면, 유료화는 연목구어(緣木求魚)에 그칠 것이다.

필자는 한국 언론의 미래를 여는 열쇠가 '퀄리티 저널리즘(Quality Journalism)' 실현과 그 주인공인 저널리스트들에 있다고 생각한다. 이를 달성하는 방도로 취재 인력 확대와 저널리스트에 대한 경제적 대우 개선이 거론된다. 그러나 저널리스트들의 고급화와 질적(質的) 업그레이드, 이를 위한 내적인 깊은 자각(自覺)이 전제되지 않는다면 어떠한 외부 환경 변화도 만족할 만한 효과를 내기 힘들다.[5]

그렇다면 '퀄리티 저널리즘'을 구현하는 저널리스트는 어떠한 사람인가? 그리고 그런 저널리스트의 이념형(理念型·Idealtypus)은 무엇인가? 이 물음에 대한 해답의 작은 실마리를 찾는 게 이 책의 목적이다. 필자는 이론적 모색이 아니라 자타가 인정하는 일류 저널리스트들에 주목한다. 그들 각자의 생애에 걸친 저널리즘 정신(Journalism Spirit)과 분투(Endeavor)를 추적함으로써 한국 언론에 의미 있는 시사점을 얻을 수 있다는 판단에서다.

신문기자 6명과 방송인 2명, 최고경영자 1명으로 구성된 9명의 국적은 미국 8명과 한국 1명이다. 미국 저널리스트가 많은 것은 그들의 높은 노동 생산성과 경쟁력 때문이다. 여기에는 소명(召命)에 따른 직업의식을 중시하는 미국 사회 특유의 청교도 정신(Protestantism)과 자유·경쟁을 장려하는 사회문화적 요인이 작동한 것으로 보인다.

필자는 대상 저널리스트들을 '탁월성(卓越性)'과 '지속성(持續性)'이란 잣대로 정했다. 구체적으로 퓰리처상(Pulitzer prize)을 받은 5명의 신문인과 에미상(Emmy Awards)이나 피바디상(Peabody Awards)[6]을 받은 2명의 방송인을 포함했다. 20세기 최고 미디어 경영자로 평가받는 아서 옥스 펀치 설즈버거(Arthur Ochs 'Punch' Sulzberger) NYT 발행인 겸 회장과 우리나라의 박권상(朴權相)도 넣었다.

이들 저널리스트 가운데 8명은 짧게는 45년, 길게는 64년 동안 언론에

| 9명의 언론인 실적과 활동 기간 |

이름	실적	언론인 활동 기간(년)
Bob Woodward	퓰리처상 2회	52(1971~현재)
Thomas Friedman	퓰리처상 3회	45(1978~현재)
Barbara Walters	에미상 3회 수상, 18회 지명	64(1951~2015)
Walter Cronkite	피비디상 4회 수상	64(1935~1999)
David Broder	퓰리처상 1회	56(1953~2009)
Arthur Ochs 'Punch' Sulzberger	발행인으로 매출 250배 증가	45(1952~1997)
James Reston	퓰리처상 2회	57(1932~1989)
Marguerite Higgins	여성 최초 퓰리처상	24(1942~1966)
박권상	관훈클럽 총무 3회	51(1952~2003)

몸담았다. 45세에 생을 마감한 마거리트 히긴스(Marguerite Higgins)는 21세부터 24년간 현역 기자로 현장을 누볐다. 펀치 설즈버거를 제외한 8명은 최소 2권, 최다 22권의 저서(著書)를 냈다. '읽고, 쓰고, 말하는' 저널리즘 본령에 충실한 것이다. 월터 크롱카이트(Walter Cronkite)와 바버라 월터스(Barbara Walters) 등 방송인도 마찬가지다.

이들은 최고의 저널리스트가 되기 위해 각고의 노력을 쏟았다. 일례로, 제임스 레스턴(James Reston)은 일리노이대 신문방송학과 졸업 당시 학습이 미진한 청년이었으나 부단한 연마로 외교 전문지 '포린 어페어(Foreign Affairs)'에 네 차례 단독 기고했다. 편집국에서 부장, 국장 같은 보직을 맡지 않았던 데이비드 브로더(David Broder)는 매년 취재차 16만km 거리를 이동하면서 평생 4,000여 편의 정치 칼럼을 썼다. 밥 우드워드(Bob Woodward)는 60세 때부터 78세까지 18년 동안 10권의 책을 냈고, 그 중 대부분은 베스트셀러가 됐다. 이들은 한마디로 자기 분야에서 압

| 9명의 언론인 저서 등 |

언론인	저서(권)	특이 사항
Bob Woodward	22	14권 미국 베스트셀러 1위
Thomas Friedman	7	2022년도 연봉 30만 달러, 1회당 평균 강연료 4만 달러
Barbara Walters	2	45세에 여성 최초 방송 앵커 연봉 100만 달러 1호 방송인
Walter Cronkite	3	17시간 연속 방송… '앵커맨'의 효시
David Broder	8	보직 맡지 않고 평생 평기자
Arthur Ochs 'Punch' Sulzberger	0	뉴욕 지방 신문을 글로벌 미디어 제국으로
James Reston	4	미국 '포린 어페어'지 4차례 단독 기고문 게재
Marguerite Higgins	4	한국전쟁 취재 후 말라리아, 기관지염, 황달 등 6개 병 앓아
박권상	21*	논설위원·편집국장, 주필·사장 지내

* 번역서 3권 포함

도적인 성과를 낸 '아웃퍼포머(Outperformer)'들이다.

　9명의 아웃퍼포머들에게 공통점은 더 있다. 이들은 어렸을 때부터 저널리즘에 매료돼 자발적으로 언론계에 들어와서 미친 듯 즐겁게 일했다. 이들은 가족 또는 교사를 통해 저널리즘의 흥미와 경이로움에 눈을 떴고 공익(公益)과 대의(大義)에 관심을 가졌다.

　6살 때부터 신문과 인연을 맺은 월터 크롱카이트를 비롯해 토머스 프리드먼, 데이비드 브로더, 제임스 레스턴, 마거리트 히긴스 등이 그러했다. 이들은 중고교 시절 학교신문 기자로 일하면서 언론을 자신의 천직

(天職)으로 삼아갔다. 토머스 프리드먼(Thomas Friedman)은 고교 시절 저널리즘 담당 교사가 2001년 세상을 뜨자 그녀를 추모하는 감사 칼럼을 써서 실었다.[7]

이들은 부통령, 연방 상원의원, 국무총리, 장관 같은 언론계 밖의 높은 자리를 제의받았지만 모두 사양했다. 권력이나 돈보다 저널리즘 자체에 고유하고 깊은 가치와 보람이 있다고 확신해서였다. 그랬기에 이들은 공군 폭격기에 동승해 2만6,000피트 고공(高空)까지 올라가서, 또는 포탄이 난무하는 6·25 전쟁터에서 목숨을 걸고 취재했다. 9명은 몸과 마음에다 영혼까지 저널리즘에 바친 진정한 프로페셔널(professional)들이었다.

사회는 이들에게 명예와 부(富)로써 보상·상찬(賞讚)하고 있다. 미국 최고 명문인 하버드대는 대학 2년 중퇴자인 월터 크롱카이트에게 1980년 명예 법학박사 학위를 수여했다. 미국 등의 28개 대학은 제임스 레스턴에게 명예 박사학위를 주었고, 아리조나 주립대학은 1984년 '월터 크롱카이트 저널리즘스쿨'을 세웠다. 예일대는 데이비드 브로더에게 1984년 명예 박사학위를 수여했다. 토머스 프리드먼이 69세이던 2022년에 회사로부터 받은 연봉은 30만 달러(약 4억원)에 달한다.

여기서 우리는 퀄리티 저널리즘의 주체인 '일류 저널리스트들'은 개인의 노력(努力)과 열정(熱情), 언론사의 의지(意志)와 장려(獎勵), 이들을 둘러싼 사회의 지원(支援)과 북돋움이라는 3자(者)간의 합작품임을 깨닫게 된다.

책은 2명의 현역 저널리스트를 1, 2장에서, 3~8장은 출생 연도가 빠른 사람부터, 9장에선 한국 저널리스트를 만나는 순서로 구성한다. 끝으로 저널리스트 9명은 필자가 자체 기준으로 선정했으며, 뉴스통신진흥회와는 무관함을 밝힌다.

차례

밥 우드워드

Bob Woodward·1943~

미국 일리노이주 제노바 출생

예일대 학사(역사·영문학 전공)

1971년 워싱턴포스트(WP) 입사

편집국 기자, 부국장 겸 저술가

'우드워드·월쉬 재단' 공동 운영

1972년 6월 17일 토요일 오전 2시 30분쯤 워싱턴 DC 포토맥 강변에 있는 워터게이트 빌딩(Watergate complex)의 민주당 전국위원회(Democratic National Committee)에 다섯 명의 괴한이 침입했다. 도청(盜聽) 장치를 설치 하려다가 경찰에 체포된 5명은 신사복 정장 차림에 검은색 안경과 외과 수술용 장갑을 끼고 있었다. 이들의 지갑 안에는 곧게 펴진 여러 장의 연 속번호로 된 100달러 지폐가 들어 있었다. 이들은 카메라 2대와 휴대용 무선전화기 1대, 만년필 크기의 최루(催淚) 가스총, 전화통화를 포함한 실 내의 모든 대화를 엿들을 수 있는 도청기 등을 휴대한 상태였다.

워싱턴 DC 일대를 주로 다루는 워싱턴포스트(WP)의 6월 18일 일요일 자 A1면에는 "민주당 사무실 도청하려던 음모, 5명 붙잡혀"라는 기사가 큼지막하게 실렸다.[1] 어느 기자가 취재해 썼는지를 보여주는 '바이라인(By Line)' 표시에는 1935년부터 경찰을 담당해온 사회부 베테랑 기자인 알프 레드 루이스(Alfred Lewis) 한 명만 있었다. 그는 워싱턴 DC 경찰청장을 비롯한 수뇌부와 막역한 사이였다.

미국 바꾼 워터게이트 보도의 주역

이 기사의 작성에는 9개월 전 입사한 밥 우드워드(Bob Upshur Woodward· 1943~)와 그보다 10개월 고참인 칼 번스타인(Carl Bernstein·1944~)이라는 젊은 기자들도 참여하고 있었다. 두 사람은 이후 2년 넘게 이 사건을 파고들어 재선을 노린 리처드 닉슨(Richard Nixon) 정부의 음모가 사건 배후(背後)에 있음을 밝혀냈다. 사건 발생 시점으로부터 2년 2개월여 만인 1974년 8월 9일, 닉슨은 미국 건국 후 최초로 임기를 채우지 못하고 하야(下野)하는 대통령이 됐다.

이는 1971년 터진 뉴욕타임스(NYT)의 미국 국방부 기밀문서(일명 펜타곤 페이퍼·Pentagon Papers) 보도와 함께 미국 사회를 뒤흔든 '워터게이트 스캔들' 보도 때문이다. 이 보도로 '독립 언론'의 가치가 치솟고 탐사 보도 저널리즘(Investigative Journalism)이 봇물을 이뤘다. 워터게이트 보도를 주도한 WP와 언론인에 대한 평판까지 올라 언론인을 양성하는 저널리즘스쿨에 입학하려는 지망생이 늘어나는 현상도 벌어졌다.[2]

닉슨 정부와 백악관은 그러나 이 사건을 초기부터 "더 이상 논평할 가치가 없는 3류 좀도둑 사건(a third-rate burglary)"으로 무시했다. WP를 제외한 대다수 언론들도 소극적이었다. 최초 사건 발생 시점부터 6개월 동안 WP는 기자 이름을 밝힌 기명(記名) 기사를 201건 보도했지만 같은 기간 NYT의 보도는 99건, LA타임스는 45건에 그쳤다. '살아있는 정치 권력' 앞에 언론들도 움츠러든 것이다.

워터게이트 사건이 터진 1972년의 11월 대통령 선거에서 리처드 닉슨은 전국 선거인단 538명 가운데 520명을 쓸어가는 압승으로 재선(再選)에 성공했다. 이로 인해 워터게이트 사건은 여론의 관심에서 밀려나는 분위기였다. 이 무렵 미국 정부는 WP 경영진과 회사에 대한 압박, 기자와 편집국 간부에 대한 도청 등을 자행했다. WP 백악관 출입 기자는 그해 11월 7일부터 백악관 내부 취재를 거부당했다. 같은 해 12월 중순에는 WP 소유의 TV 방송국 두 곳에 대한 신규 면허 신청이 미국 연방통신위원회(FCC)에 제출돼 WP의 주가(株價)가 50% 가까이 폭락했다. 닉슨 대통령과 오랜 친분 있는 인물들이 두 방송국에 대한 신규 면허 신청자 명단에 포함돼 있었다. 이는 WP에 대한 행정부의 강한 압박 신호라는 해석이 지배적이었다.[3]

중단될 뻔한 워터게이트 취재

상황은 1973년 1월 워터게이트 사건의 피고인 5명이 재판에서 유죄 판결을 받으면서 반전(反轉)됐다. 이 과정에서 밥 우드워드·칼 번스타인 기자의 패기(覇氣)와 캐서린 그레이엄(Katharine Graham) WP 사주 겸 발행인, 벤 브래들리(Benjamin Bradlee) 편집인의 결단이 없었다면 워터게이트 보도는 지속되기 힘들었다.[4]

일례로, 밥 우드워드는 워터게이트 빌딩에 불법 침입한 현행범으로 체포된 다섯 명 중 한 명인 제임스 맥코드(James McCord)가 법정에서 "전직 CIA 요원"이라고 대답하는 것을 놓치지 않고 그가 '닉슨 대통령 재선운동본부(Committee to Re-elect the President·약칭 CRP)'에 소속돼 있는 사실을 확인했다. 우드워드는 또 압수된 맥코드의 수첩에 적혀 있던 하워드 헌트(Howard Hunt) 닉슨 대통령 자문관에게 직접 전화를 걸어 이 사건이 단순 강도 사건 이상임을 밝혀냈다.

칼 번스타인은 여러 단서들을 토대로 워터게이트 사건이 CRP와 연관돼 있다는 기사를 보도했다. 브래들리 편집인은 두 기자에게 "당신들을 믿는다. 공격적으로 취재하라. 침착하게 많은 취재원을 만나라"고 했다. 그레이엄 발행인은 두 기자를 만날 때마다 늘 "'절대 안 된다'고 생각하지

워싱턴 DC 존 F. 케네디 센터 옆에 있는 워터게이트 빌딩 / Wikimedia Commons

말라"고 격려했다.[5]

우드워드와 번스타인은 그 전까지는 함께 근무한 적이 없었으나 1971년 8월 1일부터 한 기사에 이름을 나란히 싣기 시작했다. 편집국에서 '우드스타인(Woodstein)'이라는 신조어로 불렸다. 1973년 워터게이트 보도로 퓰리처상을 받은 뒤 번스타인은 1977년 회사를 떠나 ABC 방송 워싱턴 지국장 등을 거쳐 방송 출연과 강연, 기고를 하면서 6권의 책을 냈다.

50년 넘게 전문성·브랜드 가치 높여

반면, 우드워드는 WP에 계속 남아 2001년 9·11 테러 기획취재 시리즈로 2002년 퓰리처상을 한 차례 더 수상했다. 그는 80세인 2023년 현재도 편집국 부편집인(Associate Editor) 직함을 갖고 있다.[6] 그의 직속 상관으로서 WP 편집국장과 편집인을 지낸 벤 브래들리는 1996년 발간한 자서전에서 우드워드 기자를 거명하며 이렇게 밝혔다.

"내 인생과 내가 몸담은 언론사에 대해 밥 우드워드라는 특별한 기자가 이바지한 공로를 과대평가하기는 매우 힘들다. 우드워드는 탐사 보도에 관한 한 그의 세대에서 최고이며, 내가 본 기자들 가운데서도 가장 뛰어났다(the best of his generation at investigative reporting, the best I've ever seen). 우드워드는 워터게이트 보도 이후에도 언론계 사다리의 최고 정점에서 과거와 동일한 위상을 유지하고 있다."[7]

우드워드는 워터게이트 취재 당시 사내에서 "번스타인에 비해 필력이 떨어지고 잡다한 정보만 나열한다"는 소리를 들었다. 그러나 나이 들수록 권위 있고 균형 잡힌 언론인이라는 평가를 받고 있다. '뉴욕타임스 북 리뷰(Book Review)'는 2004년 61세의 우드워드를 이렇게 표현했다.

"우드워드는 워터게이트 보도 이후 스스로 '하나의 워싱턴 기관(a Washington institution)'이 됐다. 그가 워싱턴 벨트웨이(Beltway·워싱턴 DC를 둘러싼 순환도로) 안의 생태계에 합류한 후, 그가 쓰는 책들은 매년 봄 워싱턴 DC에 피어나는 벚꽃들처럼 정확하게 찾아온다. 우드워드만큼 워싱턴 DC 내부의 은밀한 이야기를 입수해 설득력 있고 효과적으로 들려주는 기자는 없다."[8]

'위클리 스탠더드(Weekly Standard)'는 우드워드를 가리켜 "그의 세대에서 가장 순수한 기자"라고 표현했다.[9] 밥 쉬퍼(Bob Schieffer) CBS 방송 기자는 "우드워드는 자신을 우리 시대의 최고 기자로 우뚝 세웠다. 그는 아마도 모든 시대의 최고 기자일지 모른다"고 말했다.[10]

우드워드가 대통령직에 대한 탁월한 취재로 2003년 제럴드 포드상(Gerald R. Ford Prize for Distinguished Reporting on the Presidency)을 받은 것은 그에 대한 수많은 상찬(賞讚) 가운데 하나일 뿐이다. 우드워드는 입사 1년 차도 안 된 풋내기 기자 시절에 워터게이트 대특종을 한 기자라는 명성에 안주하지 않았다. 50년 넘게 꾸준한 노력으로 전문성과 브랜드 가치를 높였다.

그는 백악관, 연방대법원, 국방부, CIA, 연방준비제도이사회(Fed) 등 미국의 핵심 국가 권력 기구를 심층 취재한 책을 연이어 내놓았다. 워싱턴의 전체 그림을 방대하면서도 세밀하게 파헤쳐 "워싱턴이, 미국이 어떻게 돌아가는지 알려면 우드워드의 책을 읽어야 한다"는 말이 나돈다. 그의 노력과 성취는 미국은 물론 전 세계 자유 사회 언론인들에게 귀감(龜鑑)이 되기에 부족함이 없다.

1년 재수한 뒤 WP 입사

밥 우드워드는 1943년 3월 미국 중서부의 일리노이주 제네바(Geneva)에서 태어났다. 아버지는 변호사였으나 우드워드가 12세 때 이혼했다. 일리노이주 휘튼(Wheaton) 커뮤니티 고교(WCHS)를 최우수 성적으로 마쳐 졸업식장에서 졸업생 대표 인사를 했다. 해군 ROTC 장학생이 되어 1961년 예일대에 입학했다. 전공은 영문학과 역사학이었다.

그는 졸업 후 4년간 통신·정보 담당 장교로 의무 복무기간을 채웠으나 베트남 전쟁으로 1년 더 근무했다. 미지막 1년은 워싱턴 DC에 거주하면서 국방부로 출근했다. 우드워드는 전역 후에 변호사나 프록터앤갬블 (P&G) 같은 대기업 임원이 되는 방안을 고려했다. 그래서 1970년 7월 31일 만기(滿期) 제대 전에 하버드대 로스쿨 입학 허가장을 받았다.

우드워드는 2002년 메릴랜드대 강연에서 "워싱턴 DC에서 일하면서 매일 아침 워싱턴포스트(WP)를 읽었다. 당시 베트남 전쟁을 둘러싼 상황을 WP가 진실되고 정확하게 보도한다는 사실을 확인하면서 점점 기자(記者)의 길에 가까이 가게 됐다"고 말했다.[11]

그는 1970년 4월 23일 "비록 경험은 전무(全無)하지만 사회부 기자로 일하고 싶다"는 내용의 편지를 WP에 보냈다. WP에서는 "일단 편집국으로 와서 해리 로젠펠드(Harry Rosenfeld) 사회부장(metropolitan editor)을 만나라"는 답장을 보냈다. 우드워드를 만난 로젠펠드는 그에게 "2주일 동안 무급(無給) 시험 기간(tryout) 결과를 봐 채용 여부를 결정하겠다"고 말했다.

우드워드는 이 기간 동안 12건의 기사를 썼으나 한 건도 신문에 게재는커녕 후보에 오르지도 못했다. 그를 실무 지도한 앤디 반즈(Andy Barnes) 차장은 "우드워드는 총명하고 좋은 친구이나 신문기자로 일하기에 필요한 기술이 부족하다"고 보고했다. 로젠펠드 부장은 "다른 곳에서 훈련받고 1년쯤 후 와야겠다"고 했다. 우드워드는 이에 "고맙다"고 답했다. "당신을 뽑지도 않았는데 왜 고맙냐?"고 로젠펠드가 되묻자, 그는 "2주 동안의 경험을 통해 내가 저널리즘을 사랑한다는 사실을 알게 됐기 때문"이라고 말했다.

그는 로젠펠드 부장의 도움으로 워싱턴 DC 외곽의 메릴랜드주에 있는 주간(週刊)신문 몽고메리 센티널(Montgomery Sentinel)에서 1년간 기자로 일했다. 이 주간신문에 어느 정도 자리를 잡은 우드워드는 틈만 나면 로젠펠드 부장에게 전화를 걸었다. 현재 하는 일을 설명하면서 조언을 구하기 위해서였다. 우드워드는 로젠펠드가 휴가 중이거나 주말에 집안 일을 할 때도 전화를 걸었다.

귀찮을 정도로 끈질기게 따라붙는 우드워드에 대해 로젠펠드가 짜증 내며 불평하자, 그의 부인은 "우드워드 같은 사람이 당신이 찾고 있는 기자 아니냐"고 했다. 1년 후인 1971년 9월 우드워드는 로젠펠드의 추천으로 WP 기자로 정식 채용됐다.

칼 번스타인 기자와의 협업

미국 동부의 명문대학인 예일대를 졸업한 그는 신참 시절 주로 사건·사고 취재를 맡았다. 그럼에도 그는 행복감을 느꼈다. 우드워드는 "편집국에서 뿜어져 나오는 에너지와 엄청난 긴박감에 빠져들었다"고 말했다.[12] 그는 특유의 성실성과 규율, 부지런함으로 두각을 나타냈다. 워터게이트 사건 발생 첫날 구속자들에 대한 법원 심문부터 우드워드의 몫이었다. 그의 말이다.

"1972년 6월 17일은 아름다운 토요일이었다. 나도 '출근해 일하고 싶지 않다'는 생각이 들 정도로 멋진 날씨였다. 사회부 데스크가 아침 9시쯤 전화를 걸어와 '어서 나와, 강도 사건이야'라고 말할 때 보통의 강도 사건으로 여기는 것 같았다."[13]

워터게이트 사건이 터졌을 때 우드워드와 번스타인 두 사람 모두 퇴근 시간에 얽매이지 않고 밤샘 취재를 했다. 당시 우드워드는 29세, 번스타인은 28세였다. 번스타인은 별거 중이었고, 우드워드는 고교 시절 연인과 1966년 결혼했다가 성격 차이로 1970년 이혼한 상태였다.[14] "만약 우드워드와 번스타인이 독신이 아니고 토요일에 가족 일로 바빴다면 워터게이트 보도는 1단짜리 사건으로 끝났을 것"이라는 말은 설득력 있다.[15] WP 본사에서 여섯 블록 떨어진 워싱턴 DC 도심의 원룸 아파트에 살던 우드워드는 걸어서 출퇴근하고 있었다.

16세에 '워싱턴 스타(Washington Star)' 신문의 사무보조원으로 입사한 번스타인은 대학 중퇴 학력이었다. 확인된 '사실'을 중시하는 우드워드와 달리 번스타인은 '상상력'을 동원하고 개념화하는 능력이 뛰어났다. 우드워드는 사람을 직접 만나 하는 취재에, 번스타인은 전화 취재에 강점이 있었다. 두 사람은 집·사무실을 찾아가거나 전화 등으로 파고 드는 고전적인 취재 방법을 썼다.[16]

두 사람은 동료들 앞에서 곧잘 충돌했다. 단어 또는 문장 하나 때문에 15분 넘게 대립할 때도 종종 있었다. 기질이 워낙 달랐지만, 두 사람은 점차 협업의 효능을 깨달았다. 두 사람은 수백 명의 취재원 연락처를 공유하면서 취재에 속도를 냈다.[17]

이들은 모든 메모와 기사의 초고(草稿)까지 파기하지 않고 보관했다. 기사 쓰는 속도가 빠른 우드워드가 초고를 만들면, 문장 구성력이 뛰어난 번스타인이 마무리하는 식이었다. 기사 작성은 주로 철야 작업으로 이뤄졌다. 두 사람은 밤늦게 회사에 남아 스크랩한 자료를 읽고 내일 업무를 나누는 일정을 반복했다.[18]

운명 바꾼 '딥 스로트'와의 만남

우드워드가 워터게이트 특종 보도의 주인공이 될 수 있었던 것은, 그에게만 비밀 정보를 독점적으로 제보한 '딥 스로트(Deep Throat·내부 고발자)'로 불린 고위 정보원의 존재 덕분이다. 이 딥 스로트가 없었다면 우드워드의 기자 인생은 평범하게 끝나 버렸을 가능성이 높다.

딥 스로트의 실체(實體)는 워터게이트 사건 발생일로부터 34년 후인 2005년, 미국 연방수사국(FBI)의 2인자였던 윌리엄 마크 펠트(William Mark Felt) 부국장으로 확인됐다. 우드워드는 펠트를 그의 군 복무 마지막 해인 1970년 처음 만났다. 워싱턴 DC의 백악관으로 문서 수발을 가끔 가던 그는 백악관 오벌 하우스(Oval House) 밖 대기실에서 진한 색깔 정장과 흰 셔츠에 회색 머리를 한 펠트를 우연히 만났다. 그는 첫 번째 만남을 이렇게 기억했다.

"나보다 25~30세는 더 나이 들어 보인 그는 학습된 자신감(a studied air of confidence)과 차분한 모습으로 늘 서류 가방을 들고 있었다. 우리 두 사람은 장거리 비행기 옆좌석에서 만난 사람들 같았다. 그는 자신을 '마크 펠트(Mark Felt)'라고 소개했다."[19]

밥 우드워드와 딥 스로트가 만났던 지하주차장 표시판. 워싱턴 DC 서쪽 로슬린에 있다.
/Wikimedia Commons

우드워드의 이어지는 말이다.

"제대를 앞둔 나는 미래에 대한 불안감을 덜기 위해 조지워싱턴대 야간대학원 과정에서 셰익스피어와 국제관계 두 과정을 듣고 있었다. 내가 진로 고민을 꺼내자, 그는 '나는 FBI에 입사하기 전인 1930년대에 조지워싱턴대 로스쿨 야간과정을 다녔네'라고 했다. 이때 그는 처음 FBI라는 단어를 사용했다. 그는 자신의 고향인 아이다호(Idaho)주 상원의원실에서 풀타임(full time)으로 근무하기도 했다고 밝혔다. 이에 대해 나도 고향인 일리노이주의 존 엘렌본 연방하원의원 사무실에서 자원봉사했다고 말했다. 우리 두 사람은 조지워싱턴대의 학연과 고향 선거구 의회의원실에서 일했다는 두 개의 연결 접점을 갖고 있다고 나는 생각했다."[20]

펠트는 우드워드의 아버지와 같은 1913년생이었다. 군 제대 후 불확실한 미래로 고민하던 우드워드는 펠트가 FBI 본부에서 감찰 업무를 담당하는 부국장보(補)였음을 알았고, 펠트는 자연스레 우드워드의 인생 상담자가 됐다. '몽고메리 센티널'에서 일할 때 우드워드는 주말을 이용해 버지니아주에 있는 펠트의 집을 찾아가 시간을 보내기도 했다.[21]

펠트는 우드워드에게 "언론계에서 일하려면 워싱턴포스트(WP)나 뉴욕타임스(NYT) 같은 중앙일간지로 가라"고 했다. 우드워드는 WP에 입사한 뒤에도 수시로 그에게 전화하며 연락했다. 통화에 응할 때마다 그는 "내 이름이나 조직 이름은 간접적으로라도 인용하거나 다른 기자에게 넘겨줘선 안 된다"는 조건을 꼭 달았다.

펠트는 존 에드거 후버(John Edgar Hoover) 당시 FBI 국장의 신봉자였다. 그는 후버가 매일 아침 6시 30분 출근해 FBI 국장으로서 제 역할을 한 점을 높이 평가했다. 펠트는 1979년 출간한 자서전 〈The FBI pyramid from the inside〉에서 "닉슨 행정부는 백악관과 법무부가 합작한 도당(徒黨·clique) 정권이었다. FBI에 엄청난 정치적 압력을 행사한 부패하고 사악한 정부였다"고 지적했다.[22]

첩보영화 뺨친 비밀 정보 공유

이런 인연을 가진 두 사람이 워터게이트 사건 발생 후 서로 만나고 비밀 정보를 주고받으며 확인하는 과정은 첩보영화를 방불케 했다. 우드워드는 펠트와 만나고 싶을 때 자기 아파트 창문에 빨간 깃발을 꽂은 화분을 놓았고, 펠트가 이를 보면 미리 약속한 지하주차장에서 다음날 새벽 2시에 만났다. 두 사람은 심야에 만날 때 미행(尾行)을 피하기 위해 여러 수법을 썼다. 우드워드의 증언이다.

"나는 6층 아파트에서 뒷계단으로 걸어 내려와 골목길로 들어섰다. 주차장 건물까지 가는데 걷기도 하고 택시를 두 번 이상 갈아타고 나서야 아무도 미행하지 않는다는 것을 확신할 수 있었다. 나와 딥 스로트는 주차장 건물에서 눈에 띄지 않게 한 시간 혹은 그 이상 동안 이야기할 수 있었다."[23]

"가끔 늦은 밤에 만날 때 택시 잡기가 어려우면 나(우드워드)는 2시간 정도를 걸어서 주차장 건물에 도착했다. 약속시간이 되어도 상대가 나타나지 않은 적도 두 번 있었다. 한밤중에 지하주차장에서 한 시간 이상 혼자서 기다린 적도 있었다. 한번은 내가 미행당하고 있다는 생각이 들었다."[24]

건물 주차장 등에서 비밀리에 만난 두 사람은 늦을 때는 새벽 6시쯤까지 취재 내용과 정보사항을 일일이 대조했다. 그때마다 두 사람은 녹초가 됐다. 딥 스로트는 "워터게이트 건은 예삿일이 아니다. 백악관과 재선운동본부(CRP)에 소속된 50여 명이 공작과 첩보, 방해, 정보 수집을 했다고 봐도 무방하다"고 말했다. 우드워드와 번스타인이 취재한 내용을 우드워드가 나열할 때마다, 딥 스로트는 일일이 고개를 끄덕여 확인해주었다.

우드워드는 "딥 스로트와의 우정은 일부로 만든 것이 아니라 자연적인 것이었다. 워터게이트 사건이 터지기 전부터 우리는 워싱턴, 정부, 권력에 대한 이야기로 밤을 보냈다"고 했다. 워터게이트 보도가 막바지를 향해 치달아가던 1973년 11월 첫째 주, 우드워드는 화분의 위치를 옮겨놓고 지하주차장 건물에서 딥 스로트를 만났다.

2주 전에 닉슨 대통령은 9개의 녹음테이프를 제출해달라는 아키발드 콕스(Archibald Cox) 워터게이트 사건 특별검사를 해임했다. 엘리엇 리처드슨 법무장관과 윌리엄 러클스하우스 차관도 사임했다. 믿을 만한 정보가 절실한 상황이었다. 대통령은 법원의 명령대로 7개의 테이프를 제출했는데, 딥 스로트는 이날 우드워드에게 "하나 또는 그 이상의 테이프에 고의로 삭제된 부분이 있다"고 제보했다.

'왜?'라는 의문 품는 게 기자

우드워드는 그의 말을 익명으로 인용해 "테이프에는 '의심스러운 성격'의 공백 부분이 있으며, 그것을 근거로 백악관이 '테이프에 손을 댔다'고 단정할 수 있다"고 보도했다. 결국 11월 21일 닉슨 대통령측 변호사는 법정에서 테이프 하나에 18분 30초의 공백이 있다고 시인했고, 이로써 닉슨 진영의 조작·은폐 음모가 명백하게 확인됐다.[25]

우드워드는 1972년 가을 무렵 WP 편집국에서 자판기 커피를 마시면서 칼 번스타인으로부터 "이러다가 닉슨 대통령이 탄핵될 것 같아"라는 말을 들었고, 이에 대해 "네 말이 맞는다고 생각한다"고 응수했다. 닉슨 대통령이 1974년 8월 9일 사퇴하기 2년여 전 일이었다. 두 사람이 워터게이트 취재에 몸을 던진 목적에 대해 우드워드는 이렇게 말했다.

> "우리의 취재는 '사실(facts)은 무엇인가? 진짜 무슨 일이 일어났고, 무엇을 어떻게 확인할 수 있는가?' 하는 기본적인 의문에서 시작됐다. 우리는 기사를 쓰기 위해 최소한 두 명 이상의 독립적인 취재원을 원했다. 이 과정에서 우리는 때로 헛발질을 했지만 수수께끼 같은 조각들을 꿰맞추기 위해 최선을 다했다. 그리고 더 많은 의문을 낳는 해답을 바탕으로 끊임없이 기사를 썼다. 이 모든 것 가운데 가장 중요한 것은 '왜(why)'라는 의문이었다."[26]

우드워드는 "추적 보도가 성공하려면 에디터의 제안(editor's suggestion)보다 기자 개개인의 내적인 충동(inner drive)이 중요하다. 추적 보도는 탐정(探偵)과 같은 업무로, 숱한 좌절과 시도 그리고 많은 잠 못 이루는 밤을 수반한다"고 말했다.

잘 나가다가 '추락' 쓴 맛 봐

그렇다고 우드워드가 언론인 생활 내내 승승장구한 것만은 아니었다. 그는 추락과 좌절의 쓴 맛을 봤다. 1981년 4월 15일이 그 날이었다. 이날

리처드 닉슨 대통령의 사임 소식을 전한 워싱턴포스트 1974년 8월 9일자 A1면 / WP

워싱턴포스트는 7개월여 전인 1980년 9월 28일 A1면 머리기사로 낸 자넷 쿠크(Janet Cooke) 기자가 쓴 '지미의 세계(Jimmy's World)'에 대해 퓰리처상 수상 취소를 공식 신청했다. 당시에 입사 9개월 남짓한 신참인 자넷 쿠크가 쓴 기사는 워싱턴 DC에 거주하는 8세의 지미가 다섯 살 때부터 3년간 마약 주사를 맞고 있다는 내용을 담았다.[27]

지미는 그의 엄마와 엄마의 남자 친구인 론과 함께 살고 있는데, 론의 거처가 마약의 밀매 소굴이고 여기서 론이 지미에게 마약 주사를 놓아 중독 환자로 만들었고, 지미는 학교에 입학했다가 중도 탈락했다는 줄거리였다. 이 기사가 나가자 워싱턴 DC 전체가 발칵 뒤집혀 "이럴 수가!" 하는 분노와 탄식이 쏟아졌다. 워싱턴 DC 당국은 조사에 나섰고, 지미의 소재를 파악하려는 학교와 경찰 자원봉사자들이 속출했다. 시 정부는 WP에 지미의 소재를 밝혀달라고 요청했다.

WP는 그러나 "직업상 비밀을 밝힐 수 없다"고 밝혔다. 워터게이트 사건에 관한 극비 정보를 제공한 비밀 취재원, 즉 딥 스로트에 대한 정보를 철저하게 비밀에 부치고 있는 것처럼 취재원 보호 관행을 이유로 들었다. 또 만일 경찰이 가해자 론을 찾기 시작할 경우 자신에게 총을 들이대겠다고 위협했다는 핑계를 들어 쿠크 기자는 회사 안의 직속상사에게조차 취재원 공개를 거부했다.

'지미의 세계' 퓰리처상 추천했다가 오점

매리온 배리(Marion Barry) 워싱턴 DC 시장은 지미를 찾는 수색 활동을 3주일 동안 벌인 끝에 "이 기사는 부분적으로 신화(神話)이겠고, 부분적으로 현실이라고 확신한다"고 말했다. 이에 대해 쿠크 기자는 "기사가 나간 후 내가 혼자 지미의 집에 갔더니 지미네 가족이 사람의 눈을 피해 어디론가 사라졌다"고 보고했다.

이런 상황에서 밥 우드워드 당시 편집국 부국장대우(assistant managing editor)는 이 기사를 퓰리처상 후보로 가장 적극적으로 추천했다. 그는 회사 안팎에서 제기되는 쿠크 기자에 대한 비판을 '직업상 질투(嫉妬)'로 간주했다. 우드워드는 "취재원이 분명치 않다는 이유로 퓰리처상 추천을 포기한다면 오히려 신문이 자신 없고 미심쩍은 기사를 실었다는 무책임을 스스로 인정하는 것"이라며 회사 간부들을 설득했다.

여기에는 우드워드 자신이 '익명 취재원'에 의존해 워터게이트 특종을 하고 퓰리처상을 수상한 데 대한 자부심도 작용했다.[28] 우드워드는 1981년 4월 뉴욕타임스와의 인터뷰에서 "자넷 쿠크 기자에 대해 우리는 어떠한 불평불만도 들어본 적 없다"고 말했다. 쿠크 기자가 쓴 기사는

'지방 보도부문' 후보로 추천됐으나 심사과정에서 심사위원단 만장일치로 특별취재 보도부문 퓰리처상(Pulitzer Prize for Feature Writing)으로 변경됐다. 1981년 4월 13일, 26세의 흑인 여성 자넷 쿠크는 미국 언론계의 신데렐라가 됐다.

퓰리처상 발표 다음날인 4월 14일 벤 브래들리 WP 편집인 앞으로 장거리전화가 걸려왔다. 쿠크 양이 졸업했다는 바사(Vassar) 대학에서 온 전화 제보는 "쿠크 기자가 바사 대학에 다닌 일은 있지만 졸업한 사실이 없으며, 졸업시 우등상을 탔다는 이력은 터무니없다"고 전했다.[29]

쿠크 기자는 퓰리처상 심사위원회에 제출한 이력서에서 "바사 대학에서 학사, 톨레도(Toledo) 대학에서 석사를 받았고, 프랑스 파리 소르본 대학에서 1년을 보냈다"고 적었다. AP 통신은 4월 14일 "쿠크 기자가 바사 대학에서 1년 만에 중퇴했고, 톨레도 대학에서 석사가 아닌 학사 학위를 받았다"고 보도했다.

이날 브래들리 편집인을 중심으로 한 WP 간부들은 그녀를 불러놓고 진실성 심문을 벌였다. 11시간 만에 쿠크 기자는 모든 사실을 털어놓았고, 다음날인 4월 15일 WP는 퓰리처상 반납을 발표했다. 이후 WP는 A1면에 회사 옴부즈맨 명의로 장문의 사과(謝過) 기사(記事)를 게재했다.[30]

이른바 '쿠크 참사(Cooke disaster)'는 우드워드의 기자 경력에 악재(惡材)였다. 우드워드는 쿠크 기자와 해당 기사에 대한 처리 과정에서 '악의가 없었다(absence of malice)'는 사정을 참작받았다. 그러나 회사의 명예를 크게 실추시킨 잘못은 씻을 수 없었다. 우드워드는 벤 브래들리의 뒤를 이어 편집국장·편집인으로 출세할 유망 주자였다. 그러나 쿠크 기자의 기사 조작(操作) 건으로 당시 38세의 우드워드는 간부 승진 경쟁에서 탈락했다.[31]

퇴사 고민하다 탐사 보도·저술로 특화

우드워드는 이때 적지 않은 상처를 받았다. 그와 가까웠던 지인들은 우드워드가 여러 사람들을 만나 진로를 고민하며 괴로워했다고 전하고 있다.[32] 그는 WP 옴부즈맨과의 조사에서 이렇게 심경을 밝혔다.

> "나는 이 기사로 큰 충격을 받았다. 기사를 퓰리처상 수상작으로 지명하는 결정은 크게 중요하지 않다고 생각한다. 멋진 기사였으나 가짜였고 조작이었다. 다른 어떤 에디터들도 퓰리처상 수상 후보로 지명된 기사의 정확성과 진실성을 점검하는 일은 쉽지 않았다."[33]

우드워드는 WP 퇴사를 고려했다. CBS 방송은 우드워드에게 수십만 달러의 연봉을 제시하면서 입사를 제의했다. WP에서 우드워드의 당시 연봉이 4만 5,000달러였던 것과 비교하면 파격이었다. 그러나 동료였던 칼 번스타인이 ABC 방송으로 옮겼다가 고전(苦戰)하고, 또 다른 친구인 샐리 퀸(Sally Quinn)이 CBS 방송에서 힘들어하는 것을 보면서 그는 WP 잔류를 선택했다.

벤 브래들리 편집인은 우드워드를 붙잡기 위해 그가 이끄는 특별탐사 보도팀(special investigative unit)에 8명의 정규 기자와 에디터를 배속시켜 줬다. 우드워드는 어떤 주제든 마음껏 취재할 수 있는 재량권도 부여받았다. 그는 2001년 9월 11일 뉴욕 무역센터 빌딩을 붕괴시킨 9·11 테러 참사와 관련해 총 10회의 기획취재를 주도했다. 그 공로로 우드워드는 59세이던 2002년 퓰리처상 전국 보도부문상(Pulitzer Prize for National Reporting)을 받았다.

저술 활동도 시작했다. 우드워드는 1982년 33세의 젊은 나이에 로스 앤젤레스 호텔에서 코카인과 헤로인 주사를 맞은 후 사망한 코미디언 존 벨루시(John Belushi)에 주목했다. 벨루시의 죽음을 초래한 할리우드 (Hollywood) 마약(麻藥) 문화를 포함한 미국 쇼 비즈니스 추적에 나섰다.

우드워드는 2년에 걸쳐 벨루시의 미망인인 주디 벨루시와 스티븐 스필 버그 감독 등 267명의 취재원을 직접 만나 217명의 이름을 실명(實名)으로 쓴 단행본을 냈다.[34] 할리우드에 만연한 마약 복용 실태를 세밀하게 서술한 이 책은 초판 30만부가 매진됐다.

앞서 우드워드가 번스타인과 공저로 1974년 낸 저서 〈All the President's Men〉도 출판 전에 5만부가 예약되고, 초판 1쇄 10만부가 모두 나갈 정도로 인기를 누렸다. 리처드 닉슨부터 제럴드 포드, 로널드 레이건, 빌 클린턴 등 4명의 대통령 밑에서 백악관 언론담당으로 일했던 데이비드 거겐(David Gergen)은 자신의 회고록에서 이렇게 말했다.

"밥 우드워드의 책과 기사는 대체로 뚜렷하게 믿을 만하고 진지하게 주의를 기울일 만하다. 나는 그가 진실되다고 믿거나 확실히 진실이라고 얘기된 것만 쓴다는 사실을 확신한다. 우드워드는 미국 정부를 정직하게 만드는 힘이 되고 있다."[35]

60세부터 78세까지 2년에 1권 이상 책 내

우드워드의 저술 활동은 연륜이 더할수록 깊어지고 영향력도 커지고 있다. 1970년대에 공저만 3권 낸 그는 1980년대에 2권의 단독 저서를 썼다. 1990년대에는 〈The Commanders〉〈The Agenda〉〈The Choice〉

| 밥 우드워드의 저서 |

제목	연도	기타
All the President's Men	1974	워터게이트 사건 취재 뒷이야기, 칼 번스타인과 공저
The Final Days	1976	워터게이트 사건 취재 후반부(1973년 11월~1974년 8월) 보완추가, 칼 번스타인과 공저
The Brethren; Inside the Supreme Court	1979	연방대법원 추적, 언론인 스콧 암스트롱과 공저
Wired; The Short Life and Fast Times of John Belushi	1984	존 벨루시의 삶과 할리우드의 마약 문화 추적
Veil; The Secret Wars of the CIA	1987	윌리엄 케이시 국장 시절 CIA의 비밀 작전
The Commanders	1991	부시 행정부와 걸프전
The Agenda; Inside the Clinton White House	1994	클린턴 행정부 첫 1년
The Choice	1996	클린턴 행정부 1기의 후반부 2년
Shadow; Five Presidents and the Legacy of Watergate	1999	워터게이트 사건이 5명의 대통령에 미친 영향
Maestro	2000	앨런 그린스펀 Fed 의장에 대한 책
Bush at War	2002	9·11 테러 후 대(對)아프가니스탄 전쟁 과정 탐구
Plan of Attack	2004	이라크 전쟁 결정 과정
The Secret Man; The Story of Watergate's Deep Throat	2005	비밀 정보원 '마크 펠트'
State of Denial; Bush at War, Part III	2006	부시 행정부의 이라크 전쟁 추적
The War Within; A Secret White House History 2006~2008	2008	오바마 정부 백악관 내부
Obama's Wars	2010	오바마 정부의 아프가니스탄, 이라크 전쟁

The Price of Politics	2012	오바마 정부와 연방 의회 간의 대립과 협조
The Last of the President's Men	2015	1973년 닉슨 백악관의 비밀 테이핑 시스템 폭로한 알렉산더 버터필드 보좌관에 대한 책
Fear; Trump in the White House	2018	트럼프 대통령 첫 1년
Rage	2020	트럼프 대통령 집권 3년
Peril	2021	트럼프 대통령 집권 기간, 로버트 코스타와 공저
The Trump Tapes; Bob Woodward's Twenty Interviews with President Donald Trump	2023	오디오 북

〈Shadow〉 등 4권을 출간했다. 2000년부터 2008년까지 6권을, 2010년부터 2021년까지 다시 6권을 각각 냈다.[36]

그는 1974년부터 2021년까지 모두 21권의 책을 냈는데, 이 가운데 절반 정도인 10권은 60세부터 78세 사이에 발간했다. 이는 2년에 1권 이상에 해당하는 높은 생산성이다. 21권 중 14권은 논픽션 부문 전국 베스트셀러(national bestseller) 1위에 올랐다. 이는 현대 미국 출판계에서 모든 논픽션 작가를 통틀어 가장 뛰어난 실적이다.

도널드 트럼프 대통령을 다뤄 2018년에 낸 〈Fear〉는 출간 첫 주에 110만부가 팔려 출판도서 집계 시작 94년 만에 '첫 한 주간(週間) 최고 판매' 기록을 세웠다. 이 책은 발간 첫날에만 75만부 팔렸다. 트럼프 대통령은 우드워드가 〈Fear〉를 집필할 때에는 인터뷰를 거절했으나, 2020년 출간된 〈Rage〉에는 전화통화를 비롯해 모두 18차례 직접 인터뷰에 응했다.

언론을 상대하지 않기로 유명한 조지 W. 부시 대통령도 우드워드를

6차례에 걸쳐 11시간 단독으로 만났다.[37] 우드워드는 어떤 해에는 부시 대통령을 3차례 인터뷰했다. 그는 이를 바탕으로 부시 대통령과 그의 백악관을 세밀하게 분석한 4권의 책을 냈다. 우드워드가 클린턴 행정부의 내부 이야기를 쓴 〈The Agenda〉를 준비하던 때에는 백악관 직원들이 줄을 서서 그를 만났다는 소문이 나돌았다. 그의 최신 저작은 도널드 트럼프 대통령과의 20차례 인터뷰 과정과 내용 등을 담아 2023년 1월 오디오 북으로 낸 〈The Trump Tapes〉이다.

풍부한 정보가 인터뷰의 힘

우드워드는 대통령은 물론 CIA 등 정보기관, 워싱턴 DC의 주요 헌법기관을 입체적으로 해부한다. 이를 위해 정계, 재계 등 주요 인사와의 폭넓은 인맥을 바탕으로 기관과 조직의 내밀한 이야기까지 풀어놓고 있다. 그래서 그는 '내부자 보도(insider reporting)'에 관한 한 최고의 대가(大家)로 불린다.

우드워드는 리처드 닉슨부터 도널드 트럼프까지 9명의 미국 대통령을 모두 만나 취재했고 그에 대한 책을 냈다. 이로 인해 미국 대통령들은 재임 중 적어도 한 번 이상 우드워드와 단독 인터뷰를 갖는 게 관례처럼 됐다는 우스갯소리가 나돈다. 우드워드는 "책이 나오기 직전에 내가 속한 신문(WP)에 요약기사를 씀으로써 신문에 이바지하고 있다"고 말했다.

밥 우드워드가 트럼프 대통령에 대해 쓴 책 3권
Fear, Rage, Peril / 송의달

방대한 취재력을 바탕으로 영향력을 발휘하기에 우드워드는 20년 가까이 '1인 정부기관'이라는 말을 듣는다. 정부의 고위관리들이 스스로 그의 취재원이 되고 싶어 한다는 농담이 들릴 정도이다. "당신은 워낙 영향력이 큰 언론인이라 고위관리들이 줄 서서 인터뷰를 기다린다는데?"라는 한국 기자의 질문에 우드워드는 이렇게 답했다.

"그런 일은 전혀 없다. 인터뷰를 하려면 많은 일을 해야 한다. 관리들의 사무실마다 돌아다니면서 기회를 잡아야 한다. 나는 조지 W. 부시 대통령에게 인터뷰 요청을 하면서 21쪽짜리 메모를 건넸다. 워싱턴 고위관리 75명을 만나 부시에 대해 들은 것 전부를 적은 메모였다. 부시는 그걸 읽은 뒤 나를 만나주었다."[38]

그의 이어지는 말이다.

"나에 대해 남들이 얘기하는 '워싱턴의 밤의 대통령', '불사(不死)의 언론 권력'이라는 말을 나는 전혀 믿지 않는다. 권력은 인포메이션(information)이다. 정보를 갖고 질문하면 답변을 해줄 수밖에 없다."

차별화된 저서 낸 비결 3개

우드워드는 저서 맨 앞부분 '저자의 개인 노트(Author's Personal Note)' 또는 '저자 노트(Author's Note)'에서 저술 과정과 방법을 공개하고 있다. 여기서 그가 밝힌 비결을 정리하면 다음과 같다.

첫 번째는 충분히 많은 중요 취재원들을 만나 깊은 얘기를 듣는 것이다. 2004년에 출간한 책 〈Plan of Attack〉을 위해 그는 "사담 후세인을 축출하기 위한 이라크에 대한 선제공격 전쟁 결정 과정에 직접 관여한 75명 이상의 핵심 인사들을 만나 정보를 얻어냈다"고 밝혔다.[39]

2012년에 나온 〈The Price of Politics〉를 쓰기 위해 그는 "100명 이상을 인터뷰했고, 이들에 대한 인터뷰 녹취를 푼 결과물이 수천 쪽에 달했다"고 말했다.[40]

2021년에 출간된 〈Peril〉을 위해 그는 "200명이 넘는 1차적인 직접 참가자와 증인들을 상대로 수백 시간의 인터뷰를 했으며, 대상자들은 거의 모두 인터뷰 녹음을 허락했다"고 밝혔다.[41] 다만 〈Peril〉의 출간에 앞서 트럼프와 바이든 두 명의 전·현직 미국 대통령은 인터뷰를 거절했다.

인터뷰 대상자들은 어떤 책이냐에 따라 달라진다. 〈Plan of Attack〉의 경우 외교안보 분야 장관들과 백악관 측근 참모들을 비롯해 국무부·국방부·중앙정보국의 정보담당자들이 해당됐다. 백악관과 연방 의회 간의 대립을 파헤친 〈The Price of Politics〉를 쓰기 위해 우드워드는 백악관과 공화·민주 양당의 연방 상·하의원과 보좌진 등을 만났다. 우드워드는 주요 인물과의 인터뷰를 여러 차례 반복하고, 새로 얻은 정보와 대조할 수 있도록 인터뷰의 간격을 넉넉하게 잡는다.

두 번째는 핵심 고위 관계자와의 밀도 높은 인터뷰이다. 우드워드는 〈Plan of Attack〉 저술을 위해 "2003년 12월 10일과 11일, 이틀에 걸쳐 3시간 30분 넘게 조지 W. 부시 대통령과 녹음기를 가운데 놓고 직격 인터뷰를 가졌다. 도널드 럼스펠드 국방장관과는 2003년 가을, 3시간에 걸쳐 녹음을 전제로 인터뷰했다"고 밝혔다.[42] 3시간 30분은 당시까지 미국 언론 역사상 대통령 단독 인터뷰 가운데 가장 긴 시간이었다.

2020년에 발간한 〈Rage〉를 쓰기 위해 우드워드는 도널드 트럼프 대통령과 18차례 인터뷰했다. 그는 "〈Fear〉를 쓸 때 인터뷰를 거부했던 트럼프가 참모들을 통해 정기적으로 협조하고 싶다는 뜻을 전해왔다. 그래서 2019년 2월 7일 총 18차례 인터뷰 중 6번째 인터뷰를 했다"고 적었다.[43]

우드워드는 〈The Price of Politics〉를 쓰기 위해 버락 오바마 대통령과 2012년 7월 11일 백악관 오벌 하우스에서 1시간 25분, 존 베이어(John Boehner) 연방 하원의장과 같은 해 6월 8일 연방의사당에서 1시간 25분씩 각각 인용 보도(on the record)를 조건으로 인터뷰했다.[44] 그는 직접화법으로 인용한 인터뷰 대화록과 개인 비망록, 면담 노트, 워킹 페이퍼(working papers), 일기(日記), 이메일, 정부 기록, 전화 메모, 연표(年表) 같은 공식·비공식 자료를 활용한다.

저술 과정에서 그는 의미를 훼손하지 않는 범위에서 용어를 문맥에 맞게 일부 첨삭(添削)하고 특정인에 대한 생각과 판단, 느낌을 기술한다. 우드워드는 "전체적으로 나와 오랜 기간 친분관계를 유지하고 있는 당사자들로부터 직접 들은 말이거나 그들이 손수 쓴 기록을 책에 옮긴다"고 했다.

질문 500개와 '딥 백그라운드' 인터뷰

세 번째는 충분한 조사이다. 그는 "2001년 11월부터 2003년 3월까지 16개월간 진행된 이라크 전쟁 결정 비사(祕史)를 밝혀내기 위해 조사와 인터뷰에만 1년 이상을 바쳤다"고 말했다. 취재의 바탕에는 비밀을 공유하고 있는 수많은 소식통과의 정보 고리가 있었다고 한다.

우드워드는 "(대통령의 통치 행위에 대해서는) 총체적이고 종합적인 묘사가 필요하다. 그래서 취재도 오래 걸린다"고 말했다. 우드워드는 2009년 열린 미국 탐사 보도 총회에서 기자들에게 질문을 던졌다. "조지 W. 부시 대통령과 단독 인터뷰를 하면서 내가 그에게 몇 개의 질문을 던졌을 것 같은가?" 어떤 기자는 10개, 또 다른 기자는 20개쯤이라고 답했다.

이에 대해 우드워드는 "조지 W. 부시 대통령에게 나는 500개의 질문을 던졌다. 그래서 책이 나올 수 있었다"고 스스로 답했다.[45]

책을 쓰기 위해 그는 대부분 '딥 백그라운드(deep background)' 방식을 썼다. 이는 취재원과 나눈 이야기와 정보를 다 인용해 쓸 수 있지만 누가 그 말을 했는지는 밝히지 않는 방식을 일컫는다. 우드워드와 인터뷰하는 많은 상대방들은 '오프 더 레코드(off the record·비보도)'를 조건으로 내건다. 우드워드는 이에 대해 이렇게 말했다.

"'오프 더 레코드'를 전제로 대화할 경우, 다른 사람의 인터뷰에서 그 말이 다시 등장해 확인되지 않는 한 그가 한 말을 책에 담을 수 없다. 그러나 백악관과 의회 등 워싱턴 DC 사회에서 거의 모든 정보는 서로 알려지고 공유된다. 따라서 나는 다른 사람과의 인터뷰에서 예전의 인터뷰 상대방이 '오프 더 레코드'로 한 발언을 확인해 그 내용을 책에 담을 수 있었다."[46]

우드워드는 지나치게 많은 익명(匿名) 취재원의 등장에 대해 "진술의 진실성에 대해 걱정하지 말라. 나는 한 명의 취재원을 아홉 번 만난 적도 있다. 그 만남을 정리한 녹취록이 700쪽에 달한다"고 말했다.[47]

정책 결정 투명성 높이는 게 목적

그는 왜 이렇게 대통령의 통치 행위와 권력 기관의 행태에 대해 심층적인 탐구를 계속할까? 우드워드는 자신의 저서에서 책을 쓴 목적을 종종 털어놓고 있다. 이들을 요약하자면 미국의 핵심 국가 정책 결정 과정에서 투명성을 높이기 위함이다.

정책 결정 과정의 동기와 흐름, 배경과 과정을 둘러싼 진실을 파헤침으로써 미국 권력자들과 그 집단이 자신들이 감시받고 있음을 깨닫게 해 경각심을 높인다는 것이다. 이는 백악관에 들어온 국정 운영 담당자들이 전임 대통령들의 실수를 반복하지 않고, 국가 경영 능력을 고도화하도록 자극해 전반적인 국가 통치력 향상 효과를 낳는다.

우드워드는 이런 저술 작업을 혼자 하지 않고 전문 조수(助手·assistant)의 도움을 받아 진행하고 있다. 책 앞의 '저자의 개인 노트' 등에서 누구의 도움을 어떻게 받았는지를 밝히고 있다. 그는 2008년 출간된 〈The War Within; A Secret White House History〉부터 2021년까지 13년 동안 4명의 대통령에 대한 6권의 책을 내는 데 에블린 더피(Evelyn Duffy)의 도움을 받았다고 밝혔다.[48]

1985년생인 더피는 조지워싱턴대에서 영문학과 창조적 글쓰기를 전공했다. 그녀는 우드워드와 핵심 취재원 간의 디지털 녹취록(錄取錄)을 정리하고 원고에서 오류와 모순점, 문법 등을 점검했다. 우드워드는 "그녀는 이 책의 전적인 협력자(full collaborator)로서 나를 위해 일했다"고 밝혔다. 2015년 나온 책에서 우드워드는 더피의 활동을 이렇게 소개했다.

"내가 리처드 닉슨 대통령 시절 알렉산더 버터필드 당시 백악관 보좌관과 장

시간 인터뷰한 직후, 그녀는 나에게 더 많은 스토리와 자료 획득의 중요성을 깨우쳐 주었다. 그녀는 캘리포니아주 라홀라(La Jolla)로 두 차례 혼자 출장가 며칠 동안 버터필드를 추가 인터뷰했다. 그녀는 버터필드의 기억과 중요 자료들을 요령 있게 정리하고 끄집어냈다. 그녀는 캘리포니아의 닉슨 도서관에 가서 수일간 머물면서 책의 좋은 단서가 되는 자료를 찾았다."[49]

1996년 예일대를 졸업하고 그 해 여름 WP 본사에서 인턴으로 일했던 제프 글래서(Jeff Glasser)도 우드워드의 조수로 일했다. 그는 1974년생으로 〈Shadow〉 등의 저술에 참여했다. 조수들은 대부분 20~30대이며 일정 기간 우드워드와 작업한 다음 다른 직장으로 옮기는 게 통례이다. 최신작인 〈Peril〉의 경우, 호주 출신의 변호사 겸 작가로 당시 27세였던 클레어 맥뮬렌(Claire McMullen)이 취재와 리서치, 확인·추가 질문 등을 맡았다. 담당 조수는 보통 1명이지만 2명일 때도 있다.

우드워드 저술에 대한 비판과 칭찬

우드워드가 쓴 책들이 완전무결하다고 단정할 수는 없다. 비판자들은 우드워드 책의 문제점과 신뢰성, 그리고 그가 쓴 책들 간의 상호모순을 지적하고 있다. 예를 들어, 빌 클린턴 대통령 시대의 행정부 경제 정책을 다룬 〈Maestro〉와 〈The Agenda〉 간에 모순되는 사실 설명이 있다는 것이다. CIA의 비밀활동을 추적한 〈Veil〉에서 윌리엄 케이시(William Casey) CIA 국장의 병상(病床) 발언을 우드워드가 조작했을 가능성도 제기됐다.

CIA 내부 보고서는 그러나 "자택에서의 단독 면담을 포함해 케이시가 우드워드와 모두 43차례 면담 또는 전화통화를 했다"고 밝혔다.[50] 따라서 케이시 국장의 발언이 허위라는 주장은 신빙성이 낮아 보인다.

일부에선 우드워드가 최고위 인물에 대한 인터뷰에서 자신의 명성과 영예를 누리는 대가로 날 선 비판적인 질문을 포기하고 있다고 지적한다.[51] 최고 권력자와 부자들에게 우드워드는 속기사(速記士·stenographer) 역할을 할 뿐이라는 것이다.

마크 펠트 FBI 부국장은 우드워드가 만나고 관리한 여러 명의 딥 스로트 중 한 명이며, 다른 비밀 취재원들이 존재할 수 있다는 반론(反論)도 나온다. 이에 대해 우드워드는 자신의 입장을 밝히지 않고 있다.

일부 단점에도 불구하고 전문가들은 우드워드의 저술 작업이 미국 사회에 긍정적인 기여를 하고 있다고 진단한다. 미디어 평론가인 데이비드 프럼(David Frum)은 이렇게 말했다.

"우드워드의 저작들로부터 당신은 워싱턴 DC의 강력한 권력 행위자(powerful Washington player)의 모습을 그릴 수 있다. 그 권력자는 매우 용의주도하며, 위험 회피적이며, 새로운 아이디어를 꺼리며, 동료 앞에서 아부하는 자들이며, 자신의 경력을 위협하는 일에 항상 신중하다. 우리는 영웅들을 찬양한다. 그러나 우드워드의 책들은 리더의 자리에 오른 사람들은 예외 없이 스스로 영웅이 되려는 생각 없이 일한 사람들임을 알려준다."[52]

소년 시절의 두 가지 특별한 경험

오늘의 우드워드 모습에는 소년 시절의 두 가지 경험이 영향을 미치고 있다. 하나는 12살 때 그의 부모가 이혼한 뒤 주급(週給) 11.75달러를 받으며 그의 아버지가 운영하는 변호사 사무실에서 일한 것이다. 그는 변호사 사무실에서 재떨이와 휴지통을 비우고, 각종 서류를 버리거나 소각(燒却)하는 일을 했다.

이 과정에서 우드워드는 책상 위와 서랍 안에 있던 민감한 소송 서류와 법정 기록, 국세청 자료, 사건 자료 등을 보면서 고객들의 숨겨진 비밀을 알게 됐다. 그러면서 녹음테이프와 증언, 인터뷰의 중요성을 깨달았다. 이를 통해 그는 기자 직업의 특질인 무한한 호기심을 품게 됐다.[53]

다른 하나는 의붓엄마로부터 겪은 차별 대우였다. 친엄마가 낳은 자신과 남동생, 여동생 등 3명이 새엄마와 함께 온 세 명의 배다른 형제들보다 매년 크리스마스 선물을 적게, 그것도 싼 제품을 주로 받았기 때문이다. 이에 우드워드는 자기 형제들이 받은 선물 목록을 만들어 수량과 판매 가격을 조사해 표(表)로 만들어 아버지에게 항의했다. 이런 모습은 추적 보도로 사회적 공정을 이루려는 탐사 보도 기자의 삶을 예고하는 것이었다.[54]

우드워드는 하버드대 로스쿨에 가지 않고 WP를 선택한 이유로 "로스쿨 생활이 재미없는 일(gutless)로 여겨졌기 때문"이라고 했다. 이미 해군 ROTC 장교로 재미없는 5년을 보냈는데, 또다시 로스쿨에서 3년을 보낼 자신이 없었다는 것이다. 그의 말이다.

"벤 브래들리가 이끄는 WP에 가는 것이 로스쿨보다 시대 흐름에 맞고, 세계 정세에 대한 감각에도 적합했다. 아마도 취재하고 기사 쓰는 일은 내가 잘할 수 있는 일인 것 같았다."[55]

우드워드는 '몽고메리 센티널'이라는 주간신문 기자로 근무하던 중 1971년 5월 4일 뉴욕타임스(NYT)에도 입사지원서를 냈다. NYT는 "현재 신입 사원 모집 계획이 없고 당분간도 없을 것"이라고 통고해왔다.[56] 우드워드는 1971년 8월 벤 브래들리 편집인과 최종 면접을 거쳐 그 해 9월 15일 WP 편집국 기자로 출근했다.

그의 초임 연봉(年俸)은 8,112달러, 주급으로는 156달러로[57] 당시 WP 기자들 가운데 가장 낮은 편에 속했다. 우드워드는 예일대 졸업 후 해군 장교로 5년간 복무한 엘리트였지만, 보통 신입 기자들과 마찬가지로 경찰서 담당 기자로 시작했다. 그것도 매일 저녁 6시 30분부터 다음날 새벽 2시 30분까지 일하는 야간 경찰기자(night police reporter)였다. 그는 취재원을 한 명이라도 더 만들기 위해 커피 한 잔과 신문 한 부를 추가로 더 들고 경찰서로 갔다.

생산성 높은 일벌레… 비밀 약속 평생 지켜

그는 입사 초기부터 일벌레로 유명했다. 다른 기자들보다 열심히 일해서 입사 초에 5일 연속 A1면에 자기 이름이 적힌 기명 기사를 실었다. 경찰 내부 비리 문제, 화재 사건, 위생 규정 위반으로 문 닫은 식당 스토리 등이었다. 우드워드는 WP 노동조합이 규정한 매주 37.5시간의 노동시간을 초과 근무했지만, 추가 근무 수당을 받으려 하지 않았다.

벤 브래들리 편집인과 캐서린 그레이엄의 아들인 도널드 그레이엄(Donald Graham)도 우드워드의 성실한 자세를 인정했다. 우드워드는 처음부터 신문기자 일이 천직(天職)이라 여기고 전력투구했다. 그 과정에서 그는 워터게이트라는 평생에 오기 힘든 대특종을 낚았다.[58]

우드워드는 취재원과의 약속도 지켰다. 딥 스로트의 정체는 2005년 5월 31일 미국 월간지 '배니티 페어(Vanity Fair)' 7월호 보도로 처음 밝혀졌다.[59] 당시 92세의 마크 펠트는 뇌졸중과 노인성 질환을 앓으며 과거 일을 기억조차 못했다. 그의 가족은 펠트가 평소 해온 몇 가지 말을 근거로 "펠트가 워터게이트 사건 당시 딥 스로트였다"고 공개했다. 배니티 페어의 기사를 쓴 이는 펠트 가족의 변호사였고, 펠트를 간병하고 있는 딸이 펠트의 진술을 증언했다.

우드워드는 자신과 부인인 엘사 월쉬, WP의 벤 브래들리 편집인과 레어너드 다우니 후임 편집인, 동료인 칼 번스타인 그리고 1976년 비밀을 알게 된 법무부 소속 변호사 등 모두 6명에게만 딥 스로트 정보를 공유했었다. 그러나 배니티 페어의 기사가 나온 하루 뒤 우드워드와 WP는 이 사실을 즉각 시인(是認)했다.

워터게이트 사건 발생 30주년인 2002년에 맞추어 딥 스로트의 전말(顚末)을 담은 책을 쓰고 있던 우드워드는 2002년 5월 30일 벤 브래들리 편집인을 집으로 초대해 책 초고를 보여줬다. 브래들리는 "지금 88세의 마크 펠트는 1972~73년의 그가 아니니 출간을 고려하라"고 조언했다.[60]

그렇지만 우드워드는 "취재원에 대한 비밀을 평생 지키겠다"는 약속을 깨지 않았다. 펠트 가족이 먼저 그 사실을 다른 언론을 통해 공개한 다음에야 이를 인정했다.

기자를 보호하는 방패는 오직 진실

우드워드는 두 차례의 퓰리처상을 비롯해 미국에서 시상하는 거의 모든 언론 관련 상을 수상했다. 1972년에는 우수한 심층기사 작성사에 수여하는 조지 포크상(George Polk Award)을 비롯해 헤이우드 브로운 상(Heywood Broun Award), 워스 빙햄 탐사 보도상(Worth Bingham Prize for Investigative Reporting) 등을 받았다. 2012년 콜비 칼리지(Colby College)는 우드워드에게 '용감한 저널리즘상'과 명예박사학위를 수여했다.[61]

2019년 9월 26일 서울에서 열린 '4차 산업혁명과 허위조작정보로 인한 세계적 저널리즘의 위기' 언론포럼 참석차 방한한 우드워드는 "워터게이트 취재 기자 시절 나는 사건의 실마리가 될 법한 이들을 무작정 찾아가고 수백 통씩 전화했다. 새벽 1시에 취재원에게 전화를 걸어 '당신 제정신이오?'라는 소리를 들었다. '왜 나를 괴롭히는 거죠?'라며 눈물을 흘리는 취재원도 있었다"고 말했다.

그는 그러면서 언론인의 필수 자질로 '인내심'과 공격성을 꼽았다. "기자든 에디터든 모두에게 중요한 자질은 인내심이다. 사실 수집을 게을리하지 않으면서 얼마나 공세적으로 보도할 수 있을지 판단해야 한다. 동시에 결코 서둘러서는 안 된다."

그는 "기자를 보호하는 방패는 오직 진실뿐이다. 3년여의 추적 끝에 밝혀낸 진실이 권력을 이겼다. 진실에 다가가는 과정이 결코 아름답기만 한 것은 아니었다"면서 '기자의 공격성'을 강조했다.

"기자는 공격적이어야 한다. 권력은 시민이 위탁한 것임을 백악관의 권력자들이 잊지 않도록, 기자는 지속적으로 그런 사실을 상기시켜줄 수 있는 공격성을 유지해야 한다."

기자는 갈등, 사회 분열 두려워 말아야

우드워드는 그러면서 메릴랜드주 '몽고메리 센티널' 기자 시절 겪은 일화를 공개했다.

"기자 생활 2개월 만에 메릴랜드주 검찰청을 고발하는 내용의 기사를 썼다. 그런데 그 기사에 화가 난 주 검찰총장이 문을 박차고 회사를 찾아왔을 땐 '더이상 기자 못하겠다'는 생각이 들었다. 검찰총장과 이야기를 끝낸 편집장이 쿵쾅거리며 나를 찾아왔다. 뜻밖에도 편집장은 '검찰총장이 기분 나쁜 것 같은데? 잘했어!'라고 웃으며 말했다. 검찰총장이 기분 나쁘지 않았다면 오히려 실망했을 것이라는 투로 말이다."[62]

우드워드는 "이때부터 문제를 만드는 것이 기자가 해야 할 일이며, 보도가 사회적 분열을 만들어내더라도 정확한 사실이라면 보도해야 한다는 믿음을 갖게 됐다"며 이렇게 덧붙였다.

"내가 주도적으로 참여한 워터게이트 보도도 '갈등을 일으키는 보도'였다. 당시 백악관은 워싱턴포스트의 보도를 허위 정보로 규정하고 분열을 일으키고 있다고 비판했다. 하지만 캐서린 그레이엄 발행인은 '갈등이 있다고 도망쳐서는 안 된다'고 했다."

그는 "갈등과 사회분열은 기자가 고려해야 할 요소가 아니며 '진실'이야말로 기자가 좇아야 할 가치다"고 했다. 그러면서 우드워드는 브래들리 WP 편집인이 남긴 말을 명심하고 있다고 밝혔다. 브래들리의 말은 이렇다. "저널리스트가 양심과 공정성에 따라 진실을 말하는 한, 결과를 걱정하는 것은 그의 일이 아니다. 나는 진실이 우리를 자유롭게 할 것이라 믿는다."[63]

우드워드는 다른 인터뷰에서 "기자는 사회 봉사자가 아니다. 우리 일은 (정치적 양극화 해소 같은) 사람을 한 데 모으고 화해시키는 게 아니다"며 이렇게 말했다.

"모든 정부는 언론을 싫어한다. 언론은 정부의 공격에 끊임없이 맞서 완강하게(tough) 싸워야 한다. 언론은 공정해야 한다. 나는 조지 W. 부시 대통령에 대해 쓸 때 늘 그의 시각을 그대로 전하려 했다. 언론은 취재원의 입장을 분명하게 밝혀주는 게 중요하다."[64]

우드워드 저널리즘의 진면목

2018년 4월 27일 오클라호마시티 커뮤니티칼리지(OCCC)에서 행한 연설에서 우드워드는 자신의 취재 방법 세 가지를 공개했다.[65]

첫째는 취재원을 직접 만나려 최선을 다하는 원칙이다. 그는 청중에게 4성(星) 장군을 취재하려 할 때 언제 그의 집을 찾아가는 것이 좋겠냐고 물었다. "토요일 오후가 좋지 않겠냐"는 답이 나오자, 우드워드는 반(半) 농담조로 "화요일 저녁 8시 17분쯤이 좋다"고 답했다. 월요일은 주(週)의 첫째 날이라 안 좋고, 오전은 장군들이 운동을 해야 해서 적당하지 않다고 했다.

그는 "요즘 기자들이 자신의 사무실에서 전화나 인터넷으로 대부분 취재하는 행태가 문제"라면서 "나는 '기자는 취재원의 눈앞에 나타나야 제대로 된 이야기를 들을 수 있다'는 사실을 믿고 실천하고 있다"고 했다.

두 번째 원칙은 "떠들지 말고 듣기에 집중하라"이다. 그는 취재원을 만나면 의도적으로 침묵을 지킨다고 했다. 그러면 취재원 쪽에서 먼저 어색함을 깨기 위해 말문을 연다는 것이다. 앞에 설명한 장군 사례도 화요일 저녁에 느닷없이 찾아가 문을 두드리고, 문이 열리자 어색하게 머뭇거리고 서 있으니 장군이 집으로 들어오라고 해서 두 시간 넘게 인터뷰할 수 있었다고 우드워드는 밝혔다.

세 번째 원칙은 취재의 대상 또는 저널리즘이 파고들어야 하는 핵심문제로, 우드워드는 "워터게이트 이후 계속해서 정부의 비밀주의가 민주주의를 위협하는 핵심요소"라고 주장했다. 권력을 쥔 자들이 비밀주의를 통해 권력을 사유화하고 자신들의 이익을 챙긴다는 게 그의 판단이다.

그래서 그의 기사와 책들은 워싱턴의 권부(權府)에서 벌어지는 비밀주의를 드러내고 해부하는 데 집중하고 있다. 그것도 현직에 있는 서슬 퍼런 권력을 행사하는 '대통령의 비밀주의'를 정면으로 파고들고 있다. 우드워드는 임기가 절반 이상 남았던 시점에서 도널드 트럼프 대통령을 '거짓말쟁이(a liar)'라고 쏘아붙였다. 권력에 순응과 순종을 거부하는 '우드워드 저널리즘(Woodward Journalism)'의 진면목이다.

30년 전 잡지 기사까지 찾아 읽어

우드워드는 1980~90년대에 워싱턴 DC와 버지니아주, 메릴랜드주 일대의 종이책 전화번호부에 자기 이름을 등록해 놓았다. 굳이 전화번호부에 자신의 이름과 연락처를 올리는 이유에 대해 그는 "누군가 기막힌 제보를 하기 위해 전화를 걸어올 수도 있다는 일말의 기대감에서였다"고 말했다.[66] 종이책 전화번호부는 인터넷 보급으로 지금은 자취를 감췄지만, 한 건의 작은 제보까지 소중하게 여기는 태도이다.

취재원과 신뢰를 쌓기 위해 그는 정성을 다한다. 우드워드는 "나는 취재원이 30년 전에 이름 모르는 잡지에 기고한 글까지 찾아 읽고 인터뷰에 나선다"며 "취재원의 어머니만 알 것 같은 정보까지 알아야 한다"고 말했다. 그러면서 "취재원을 편안하게 만드는 것도 기자의 몫이다. 서두르며 급박하게 질문을 던지지 말아야 한다. 그러면 진정한 심층적인 내용을 빠뜨리게 된다"고 했다.

그래서 우드워드는 인터뷰를 하는 도중 하고 싶은 말을 참기 위해 새끼손톱을 엄지로 누르는 습관을 들였다고 했다. 기자가 자신의 질문에만 집중해 취재원 상황을 잘못 파악하거나 더 중요한 내용을 놓치는 맹점을 막기 위해서다. 그는 스스로 만든 '의도된 침묵'에 장점이 많다고 했다. 질문 리스트를 읊는 데 급급해 중요한 맥락을 놓치는 잘못을 범하지 않을 수 있고, 취재원이 침묵을 깨기 위해 당초 말하려 했던 것보다 더 많은 것을 털어놓을 수 있어서다.[67]

방송과 유튜브 등에서 우드워드의 강연을 들어보면 그의 말투는 느린 편이다. 그는 단어 하나하나마다 또박또박 얘기한다. 그의 취재원이 됐던 사람들은, 우드워드가 예의 바르고 조용하며 상대를 위협하지 않고 편안하게 해준다고 말한다. 그러면서 "우드워드를 만나면 원래 하려던 말보다 더 많은 것을 무의식중에 털어놓게 된다"고 입을 모은다.

취재는 하나의 예술 행위

우드워드는 "저널리즘은 굉장히 지적(知的)인 일이다. 취재의 즐거움은

밥 우드워드와 그의 부인 엘사 윌쉬/Wikimedia Commons

어떤 사람의 가장 중요하고 흥미진진한 삶의 시점에 개입했다가 빠져나올 수 있다는 데 있다. 취재는 하나의 예술 행위이다"라고 말했다. 그는 이어서 이렇게 말했다.

"저널리즘이 정권의 잘못을 집요하게 파고들고 권력의 남용 등을 계속 감시하면 민주주의가 무너질 걱정은 안 해도 된다. 지속적 보도를 통한 권력 감시의 압력이 중요하다. 언론의 역할은 그런 노력을 계속하는 것이다."

그는 2008년까지 초청 강연 한 회당 1만5,000~6만 달러의 강연료를 받았다. 그는 수입의 대부분을 부인과의 공동 재단인 '우드워드 월쉬 재단(the Woodward Walsh Foundation)'에 보내 각종 자선단체에 기부했다.

2017년부터는 온라인 포털사이트 매스터클래스(MasterClass) 등에서 탐사보도 특강을 통해 재능과 노하우를 사회에 돌려주고 있다.[68]

우드워드는 2018년 6월 7일 워싱턴 DC에서 열린 국제뉴스미디어협회(INMA) 세계총회 강연에서 끈질긴 투지와 발로 뛰는 취재의 중요성을 강조했다. 그는 이날 "인터넷 시대에 워터게이트 사건은 어떻게 다뤄야 할까?"라고 물은 뒤 이렇게 스스로 답했다. "대개 '구글(Google)에서 닉슨의 녹음 파일을 찾으면 되죠'라고 답하지만 그건 비밀이다. 그때 인터넷이 있었다고 해도 얻을 수 없다. 그렇게는 찾을 수 없다."

그는 "온라인에서 답을 찾지 말고 사람을 만나라고, 전화하지 말고 직접 찾아가 문을 두드려라"고 당부하면서 이렇게 말했다. "거리로 나가면 답이 있다. 기자는 사람들과 말하려 노력해야 한다. 관계를 만들고 신뢰를 쌓아야 한다. 그러면 그 사람들이 얘기해줄 것이다. 듣는 사람이 있으면, 사람들은 말하고 싶어 한다."[69]

사람을 상대로 한 심층 취재가 인공지능(AI)과 챗 GPT 사용이 보편화되어가는 21세기에도 불변의 저널리즘 덕목(德目)이라는 얘기이다.

토머스 프리드먼

Thomas Friedman·1953~

미국 미네소타주 미네아폴리스 출생
브랜다이스대, 옥스퍼드대 중동학 석사
UPI 통신 거쳐 뉴욕타임스(NYT)
1995년부터 오피니언 칼럼니스트
핸디캡 7의 싱글 골퍼

토머스 프리드먼(Thomas Loren Friedman·1953~) 뉴욕타임스(NYT) 오피니언 칼럼니스트는 세계적인 인플루언서이자 유명인사이다. 유대계 미국인인 그는 2022년 5월 중순 조 바이든(Joe Biden) 미국 대통령 초청으로 백악관에서 오찬을 함께 했다. 그는 같은 달 22일자 NYT 칼럼에서 이 사실을 전하면서 "모든 대화 내용을 비보도(off the record) 조건으로 했기에 대통령과의 대화 내용을 공개할 수는 없다"고 했다.[1]

이보다 1년 5개월 앞선 2020년 12월 1일, 그는 조 바이든 미국 대통령 당선자와 1시간 정도 전화통화를 했다. 도널드 트럼프(Donald Trump) 당시 대통령 문제와 향후 중국 정책 등에 대한 의견을 나눈 그는 다음날 NYT 오피니언 면에 자기 이름의 칼럼을 통해 전화 인터뷰 내용을 공개했다.[2]

프리드먼은 미국 바깥에서는 마음만 먹으면 국가원수들을 만난다. 그는 2009년 2월 22일 서울 청와대에서 이명박 대한민국 대통령을 만나 1시간 넘게 환담했다.[3] 이 자리에는 박재완 대통령 국정기획수석비서관 등이 배석했다. 프리드먼은 언론인으로선 드물게 세계적 석학에 준하는 의전(儀典)과 대우를 받고 있다.

42세부터 NYT 외교 칼럼니스트

뿐만 아니다. 그가 2005년에 발간한 책 〈The World is Flat〉은 미국의 국가 경쟁력 문제를 놓고 지식인들 사이에 논쟁을 불러일으켰다. 그의 주장 가운데 일부는 2006년 1월 조지 W. 부시 미국 대통령의 연두교서 연설(State of the Union address)에 반영됐다.[4] 워싱턴 DC에서 프리드먼은 NYT가 마음먹고 키운 언론인으로 회자된다. 20세기에 활동했던 걸출한 언론인인 월터 리프먼(Walter Lippmann)에 필적하는 21세기 언론인이 토머스 프리드먼이라는 것이다. NYT의 설즈버거 가문과 리프먼, 프리드먼은 모두 유대인이라는 공통점을 갖고 있다.

자타가 인정하는 세계적 언론인인 프리드먼은 다섯 가지 측면에서 독특하다. 먼저, 그는 세 차례 퓰리처상을 받았다. '언론계의 노벨상'으로 불리는 퓰리처상의 3회 수상자는 손에 꼽을 정도로 희귀하다. 1978년 언론계에 입문해 1981년 뉴욕타임스(NYT)로 직장을 옮긴 그는 1983년과 1988년, 2002년에 각각 퓰리처상을 받았다. 그의 나이 30세부터 49세까지 19년 동안 세 번 수상의 쾌거를 이룬 것이다.[5]

프리드먼은 NYT 입사 14년 만인 1995년 1월부터 외교(foreign affairs) 담당 칼럼니스트를 맡고 있다. 회사 역사상 다섯 번째 외교담당 칼럼니스트인 그는 자신의 직업에 대해 이렇게 말한다.[6]

"외교담당 칼럼니스트는 세계에서 가장 좋은 직업(the best job)이다. 너무나 좋은 직업이어서 나는 어떤 태도를 지닌 여행자(a tourist with an attitude)가 되고자 한다. 나는 어느 곳이라도 어느 때든 찾아 가지만, 내가 보고 듣는 것에 대한 태도들을 갖고 있다. 즉 어떤 렌즈(lens)와 관점(perspective)과 종합하는 시

| 토머스 프리드먼의 퓰리처상 수상작 |

수상 이유	수상 연도	특기 사항
레바논 전쟁 보도(국제우수 보도)	1983	레바논 베이루트 지국장 근무 후
이스라엘 문제 보도(국제우수 보도)	1988	이스라엘 예루살렘 지국장 근무 후
테러 위협의 세계적 충격(우수 논평)	2002	9·11 테러 사건 이후

스템(organizing system) 또는 슈퍼 스토리(super story)를 갖고 세상을 보고, 사건들을 이해하고 그들의 우선순위를 매기고 독자들이 이런 현상들을 쉽게 이해할 수 있도록 도와준다."[7]

매주 2회 칼럼… 퓰리처상 3회 수상

두 번째로, 그는 70세인 2023년에도 매주 1~2회 칼럼을 쓰고 있다. 수년 전만 해도 그는 매주 2회(수·일요일자) 칼럼 주기를 엄격하게 지켰다. 나이 등을 감안해 그의 칼럼 게재는 최근 2주에 1~2회 정도로 간격이 늘었으나 경우에 따라 예전처럼 1주에 2차례 쓰기도 한다.[8] 이는 대개 2~3주에 한 차례 기명(記名) 칼럼을 게재하는 한국 언론인 대비 잦은 빈도이다.

프리드먼은 칼럼을 쓰면서 지금까지 7권의 책을 냈다. 마이클 만델바움(Michael Mandelbaum) 미국 존스홉킨스대 국제관계대학원(SAIS) 석좌교수와의 공저(共著) 1권을 빼면 모두 단독 저서이다. 그가 쓴 책들은 대부분 여러 나라 언어로 번역돼 팔리고 있다. 저술 활동으로 그는 명성을 높일 뿐 아니라 강연 초청까지 받아 경제적 수입도 늘리고 있다.

36세이던 1989년 낸 그의 첫 번째 저서인 〈From Beirut to Jerusalem〉

| 토마스 프리드먼의 저서 |

책 제목	발간연도	기타
From Beirut to Jerusalem	1989	12개월 연속 베스트셀러, 25개국 번역
The Lexus and the Olive Tree; Understanding Globalization	1999	27개국 번역
Longitudes and Attitudes; Exploring the World After September 11	2002	
The World Is Flat; A Brief History of the Twenty-first Century	2005	26개월 연속 NYT 베스트셀러, 400만부 이상 판매
Hot, Flat, and Crowded; Why We Need a Green Revolution-And How It Can Renew America	2008	
That Used to Be Us; How America Fell Behind in the World It Invented and How We Can Come Back	2011	마이클 만델바움과 공저
Thank You for Being Late; Finding a Job, Running a Country, and Keeping Your Head in an Age of Accelerations	2016	

은 미국에서 12개월 연속 베스트셀러에 올랐으며 25개국에서 번역됐다. 1999년에 나온 〈The Lexus and the Olive Tree〉는 27개국에서 번역될 정도로 큰 인기를 모았다. 이 책은 냉전이 끝난 후 새롭게 펼쳐진 세계화(globalization)의 실상과 특징을 명쾌하고 설득력 있게 분석·진단한 명저(名著)로 평가된다.

2005년 나온 〈The World is Flat〉은 37개국 언어로 번역돼 400만 부 넘게 팔렸다. 이 책은 2005년 4월부터 2007년 5월까지 26개월 동안 NYT 장기 베스트셀러 목록에 올랐다. 2007년에 나온 이 책의 세 번째 개정판은 두 개의 장(章)을 추가해 분량이 초판보다 100쪽 넘게 늘었다.

프리드먼은 "강력한 기술 변화 속도와 그것이 세상에 미치는 충격을 반영하기 위해 책을 완전히 새로 썼다"고 밝혔다.[9]

언론인 중 최고액 강연료 받아

세 번째는, 언론인 가운데 최고 수준의 연봉과 강연료이다. 프리드먼은 2009년 봄 미국 LA에 있는 공기 품질 관리국(Bay Area Air Quality Management District) 초청 강연 사례비로 7만5,000달러를 받았다. 이 때문에 그는 정부 공공기관 특강 치고는 너무 많은 강연료를 챙겼다는 비판과 논란의 중심에 섰다.[10]

그가 받는 공개 강연료는 한 회당 평균 4만 달러(약 5,200만원)를 웃돈다. 외국 초청시 항공기 1등석과 5성급 이상 특급호텔 숙박도 제공받는다. 2022년도에 그가 NYT에서 받은 연봉(年俸)은 30만 달러(약 4억원)로 알려지고 있다.[11] 외부 강연을 7~8번만 하면 한 해 연봉 이상을 벌 수 있는 셈이다. 미국 현역 언론인 가운데 프리드먼만큼 높은 강연료와 연봉을 받는 이는 드물다.

네 번째로, 프리드먼은 미국 현역 언론인 가운데 가장 골프를 잘 치는 골프광(狂)이다. 그는 자신의 개인 홈페이지에서 "나의 최근 골프 핸디캡은 7.1이다"고 밝혔다.[12] 18홀 정규 코스를 라운딩할 때 평균 타수 79를 기록하는 싱글 골퍼라는 말이다. 미네소타주 미네아폴리스 외곽의 세인트루이스 파크(St. Louis Park)에서 성장한 그는 어렸을 때부터 아버지를 따라 골프장을 출입했고 캐디를 하며 자연스레 골프를 익혔다.

그의 아버지가 한때 아들이 프로 골프 선수가 되길 바랄 정도로 프리드먼은 골프와 테니스 등을 좋아하고 즐겼다. 고교 시절 학교 골프 대표팀 주장(主將)을 맡았고, 17세 때인 1970년 열린 US오픈 골프대회에선 프로 골퍼인 치치 로드리게스(ChiChi Rodriguez) 선수의 캐디를 했다. 워싱턴 DC 외곽 메릴랜드주 베데스다(Bethesda)에 있는 그의 집은 골프장에서 걸어서 30초 거리에 있다. 프리드먼은 한 칼럼에서 골프와 인생을 이렇게 비교했다.

"골프는 인생과 비슷하다. 울퉁불퉁한 땅에서 경기한다는 게 그렇고, 모든 게 자기 자신에게 달렸다는 점에서 그렇다. 골프의 성공은, 인생과 마찬가지로, 잘 쳤을 때와 못 쳤을 때 어떻게 반응하느냐에 달려 있다(So much of success in golf, as in life, is about how you react to those good and bad bounces). 중간에 그만 둬? 골프채를 던져 버려? 슬쩍 속여? 징징거릴까? 캐디 탓을 할까?"[13]

개인 재산만 300억원대

프리드먼은 "나에게 골프는 일상으로부터의 탈출이다. 나는 가끔 프로 골퍼의 캐디도 한다. 2008년 4월 시니어골프대회에서는 US오픈 챔피언에 두 번 오른 앤디 노스(Andy North)의 캐디를 했다. 오늘 아침에는 프로 골퍼 톰 왓슨(Tom Watson)과 정치에 관한 이메일을 주고받았다. 나는 한국 프로골퍼인 최경주의 팬이다"고 말했다.[14]

다섯 번째로, 그는 보기 드문 부자(富者) 언론인이다. 상속 재산에다 연봉·강연료 수입 등으로 프리드먼의 개인 자산은 2021년 7월 기준 2,500만 달러(약 305억원)에 달한다고 미국 언론은 전하고 있다.[15] 메릴린드주 베데스다에 있는 그의 집은 면적 1만1,400평방피트(약 1,060평) 규모의 대저택(大邸宅)이나. 프리드먼은 부동산·쇼핑몰 등을 소유한 거부(巨富)의 딸인 앤 벅스바움 프리드먼(Ann Bucksbaum Friedman)과 1978년 결혼해 두 딸을 두고 있다.[16]

프리드먼의 지향점은 여느 언론인들과 많이 다르다. 그는 자신이 생각하는 언론인으로서의 역할과 사명을 이렇게 밝혔다.

"언론계에 들어오는 사람들에게는 저마다 다른 동기(動機)가 있다. 그들은 흔히 이상주의적이다. 그중에는 탐사 보도를 하는 기자, 특정 분야를 전담하는 기자, 속보(速報) 뉴스를 다루는 기자도 있고, 해설을 주로 하는 기자도 있다. 내 경우에는 언제나 후자(後者), 즉 해설을 주로 하는 기자가 되기를 열망했다. 나는 영어를 영어로 옮기기를 좋아해서 언론계에 들어왔다. 그래서 복잡한 주제를 선택해 분해하는 걸 좋아한다. 그것이 중동 문제든, 환경이나 세계화 혹은 미국 정치 문제든 내가 그 문제를 이해한 후 독자가 더 잘 이해하도록 돕는 일을 한다."[17]

프리드먼의 표현대로라면 "NYT에 일주일에 두 번씩 칼럼을 쓰며 마치 회전목마 위에서 정신없이 돌아가듯" 일하는 그는 틈틈이 목마에서 내려와 역사상 본질적인 전환점으로 보이는 현상들을 깊이 생각하고[18] 취재해 그것을 책으로 내고 있다. 프리드먼은 실제로 지금 우리가 역사적으로 가장 큰 변곡점(變曲點·inflection point)이 되는 시대를 살아가고 있다고 주장한다. 독일의 대장장이이자 인쇄업자인 요하네스 구텐베르크(Johannes Gutenberg)가 유럽에서 인쇄술 혁명을 일으켜 종교개혁의 길을 닦은 이후 여태 이토록 큰 변곡점은 없었다는 게 그의 기본 관점이다. 프리드먼은 말한다.

"현재 지구상의 가장 강력한 세 가지 힘, 즉 기술(technology), 세계화 (globalization), 기후변화(climate change)가 한꺼번에 가속화하고 있다. 이에 따라 우리 사회와 일터, 지정학(geopolitics)이 뒤바뀌고 있다. 우리는 그것들을 새롭게 구상할 필요가 있다."[19]

그는 구체적으로 세계를 바꾸는 또 다른 힘으로 '대시장'과 '대자연' 그리고 '무어의 법칙'을 꼽는다. 대시장은 페이스북(Facebook·Meta로 2023년 회사명 변경), 페이팔(Paypal), 알리바바(Alibaba), 아마존(Amazon), 인공지능(AI)과 클라우드 컴퓨팅으로 상징되는 디지털 세계화의 현장이다. 대자연에선 기후변화, 생물 다양성의 훼손, 인구 증가가 벌어지고 있다. 그리고 마이크로칩의 속도와 힘이 약 2년마다 두 배로 불어난다는 무어의 법칙 (Moore's Law)은 끊임없는 기술 발전을 상징한다.

2007년부터 '대가속의 시대'

프리드먼은 2007년을 이런 진전된 세계화의 출발점이라고 본다. 그는 2007년 이후를 '대가속의 시대(Age of the Great Acceleration)'라 부른다. 2007년 이후 현대 세계는 '평평(flat)할 뿐 아니라 빠르고(fast) 스마트 (smart)해졌다'는 분석이다.[20] 그는 2007년 이전 시대를 이렇게 평가한다.

"제2차 세계대전부터 2000년 초까지 약 50년 동안은 기후변화가 크지 않은 매우 안정된 시대였다. 기후는 평균을 유지했고, 사계절도 안정되어 평균적인 기업·국가·노동자에게 최고의 시대였다. 누구나 평균적인 삶을 살 수 있었고 제대로 된 중산층의 라이프 스타일을 누릴 수 있는 시대였다."[21]

그는 "18세기 말에 발명된 증기 엔진이 이후 약 100년 동안 테크놀로지 향상의 중심이었으나 지금은 세계가 완전히 바뀌었다. 3세대 분량의 테크놀로지를 한 세대가 전부 사용하고 있다. 나도 처음엔 타자기로 경력을 쌓았지만 지금까지 적어도 10가지가 넘는 새로운 문서 작성 기술을 배웠다"고 했다.

프리드먼은 2016년 출간한 책 〈Thank you for Being Late〉의 2장 제목을 '기술의 변곡점, 2007년'이라고 붙였다. 왜 2007년은 특별할까? 프리드먼의 말이다.

"2006년 후반부터 2007년 말까지 애플의 스마트폰인 아이폰이 출시되고, 페이스북이 전 세계로 확산되고, 트위터·킨들·안드로이드·깃허브·하둡 체인지가 나오고 VM웨어가 공개되고, 에어비앤비와 IBM왓슨이 만들어지고, 인체 게놈 염기서열 분석 비용이 급격히 떨어지고, 클라우드 컴퓨팅이 시작되고, 태양광 발전이 날개를 달고, 셰일가스 시추 기술인 수압(水壓) 파쇄법이 확산되고, 구글이 유튜브를 사들이고, 인텔이 무어의 법칙을 이어가기 위해 마이크로칩에 비실리콘 소재를 도입했기 때문이다. 그 15개월은 참으로 놀라운 시기였다. (중략) 우리의 물리적 기술은 2007년 전후에 급속도로 발전했지만, 우리에게 필요한 사회적·정치적 변화와 규제 개혁은 2008년에 갑자기 얼어붙고

토머스 프리드먼의 주요 저서들/friedman.com

말았다. 우리는 아직도 그 괴리(乖離)에서 벗어나지 못하고 있다."[22]

평균의 시대 vs 평생 학습 시대

그는 이런 여러 갈래의 가속화로 말미암아 "평균의 시대는 끝났다 (Average is Over)"고 단언한다. 오늘날에는 더 많은 기계가 육체적인 일은 물론 인지적(認知的)인 일에서도 평균을 뛰어넘어 더 높은 수준의 능력을 발휘할 수 있어서다. 동시에 우리가 가진 지식과 기술은 어느 때보다 빠르게 낡은 것이 되고 있다. 프리드먼은 이렇게 진단한다.

"이런 변화를 가장 잘 관리하는 국가, 기업, 개인은 '평생 학습(lifelong learning)' 체제를 기꺼이 받아들인다. 대학에서 4년 동안 공부하고 30년간 일하는데 필요한 지식을 쌓는다는 생각은 이제 낡은 것이 되었다. 나는 대학을 졸업할 때 일자리를 '찾아야' 했다. 그러나 지금은 나의 딸들에게 일자리를 '발명'해야 한다고 말한다. 딸들은 운 좋게 첫 일자리를 얻을 수 있겠지만, 그 자리를 지키고 일을 하면서 성장하고 소득을 늘려가기 위해서는 변화의 속도에 맞춰 그 일을 계속 재발명해야 한다."[23]

그는 그러면서 '평생 학습자(lifelong learner)'라는 개념을 제시한다. 평생 학습자는 끊임없이 평생 동안 새로운 것을 배우고, 새로운 학습 도구를 얻는 이를 일컫는다. 미래에는 개인과 정부 모두 평생 학습자가 되는 게 매우 중요하다고 프리드먼은 말했다. 그는 "평생 학습자가 2016년 책에서 내가 말하고 싶었던 핵심"이라고 했다.[24]

그렇다면 그는 어떻게 세계적인 인론인이 됐을까? 프리드먼은 미네소타주 미네아폴리스에서 베어링 회사를 운영하는 기업인 아버지와 가정주부인 어머니 사이에서 태어났다. 그의 집안은 미국의 전형적인 중산층 유대교 가정이었다.

그의 아버지는 퇴근한 뒤 어린 프리드먼을 데리고 골프장에 자주 갔다. 프리드먼은 초·중학교 시절에는 방과후에 버스를 타고 히브리(Hebrew) 학교에 출석했다. 여름방학 때는 위스콘신주 북부에 있는 헤르쯜 캠프(Jewish Herzl camp)에 다닐 정도로 유대교에 독실했다. 프리드먼은 "13세에 유대교 성인식을 치른 뒤 흥미가 줄었으나 나는 유대인들의 공동체적 삶을 항상 존중한다"고 말했다.[25]

고 1때부터 '중동'에 빠져 들어

그의 인생에 결정적인 전환기는 15세 때인 1968년 성탄절 이스라엘 방문이다. 당시 그의 누이가 대학 3학년 1년 동안 이스라엘 텔아비브(Tel Aviv) 대학에 교환학생으로 가 있어 가족 전체가 예루살렘을 찾았다. 프리드먼의 말이다.

"예루살렘을 가기 위해 나는 태어나서 처음 비행기를 탔다. 이스라엘 방문은 내가 살던 미네소타주를 처음 벗어난 순간이기도 했다. 나는 예루살렘에 처음 도착한 순간부터 예루살렘과 이스라엘, 중동에 빠져들었다."[26]

귀국해서 이스라엘에 관련된 책을 구해 읽은 프리드먼은 미네아폴리스에 온 이스라엘 유대교 관련 기구와 접촉해 고교 재학 시절 여름방학마다 이스라엘 하이파 남쪽 해안에 있는 키부츠(kibbutz·집단 농장)를 찾아가 그곳에서 살았다. 키부츠에서 사귄 이스라엘인들은 나중에 프리드먼의 중동 지역 취재에 요긴한 취재원이 됐다. 프로 골프선수를 해볼까 하던 학생 프리드먼은 이스라엘 경험을 한 뒤 이스라엘·중동 전문가로 방향을 바꾸었다.

미네소타 대학에 입학한 그는 아랍학을 전공했다. 프리드먼은 3학년부터 보스턴 소재 브랜다이스(Brandeis) 대학으로 옮겨 아랍어와 히브리어, 중동 지역학을 집중 공부했다. 대학 2학년 때 그의 아버지가 골프 라운딩 중 급사(急死)하는 바람에 생활고도 겪었다. 프리드먼은 1975년 지중해(地中海) 지역학 전공으로 최우등(summa cum laude) 성적으로 대학을 졸업했다.

재학 중 예루살렘 소재 히브리 대학과 이집트 카이로에 있는 아메리칸 대학에 교환학생으로 한 학기 이상씩을 보냈다. 그는 마샬 장학생(Marshall Scholarship)에 선발돼 중동학 연구의 총본산인 옥스퍼드대 세인트 안토니 칼리지(St. Antony's College) 석사과정에 1976년 입학했다. 그의 회고이다.

"브랜다이스 대학에서 나는 중동에 대해 제법 많이 아는 학생이었다. 그러나 대학원 중동학 석사과정에 등록한 125명 동기생 가운데 나는 초보자에 불과했다. 나는 친구들과 매일 세끼 식사를 함께 하면서 그들의 대화를 열심히 듣는 것만으로도 많은 것을 배웠다."[27]

본인의 겸손한 고백과 달리 지인(知人)들은 대학원 시절의 프리드먼을 다르게 평가한다. 같은 마샬 장학생 출신인 애미 왁스(Amy Wax) 펜실베

니아대 교수는 "프리드먼은 마샬 장학생 가운데 자신감과 야심으로 가득찬 존재였다. 그는 자신이 무엇을 원하고, 어디로 가야 할지를 정확하게 알고 있는 돋보이는 학생이었다"고 말했다.[28]

10대 중반부터 NYT 탐독

프리드먼은 고교 시절 저널리즘 입문(Introduction to Journalism) 과목을 듣고 '에코(The Echo)'라는 학교신문을 만들었다. 그는 "내가 기자가 된 데는 당시 '저널리즘 입문'과 학교신문 취재·편집을 지도한 해티 스타인버그(Hattie Steinberg) 선생님 덕분이 크다"고 말했다.

해티 스타인버그는 학생들에게 뉴욕타임스(NYT) 읽기로 하루 일과를 시작하도록 독려하면서 제임스 레스턴(James Reston)·안소니 루이스(Anthony Lewis) 같은 칼럼니스트의 글을 읽도록 했다. 프리드먼은 스타인버그가 세상을 뜬 2001년 그녀를 추모하는 칼럼에서 이렇게 밝혔다.

"그녀가 가르친 과목은 내가 평생 유일하게 들은 저널리즘 강의였다. 그녀는 '기본(fundamental)을 바로하는 게 가장 중요하다'면서 우리에게 저널리즘의 기본을 강조했다. 기사 문장의 리드(lead)와 인용 문구를 어떻게 표현하느냐는 것을 넘어, 그녀는 우리가 어떻게 즐겁게 프로페셔널한 방식으로 일할 수 있으며, 항상 질 높은 일(quality work)을 할 수 있는지 방법을 가르쳐 주려 애썼다."[29]

프리드먼은 그녀와의 수업 첫 해에 기준을 충족시키지 못해 학교신문사에서 광고 영업 업무를 했다. 그는 이듬해 취재 부문으로 옮겨 존 F. 케네디 대통령 암살 관련 기획 기사 등을 주도했다. 프리드먼이 학교신문에 자기 이름으로 게재한 첫 번째 기사는 1967년 6월 5일 아랍 국가들을 상대로 한 '6일 전쟁'의 주역인 아리엘 샤론(Ariel Sharon) 이스라엘 장군의 미네소타 대학 강연 내용을 정리 소개한 것이었다.

프리드먼은 "스타인버그 여사는 내가 만난 많은 교사들 가운데 가장 엄격했다. 숱하게 야단맞고 지적당했지만, 선생님과 우리들은 졸업 후 30년 넘게 친구이자 가족으로 지냈다. 그녀는 내가 정식 기자가 된 후에 쓴 모든 기사와 칼럼을 꼼꼼히 읽고 비평과 의견을 달아줬다"고 했다.[30]

옥스퍼드대 입학허가를 받은 뒤인 1976년 8월 어느 날, 프리드먼은 2년 후 아내가 된 앤 벅스바움과 런던 시내를 걷다가 신문 가판대에서 '런던 이브닝 스탠다드(London Evening Standard)'의 1면 머리기사를 봤다. "지미 카터 미국 민주당 대통령 후보가 대통령에 당선되면 헨리 키신저 국무장관을 해임하겠다"는 내용이었다.

프리드먼은 즉각 이 기사에 대한 기고문(op-ed)을 써서 미국의 '데 모엔 레지스터(Des Moines Register)'에 보냈는데, 그 해 8월 23일자 칼럼으로 실렸다. 앤 벅스바움이 해당 언론사에 있는 지인을 통해 연결한 덕분이었다. 프리드먼이 받은 원고료는 50달러에 불과했지만, 칼럼 기고는 언론계 입문을 알리는 신호탄이었다.

중동 특파원이라는 소명

프리드먼은 "이때부터 나의 소명은 중동 특파원일 수 있다고 생각했다"고 밝혔다. 대학원을 졸업할 무렵 그는 이미 12개의 칼럼을 써서 미국·영국 신문에 게재할 만큼 시각과 필력(筆力)을 인정받았다. 프리드먼은 "박사 과정 공부는 나에게 맞지 않으며 중동지역 현장에서 직접 취재하고 경험을 쌓는 전문가로 활동하는 게 좋겠다"며 UPI 통신 런던 지국에 입사 원서를 내 합격했다. 그는 그때까지 현장 기자(記者) 경험이 전혀 없었다. 수습기자로 입사한 몇 주일 동안 프리드먼은 혼신의 힘을 다했다.

"나는 첫 몇 주일 동안 내 평생에 그렇게 많은 화재 사건을 취재해본 적이 없었다. 당시 너무 긴장해서 거의 매일 코피(bloody noses)를 쏟았다. 그러다가 마침내 병원 입원 신세를 졌다. 회사 선배 기자들은 '옥스포드대 대학원을 나온 친구가 기자를 하겠다'라며 낄낄거렸다. 내가 쓴 첫 기명기사는 록 그룹(rock group) '더 후(The Who)'에서 드럼을 담당하는 키스 문(Keith Moon)의 약물 과다 사망 뉴스였다."[31]

통신사 기자로서 그는 취재 기법과 취재원 관리, 마감시간 안에 기사 쓰기 같은 기본을 익히면서 중동지역과 석유 문제에 관한 기사를 썼다.[32] 1979년 봄, UPI 통신이 레바논 베이루트 특파원직을 프리드먼에게 제의해 왔다. 당초 특파원 예정자가 베이루트를 갔다가 보석점 강도가 쏜 총알이 얼굴 뺨을 스치는 경험을 한 뒤 부임을 포기해 프리드먼에게 기회가 온 것이다.

학부와 대학원에서 6년간 중동학을 공부한 프리드먼은 "이번에 거절한다면 앞으로 기회는 없을 것"이라며 제안을 수락했다. UPI 통신사 입사 1년 만인 1979년 6월 그는 베이루트 현지에 부인과 함께 도착했다. 유대인인 그의 레바논 특파원 행에 대해 그의 가족과 친구들은 모두 "프리드먼이 미쳤다"고 걱정했다.

프리드먼은 부임 첫날부터 시내 총격전 소리를 들으며 밤을 지새웠다.

그가 태어나 처음 들은 총성이었다. 그는 부인 앤 벅스바움과 함께 외국 대사관과 정부 기관이 모여 있는 베이루트 시내 무슬림 서부(Muslim West Beirut)에 살았다. 부인은 현지 상업은행에서 일하다가 아랍 정치 분석기구로 옮겼다. 암살과 납치, 폭탄 테러가 연일 벌어지는 현장에서 그는 '물 만난 물고기'처럼 일했다.

2년여 동안의 활약을 눈여겨본 뉴욕타임스(NYT)는 1981년 5월 그에게 같이 일하자고 제의해 왔다. 이 제안을 받아들인 프리드먼은 1982년 4월까지 11개월 동안 뉴욕 본사에서 OPEC와 석유 담당 기자로 일했다. 프리드먼은 1982년 4월 하순 베이루트 지국장으로 다시 왔다.

테러 현장 중동에 10년 근무

그의 두 번째 현지 부임 시점은 1982년 4월 하순으로, 6월 6일 3만 명의 이스라엘군이 레바논을 침공한 '갈릴리의 평화작전(Operation Peace for Galilee)' 발발 6주 전이었다. 프리드먼은 2년 2개월 동안 베이루트 특파원으로서 뛰었다. 시리아 하마(Hama) 지역 대학살 사건과 사브라와 샤틸라 난민 캠프에서 팔레스타인인 학살, 팔레스타인해방기구(PLO)의 베이루트 철수와 미국 해병대 평화유지군 도착, 베이루트 소재 미국대사관과 해병대 본부에 대한 자살 폭탄 공격 등을 그는 겪었다.

프리드먼은 "두 언론사의 베이루트 특파원으로 근무하면서 교과서와 키부츠 캠프에서 생각했던 것과는 판이한 중동의 정서와 분위기를 실감했다"고 말했다.[33] 기자들은 안전상의 이유로 짝을 이뤄 취재하는 경우가 잦았으나 그는 중요 취재를 혼자 했다. 프리드먼은 현지어 통역과 경호원 역할을 겸한 운전기사 덕분에 비교적 안전하게 취재할 수 있었다.

베이루트는 목숨을 언제든지 잃을 수 있는 험지(險地) 중의 험지였다. 다른 주재원들과 마찬가지로 프리드먼도 위험을 견뎌야 했다. 현지인 운전기사의 부인과 자녀들이 프리드먼의 아파트에 피신해 있다가 몰살당하는 바람에, 프리드먼은 큰 트라우마(trauma·정신적 상처)에 시달렸다. 그는 "1982년 늦여름 무렵, 나는 정신적으로 피폐해져 있었다. 베이루트와 레바논 내전은 인간이 얼마만큼 참을 수 있는지 시험하는 장소 같았다"고 말했다.

레바논은 테러 현장일 뿐 아니라 미국과 소련·이스라엘·이집트 등 주요국들의 외교전이 펼쳐지는 뉴스의 최전선(最前線)이었다. 당시 프리드먼과 같이 현지 특파원으로 일했던 데이비드 주치노(David Zucchino) '필라델피아 인콰이어러(Philadelphia Inquirer)' 기자는 이렇게 말했다.

"프리드먼은 대부분의 동료 특파원들보다 훨씬 많이 준비돼 있었다. 그는 취재원들을 만들기 위해 열심히 노력했고, 그 취재원들을 활용했고, 그런 다음 취재원들을 다시 관리했다. 베이루트 특파원 생활은 고교 때부터 이스라엘과 아랍, 중동에 심취한 프리드먼이 대기자로 성장하는 준비의 절정기였다. 그는 다른 기자들이 볼 수 없었던 것을 간파하고 그것을 기사로 만들어냈다."[34]

이런 노력은 언론계 입문 5년 만인 1983년, 30세에 국제부문 우수 보도 풀리처상 수상으로 열매를 맺었다. 이듬해인 1984년 6월 NYT는 프리드먼을 이스라엘 예루살렘 지국장으로 발령냈다. 그는 "유대인 기자는 예루살렘 지국장으로 발령내지 않는다"는 90년 가까이 된 NYT의 불문율(不文律)을 깼다.

국무부·백악관 등 5년 취재

1988년 2월까지 예루살렘에 근무한 프리드먼은 이스라엘의 압제(壓制)에 저항하는 팔레스타인인들의 민중 봉기인 인티파다(Intifada) 보도로 그 해에 생애 두 번째 퓰리처상을 받았다. 그는 같은 해 구겐하임 펠로우십(Guggenheim Fellowship) 펠로우로 선정돼 저술 작업에 집중했다. 1989년 6월 출간된 처녀작 〈From Beirut to Jerusalem〉은 중동에서 10년에 걸친 체험과 성찰을 기록한 역저(力著)였다.[35]

일찌감치 청소년기에 이스라엘과 중동에 매료된 프리드먼이 기자 생활 처음 10년여 동안을 레바논과 예루살렘 현지에서 보낸 것은 그가 국제문제 대기자로 성장하는 큰 자산이 됐다. 이스라엘과 중동은 현대 국제정치를 움직이는 중요한 근인(根因)들이었고, 레바논은 현대 테러리즘의 탄생지였다.

1989년 1월 NYT 워싱턴 지국에서 외교담당 수석기자(Chief Diplomatic Correspondent)로 발령나면서 프리드먼의 언론인 인생은 새로운 단계로 진입했다. 1992년 11월 백악관 취재팀장(Chief White House correspondent)으로 보직을 옮길 때까지 프리드먼은 출입처인 국무부를 중심으로 세계 정치 현장을 취재하며 공부했다. 그의 말이다.

"제임스 베이커(James Baker) 장관 후보가 연방 상원 인준(認准) 청문회장에 나와서 의원들의 질의에 답변할 때, 솔직히 나는 대부분의 대화 내용을 몰랐다. 나는 중동이라는 좁은 지역만 알고 있었다. 콘트라 반군(Contras), 스타트 조약(START treaty), 유럽전략군(CFE·Conventional Forces in Europe) 같은 새로운 개념을 취재하면서 세계정치를 다시 봤다. 국무부를 4년여 취재하면서 비행기로 내가 이동한 거리만 50만 마일(80만km)에 달했다. 정치·문화 외에 국가 안보와 세력균형(balance of power)이란 렌즈를 추가했다."[36]

1992년 11월 선거에서 빌 클린턴(Bill Clinton)이 대통령에 당선된 후, 프리드먼은 백악관 취재팀장이 돼 공화당에서 민주당으로의 정권 교체 과정과 클린턴 행정부 1기의 첫해를 취재했다. 1994년 1월에는 국제경제 담당 수석기자로서 외교정책과 무역정책의 결합에 초점을 맞춘 취재·보도를 했고, 1995년 1월부터 외교담당 칼럼니스트로 일하고 있다.[37]

1999년 출간한 〈The Lexus and the Olive Tree〉는 2000년 '특파원 기자클럽 선정 외교정책 분야 최고의 책(Overseas Press Club Award for the best non-fiction book on foreign policy)'에 선정됐다. 2002년에는 9·11 테러 사태를 전후해 쓴 칼럼을 모아 〈Longitudes and Attitudes(경도와 태도)〉를 발간했다. 프리드먼은 2000년 하버드 대학 방문교수(Visiting Professor)로 활동했고, 모교인 브랜다이스(Brandeis) 대학을 비롯해 맥칼레스터(Macalester)·해버포드(Haverford)·히브리 유니언 칼리지(Hebrew Union College) 등에서 명예박사학위를 받았다.

6차원 렌즈로 세계 조망

세계 정치에서 가장 뜨거운 지역인 중동에서 10년간 현장 경험을 쌓은 뒤 6년간 미국의 백악관, 국무부, 월스트리트 등을 밀도 있게 취재한 것은 토머스 프리드먼만의 경력이다. NYT가 그의 경력을 특별관리했다는 일각의 시선이 틀린 것만은 아닌 것이다. 프리드먼은 이런 과정을 통해 '6차원 렌즈'로 세계를 보는 눈을 길렀다고 말했다.

"베이루트와 예루살렘 특파원 시절 정치(politics)와 문화(culture,종교)라는 렌즈를, 미 국무부 출입 기자로서 국가안전보장(national security)이라는 렌즈를, 1994년 워싱턴 지국 경제담당 수석기자가 되면서 통상·금융(trade·finance)을, 외교담당 칼럼니스트로서 기술(technology)과 환경(ecology)을 겸비해 나는 6차원(6-dimension) 렌즈를 장착했다."[38]

그는 6차원 렌즈를 갖게 된 장점을 이렇게 설명했다.

"외교를 취재하지 않은 무역 담당 기자들과, 국가안보 문제를 다뤄보지 않은 경제 기자들, 경제 분야를 경험하지 못한 외교 담당 기자들이 많다. 백악관 담당 기자들도 경제나 무역, 외교를 취재하지 않고 대통령의 언행(言行)만 좇는 기자들이 너무 많다. 나는 다양한 렌즈로 세상과 세계를 조망함으로써 과거에는 생각하지도, 깨닫지도 못했던 사건의 인과 관계(causal chains of events)와 뉴스 스토리들을 보게 됐다."[39]

프리드먼은 자신의 정체성을 글로벌리스트라고 밝힌다. 국제 문제를 패권쟁탈이나 지정학적 우위 확보라는 관점에서 보는 현실주의자(realist)나 매사를 첨단 기술 중심으로 보는 기술주의자(technologist), 인간의 행동을 문화적 요인이나 DNA 같은 본질적 특성으로 재단하는 본질주의자(essentialist)가 아니다. 그는 "경제주의자(economist)와 환경주의자(environmentalist)도 아니며, 나는 글로벌리스트(globalist)"라고 했다.

"글로벌리스트로 세계를 볼 때에만 6개의 렌즈로 점(點)들을 체계적으로 연결하고, 세계화의 시스템을 보며, 혼란스런 세계에 질서와 의미를 부여할 수 있다. 분절된 시각들로부터 얻은 정보를 잘 주고받고 조합해서 한 개의 시각만으로는 얻을 수 없는 세계에 대한 새로운 그림을 그려내야 한다. 이것이 정보 차익 거래(information arbitrage)의 본질이다."[40]

철저한 '현장' 기반 칼럼

프리드먼의 일하는 방식은 독특하다. 2002년 11월 서울에서 그를 처음 만난 뒤 2009년 2월 24일 하루에 프리드먼을 세 차례 만난 고(故) 김영희 중앙일보 대기자는 이렇게 회고했다.

"프리드먼은 나와 식사를 하고 대화를 하는 내내 랩톱(laptop) 컴퓨터를 무릎에 올려놓고 자판(字板)을 두드리면서 먹고 말했다. 보기에 따라서는 낯설고 무례한 매너라고 할 수 있었지만 이해가 되었다. 아마도 그는 호텔에 돌아가서 칼럼을 써보내야 했을 것이다. 〈세계는 평평하다〉를 쓸 때는 아내와 함께 30분 거리에 있는 식당으로 가면서도 차 안에서 랩톱으로 원고를 쓴 그다. 그에게서 랩톱을 뺏는 것은 윈스턴 처칠(Winston Churchill)에게서 시가를 뺏는 것 이상으로 잔인한 일일 것이다."[41]

2009년 2월, 4박5일 일정으로 서울에 온 프리드먼은 분(分) 단위로 일정을 쪼개 기조연설, 토론·면담·인터뷰 등 10개 넘는 행사에 참석했다. 그가 기자(記者)로서의 '직업의식,' '프로 정신'에 투철할 뿐 아니라 시간 관리에도 능숙하다는 방증이다. 그는 2016년에 낸 저서 〈Thank you for Being Late〉에서 자신의 업무 스타일을 일부 공개했다.

"나는 주로 워싱턴 DC의 NYT 사무실 근처(※프리드먼은 뉴욕 본사가 아니라 워싱턴 지국이 있는 워싱턴 DC에서 근무함)에서 아침 먹을 시간에 정기적으로 친구들을 만나고 공직자나 분석가, 외교관들을 인터뷰한다. 더 많이 배우며 하루를 채우려는 내 나름의 일하는 방식이다. 그런데 아침시간 도로와 지하철 사정으로 가끔 약속한 사람이 10~20분 늦게 도착하기도 한다. 그러던 중 하루는 내가 손님이 늦는 것에 전혀 개의치 않는다는 걸 깨닫고 이렇게 말했다. '아니에요. 사과하실 필요 없어요. 사실은 늦게 와서 제가 고맙습니다!' 계획하거나 예정하지 않은 그 몇 분의 시간이 기분 좋게 느껴진 것이다. 잠시 멈춤으로써 지식은 물론 다른 사람들과 더 깊고 더 좋은 관계를 맺기 위해 신뢰를 쌓는 능력도 향상되기 때문이다."[42]

"세계에서 가장 영향력 있는 칼럼니스트라는 명성을 듣는 기분이 어떠냐?"는 한국 언론인의 질문에 프리드먼은 "오 마이 갓. 누가 그래요?(Oh my god. Who called me that?)"라며 이렇게 대답했다.

"나는 아침에 일어나 거울 앞에 서서 '와우(wow)'라고 외치지 않는다. '와우'라고 외치는 순간 나는 사람들의 말을 들을 필요가 없다고 생각하게 된다. '나 토머스 프리드먼은 올림포스산에서 하계(下界)에 불벼락을 내리는 제우스야.' 이런 생각을 하면 나는 한국 사정을 취재하기 위해 14시간이나 날아서 한국까지 오지 않게 된다. 나는 철저히 땅에 발을 딛고 산다(I stay very grounded). 내 모토는 '가지 않으면 모른다'이다."[43]

그는 "나에게 파워나 영향력이라는 것이 있다면 그것은 탄탄한 현장주의에 바탕을 두고 쓴 칼럼에서 나오는 것"이라며 "내 칼럼의 내용에 동의하지 않아도 좋지만 그 현장에 없었다고는 말하지 말아 달라"고 했다. 프리드먼은 "사무실에 앉아서 전화로 취재를 할 수도 있지만 나는 밖으로 나간다. 내 칼럼의 질(質)은 밖에서 취재한 정도에 비례한다"고 강조했다.

프리드먼은 2002년 출간한 〈Longitudes and Attitudes〉에서 "칼럼니스트로서 내가 언제 어디로 여행하는가는 전적으로 내가 결정한다. 나는 어떤 이슈에 대해 어떤 입장을 취할지 완전한 자유를 누린다. 그래서 외교담당 칼럼니스트는 위대한 직업이다(I have total editorial freedom to take whatever stance I want on an issue. As I said, it's a great job)"고 했다. 그는 이어서 이렇게 말했다.

"외교담당 칼럼니스트로 일하면서 칼럼 쓰기 전이나 후에 NYT 발행인과 칼럼 내용과 관련해 협의한 적이 없다. 누구도 나를 아프가니스탄, 파키스탄, 이스라엘 또는 인도네시아로 가라고 지시하지 않는다. 모두 나의 충동적인 방문들(impulse visits)이었다. 내가 그리는 큰 스토리의 전개 방향과 대답 또는 취재할 가치가 있는지 여부도 스스로 결정한다. 나는 전적인 자유와 거의 무제한 예산(unlimited budget)을 누린다."[44]

뉴욕 본사의 간부들은 프리드먼이 베이징에서 보낸 첫 칼럼을 읽은 뒤 그가 중국에 가 있는 걸 알게 된다. 그는 출장 품의(稟議)나 결재를 생략하고 해외취재를 다닌다. 그런 점에서 프리드먼에게는 칼럼니스트보다는 순회 특파원이라는 명칭이 더 어울릴 수 있다.

현상 서술 뛰어넘는 '개념 창조력'

프리드먼은 개념적 사고능력을 갖춘 저널리스트이다. 급변하는 세계 곳곳을 돌아다니며 보고 들어 얻은 정보와 첩보, 지식을 분석하고 의미(意味)를 찾아낼 뿐 아니라 전문 학자들 이상으로 적확한 개념과 용어를 만들어내는 능력이 탁월한 것이다. 독일 철학자인 임마누엘 칸트(Immanuel Kant)식으로 말하면, 감각하는 활동(legwork)과 사유하는 활동(brainwork)을 종합하는 지성(知性)을 겸비하고 있는 셈이다.

21세기 글로벌 현상을 묘사·분석하는 가상(假象)과 수사(修辭), 이론(理論)은 지금도 넘쳐난다. 매일 매순간을 관찰하는 저널리스트가 이들을 제대로 선별하는 안목(眼目)이 없으면, 좋은 기사와 칼럼을 작성할 수 없다. 그러나 프리드먼은 단편적이거나 특수적, 우연적, 감각적인 사실에서 진실을 추출해 '귀납적 비약'을 한다. 그런 점에서 그는 세계적인(World-class) 저널리스트이다.

일례로, 프리드먼의 머리에서 '세계는 평평하다(flat)'는 개념은 어떻게 생겼을까? 그는 인도 방갈로르에서 인도의 대표 IT기업인 인포시스(Infosys)의 난단 닐레카니(Nandan Nilekani) 창업 CEO로부터 "세계를 잇는 광역통신망, 해저 광케이블, 구글 등의 등장과 보급으로 인간의 활동무대가 선·후진국, 인종간, 지역간 차별없이 수평화되었다(leveled)"는 얘기를 들었다.[45]

닐레카니의 말은 IT에 관심 있는 21세기의 인간이면 누구나 할 수 있는 말이다. 그러나 프리드먼에게 그것은 신(神)의 목소리처럼 들렸다. 프리드먼은 "활동무대가 평평해졌다. 맙소사, 그는 세계가 평평하다고 말하고 있는 거야!"라며 개념을 이런 식으로 확장한다.

"콜럼버스가 1492년에 신대륙을 발견하여 세계는 둥글다고 확인하며 시작된 게 '글로벌라이제이션(Globalization) 1.0'이라면, 1800년부터 2000년까지는 '글로벌라이제이션 2.0' 시대였다. 이어서 우리가 지금 살고 있는 2000년 무렵부터 '글로벌라이제이션 3.0'이 시작됐다. 그럼으로써 인간의 활동무대는 한층 더 평평(flattening)해졌다."

프리드먼은 미국 코네티컷주에 공부하는 딸을 만나러 가기 위해 볼티모어에서 코네티컷주 하트퍼드까지의 항공권을 e티켓으로 샀다. 그 노선을 운항하는 사우스웨스트 항공기에는 지정석이 없고, 체크인할 때 A, B, C로 탑승순서를 정해준다. 그는 95분 전 공항에 도착해 자동 체크인 기계에서 탑승권을 뽑았다. 탑승권에는 B가 찍혀 나왔다. 그는 A그룹 승객들이 들고 있는 탑승권을 슬쩍 보았다. 그들은 집에서 프린트아웃한 탑승권을 들고 있었다. 그는 "잠자고 있는 동안 우리들은 글로벌라이제이션 3.0 시대에 진입했다. 그래서 우리들 자신이 탑승권을 발급해주는 여행사가 됐다"며 경악했다.[46]

'골든 아치 평화론', '델 분쟁 방지론'

방갈로르와 볼티모어 공항에서의 예상 못한 경험이 프리드먼 특유의 사유(思惟)를 통해 '세계는 평평하다'는 개념과 베스트셀러로 탄생한 것이다. 그는 1999년 〈The Lexus and the Olive Tree〉에서는 '골든 아치 평화론(Golden Arches Theory of Conflict Prevention)'이란 개념을 창안했다. 이는 미국의 맥도널드(McDonald) 햄버거 체인점의 로고를 상징하는 M자형의 '골든 아치'가 들어선 나라들 사이에는 전쟁이 일어나지 않는다는

2011년 5월 12일 미국 튤레인대학 졸업식에서 축사하는 토머스 프리드먼 / Wikimedia Commons

내용이다. 프리드먼의 말이다.

"중동지역에서 맥도널드 점포가 들어서 있는 이스라엘과 사우디아라비아, 이집트·레바논·요르단에는 맥도널드 체인점이 있다. 이들 나라에 맥도널드 햄버거 체인점이 진출한 이후로 그 나라들 사이에 전쟁이 일어난 적이 없다. 전쟁 위협이 있는 곳은 맥도널드 체인점이 없는 시리아, 이란, 이라크 3개국뿐이다."[47]

세계적으로 통합된 생산 및 공급망에 연결된 나라끼리는 전쟁을 하지 않는다는 이론이다. 맥도널드에 문호를 개방할 정도의 나라는 두터운 중산층을 보유해 실제로 전쟁을 꺼린다는 것이다.[48]

프리드먼은 2005년에 쓴 〈The World is Flat〉에서 이를 '델 분쟁 방지론(Dell Theory of Conflict Prevention)'으로 발전시켰다. 컴퓨터 회사 델(Dell)이 컴퓨터 한 대를 만드는 데는 삼성전자를 비롯한 여러 나라의 많은 기업들이 참여한다. 델이 하는 것은 외국 기업들이 공급한 부품을 조립하는 일이다. '델 분쟁 방지론'은 이런 부품 공급망에 연결된 기업을 가진 나라끼리는 전쟁을 할 수 없다는 분석이다.[49] 이는 근대 공화국(modern republic)끼리는 전쟁을 하지 않거나 할 가능성이 낮다는 칸트의 '영구(永久) 평화론'을 연상시킨다.

2008년 출간한 〈Hot, Flat, and Crowded〉에서 프리드먼은 녹색 혁명(Green Revolution) 전도사로 등장했다. 그는 이렇게 말했다. "중동이 석유 하나만을 붙들고 세계화를 외면하는 시대착오적 행태를 계속한다면 세계가 중동을 떠날 수밖에 없다. 중동이 더 이상 세계의 화약고가 되지 않도록 모든 나라가 합심해 기후변화와 에너지 문제를 해결하는 '녹색 혁명'을 일으켜야 한다."

프리드먼은 2020년 2월부터 3년 넘게 세계를 강타한 '코로나19' 팬데믹에 대해 "인류의 새로운 역사적 구분이 BC(Before Corona·코로나19 이전)와 AC(After Corona·코로나19 이후)로 구분될 것"이라고 했다.[50] 현역 역사가와 저술가, 언론인 가운데 코로나 팬데믹을 이처럼 명료하게 개념화 한 이는 그가 유일했다. 고(故) 김영희 중앙일보 대기자의 말이다.

"21세기 평평한 세계에 사는 인간의 모습, 지금부터의 세계경제와 인간의 삶의 성격을 규정할 그린 경제(green economy), 아직도 국제정치의 많은 부분을 저당 잡고 있는 팔레스타인 문제에 관해서 프리드먼처럼 많이 보고 듣고 사유하고 그 결과를 책으로 정리해낸 기자·칼럼니스트는 드물 것이다. 아니, 없을 것이다. 30분 동안 원고 한 줄 보지 않고 평평한 세계와 그린 성장(green growth)에 관해 청산유수로 주제발표를 하는 프리드먼을 보면 그의 취재와 사유와 분석이 얼마나 철저하고 논리적인지 놀라지 않을 수 없다."[51]

미국의 대(對)중국관 변화 주도

토머스 프리드먼은 미국의 외교 정책 결정에도 큰 영향력을 미치고 있다. 그의 분석과 칼럼, 진단을 미국의 주요 정책 결정 엘리트들이 상당부분 수용하고 있어서다. 대표적인 게 미국 정부의 대(對)중국관과 중국에 대한 외교 정책 변화이다.

중국이 세계무역기구(WTO)에 가입하기 전인 2000년, 프리드먼은 "중국과의 자유무역이 중국을 더 민주화된 사회로 만들 것"이라며 중국의 WTO 가입과 무역 최혜국(most favored nation) 지위 부여를 주장했다.[52] 그의 말대로 중국은 2001년 12월 11일 WTO 정회원국으로 가입했고, 중국은 '항구적인 정상 무역국 대우(PNTR)' 지위를 부여받았다. 중국은 세계 1위 무역 국가와 2위 경제 대국으로 성장했지만 사회주의 계획 경제와 공산당 1당 독재를 포기하지 않았다.

2010년까지 프리드먼은 여러 칼럼에서 중국을 비난하지 않고 중국의 부상(浮上)을 경계했다. 2009년에는 중국공산당(CCP)의 1당(黨) 독재 체제의 효용성을 높이 평가하면서 이렇게 지적했다. "소수의 개명(開明)되고 합리적인 그룹이 이끄는 중국공산당은 가솔린 가격을 의도적으로 올려 화석 연료 사용을 줄이고 전기차, 태양 에너지, 원자력, 2차 전지, 풍력 같은 신재생 산업을 키워 미국을 따라잡는 영리한 정책을 밀어붙이고 있다."[53] 이 칼럼은 미국에서 중국공산당 독재를 묵인했다는 비판을 받았다.

프리드먼은 2010년 이후에는 중국의 리더십에 대해 비판적 시각을 보였다. "중국공산당 최고 지도부가 강성해지는 경제력을 정치 개혁을 점차적으로 늘리는 용도로 사용하지 않고 있다. 중국에는 만연한 부패와 취약한 법치와 투명성으로 합의적 정치(consensual politics)가 존재하지 않는다"고 밝혔다.[54] "중국을 부러워하느냐"는 질문에 대해 프리드먼은 "나는 독재적인 중국 정부와 동일한 효율성을 갖고 국가를 운영하는 민주주의 정부를 시기(猜忌)한다"고 했다. 중국의 공산 독재 체제에 대한 환상은 갖고 있지 않다는 얘기였다.

그는 2011년 영국 BBC 방송과의 인터뷰에서 "중국을 견제하고 균형 맞추는 강력한 미국이 있는 세계에서 내 자녀들이 살기를 원하며, 불확실하고 유약하며 경제·군사적으로 힘을 행사하지 못하는 미국이 있는 세계를 원치 않는다"고 했다. 2012년 10월 프리드먼은 "중국도 스스로의 국가적 꿈과 비전을 가져야 한다"며 중국의 굴기(崛起)를 긍정하는 칼럼을 썼다.[55] 5개월 후인 2013년 3월 시진핑(習近平)이 중국 국가주석 겸 공산당 총서기로 공식 등극할 무렵, 프리드먼은 중국에서 가장 인기 있는 미국인이 됐다. 중국에 부정적인 부분이 삭제됐지만 그가 쓴 책들은 중국 출판시장에서 베스트셀러가 됐다.[56] 프리드먼과 중국 당국이 상호 공생하는 모양새였다.

20년 이상 미·중 전략 경쟁 벌어질 것
하지만 중국의 국력이 미국의 70%에 육박하고, 이에 맞서 도널드 트럼프(Donald Trump) 대통령이 중국산 제품에 대해 25% 관세 부과를 시작으로 무역 전쟁을 점화할 무렵, 프리드먼의 대(對)중국 칼럼 논조는 달라졌다. 2019년 그는 미국 CNBC 방송에서 "트럼프 대통령이 지금 중국에 제대로 대응하고 있다. 미국과 중국 간에 '미스 얼라인드(Mis-aligned·위치 맞추기가 어긋남)' 상태에 있는 무역 관계를 바로잡기 위해 도전할 사람이 필요했다"며 이렇게 말했다.

"지식재산권(IP) 침해, 호혜적이지 않은 무역 협정, 강제 기술 이전이라는 상투적인 전략을 중국이 계속 쓰도록 내버려둬서는 안 된다. (중략) 누군가는 중국과 결투를 시작해야 했다. 그래서 도널드 트럼프의 정책을 환영하며 옳은 결단이었다고 생각한다. 지금이야말로 무역 관계의 균형을 되돌려야 한다. 내가 말하는 무역 관계의 균형이란 중국이 미국 시장에서 가진 권리와 동등한 수준의 권한을 미국과 일본 기업도 중국 시장에서 가져야 한다는 것이다. 이를 위해 지식재산권 포기를 요구하거나 주식의 절반 매각 또는 중국의 관습을 따르라고 강요해서는 안 된다. 누구나 공평한 경쟁 무대에서 싸워야 한다."[57]

그는 2020년 9월 CNBC 방송에 나와 "우리는 중국과 맞붙을 대통령을 필요로 했다. 그것을 트럼프가 했다. 그의 어떤 전임자들보다 그는 단호하고 거칠게 했다. 나는 그 점에서 트럼프에게 점수를 준다"고 말했다.[58] 2021년 1월 20일 취임한 조 바이든 대통령은 과거 민주당 정권의 '협조적 경쟁(co-opetition)'을 버리고 '대립(confrontation)'으로 중국 정책 노선을 바꿨다.

프리드먼은 그 해 9월 칼럼에서 "1979년부터 2019년까지 40년이 미·

중 관계에서 신기원의 시기였다면 앞으로 20년은 우리가 한 번도 가보지 않았던 길을 걸을 것"이라며 "그것은 바로 중국과의 전쟁이며, 20년 뒤인 2041년에 손자들은 우리에게 고마워할 것"이라고 썼다.[59] 2023년 4월, 그는 베이징과 타이베이 등을 방문한 뒤 평소보다 3~4배 긴 칼럼에서 중국이 미국의 신뢰를 잃어버린 사례와 의미를 분석하면서, 미·중 관계 악화의 근본 원인이 신뢰 위기에 있음을 지적했다.[60]

논리적 한계와 일부 오독

전체적으로 프리드먼의 칼럼과 저서들에는 미국 애국주의(愛國主義) 정서가 강하게 깔려 있다. 그가 미국인이라는 사실을 감안하면 이는 당연한 선택이다. 세계 질서를 관리하고 평화와 번영을 유지하는 데는 자유·인권·민주 가치를 중시하는 초강대국 미국이 중국, 러시아보다 훨씬 적합하다고 프리드먼은 믿고 있다.

그는 "미국이 앞으로도 초강대국 지위를 유지해야 세계 평화가 유지된다. 미국이 과도한 석유 의존을 벗어나 '코드 그린(code green)' 전략으로 전환하면 미국의 세계적 지위 유지와 석유 달러(petro dollar)에 기반한 권위주의 정권 붕괴라는 일석이조(一石二鳥) 효과를 거둘 수 있다"고 말했다.[61]

미국 파워가 약해지고 있는 상황에서, 미국의 중요성은 오히려 더 커지고 있다고 그는 강조한다. 냉전 종식과 함께 미국 파워가 쇠퇴한 이후 세계는 또 다른 제3국의 부상이나 더 나은 슈퍼파워의 등장이 아니라 '리더 없는 세계(leaderless world)'가 되고 있다는 사실에 더 불안해한다는 것이다.[62]

그는 2008년에 낸 저서 〈Hot, Flat, and Crowded〉에서 이런 논리를 폈다. "나는 미국의 미래를 걱정하는 사람이다. 9·11 이후 미국의 글로벌 지도력은 서서히 약화하면서 쇠퇴하고 있다. 미국이 전 지구적 문제를 해결하면서 다시금 세계적 리더십을 찾아야 한다."[63] 그는 여기서 한 걸음 더 나아가 "미국과 함께 한국, 일본, 중국, 인도가 함께 성장하고 승리할 수 있기를 바란다. 우리 모두 새로운 그린 혁명(green revolution) 시대에서 승자(勝者)가 될 수 있다"고 했다.[64]

프리드먼의 칼럼은 일부 논리적 한계와 결점이 있다는 비판을 받는다. 자신의 이해관계나 선입견에 사로잡혀 실수하거나 오독(誤讀)하는 경우가 종종 있다는 지적도 나온다. 한 예로 그는 사우디아라비아의 모하마드 빈 살만(Mohammed bin Salman) 왕세자를 현대화를 추진하는 개혁 군주이자 이슬람 최고의 합리주의자로 찬양했다.[65] 러시아의 블라디미르 푸틴 대통령에 대해서도 우호적이고 낙관적인 평가를 내리며 그를 지지했다.[66] 세계화에 대한 프리드먼의 진단이 피상적이며 너무 낙관적이라는 반응도 적지 않다.[67]

좋은 칼럼은 '빛' 또는 '열'을 만들어

그럼에도 불구하고 프리드먼은 세상 변화에 진지한 관심을 붙잡고 자만하지 않으려 노력한다. 그리고 현장을 찾아 사람들을 만나고 통찰력 있는 글을 쓰고 있다. 그는 2016년에 출간한 〈Thank you for Being Late〉를 내기 위해 2년 반 동안 자료 수집을 하고 모든 중요 기술 전문가들(all the main technologists)을 최소 두 차례 이상 인터뷰했다. 프리드먼은 "숨 가쁠 정도로 빨리 변하는 기술변화 속도를 따라잡기 위해 그래야 했

다"고 밝혔다.[68]

프리드먼은 좋은 칼럼은 훌륭한 취재와 분석이 결합돼 있으면서 아래 다섯 가지 가운데 한 개 이상의 반응을 받는 것이라고 했다. 첫 번째는 독자가 몰랐다는 반응을 보이는 새로운 정보가 있는 칼럼, 두 번째는 '나는 그렇게 보질 못했어요. 고맙습니다'라는 반응이 있는 칼럼, 세 번째는 '당신은 내가 느끼기는 했지만 표현하지 못한 걸 썼어요'라는 반응, 네 번째는 '당신과 당신 가족을 모조리 죽여버리겠다'는 격렬한 반응을 얻는 칼럼, 마지막 다섯 번째는 읽는 사람을 울리고 웃기는 칼럼이다.

동일한 조건에서 여러 사람들이 취재를 했더라도 글 쓰는 이의 통찰력과 분석·정리력에 따라 생산되는 글의 품질은 큰 차이가 난다. 그런 측면에서 정보와 지식, 현상, 첩보를 분석하고 의미를 부여하고 개념화 하는 프리드먼의 능력을 동료 언론인들도 인정한다.

영국 파이낸셜타임스(FT)의 질리언 테트(Gillian Tett) 논설실장은 "인간 행동의 많은 전선(前線)들, 예를 들어 중동전쟁이나 테크 세계, 심각한 위험에 빠진 생태계 같은 곳들을 찾아다니면서 모은 통찰력을 차익거래함으로써 프리드먼은 교훈을 추출하고 칼럼과 책을 쓴다"고 말했다.[69]

프리드먼은 칼럼니스트로서 "나는 열(熱·heat) 또는 빛(光·light) 산업에 종사하는 걸로 생각하고 있다"면서 "모든 제대로 된 칼럼이나 블로그는 독자들의 머릿속에 전구빛(lightbulb)을 켜거나 독자들의 가슴에 어떤 감정을 부추겨 열을 불러일으켜야 한다"고 했다.

칼럼니스트의 목적은 읽는 사람의 머리 또는 가슴을 움직여 영향을 미치고 반응을 촉발해야 한다는 것이다. 프리드먼은 "이상적(理想的)인 칼럼은 열과 빛 두 가지 일을 함께 한다"면서 이렇게 밝혔다.

2017년 1월 17일 스위스 다보스포럼에서 존 케리 미국 국무장관(오른쪽)과 대담하는 토머스 프리드먼
/ Wikimedia Commons

"어떻게 독자에게서 '열'이나 '빛'을 만들어낼 수 있나? 칼럼 아이디어는 어디에서든 구할 수 있다. 신문 기사의 제목이나 낯선 이의 몸짓, 지도자의 감동적인 연설, 어린이의 순진한 물음, 난민의 비통한 얘기에서도 얻을 수 있다. 모든 건 자신의 견해를 떠받치기 위해 어떻게 생각을 연결하고 통찰을 드러내느냐에 달려 있다. 칼럼 쓰기는 화학적 합성 행위(act of chemistry)이다. 그것은 당신 스스로 만들어내야 한다. 칼럼은 속보 뉴스처럼 절로 주어지지 않는다. 칼럼은 창조돼야 한다(A column has to be created)."[70]

가치관과 열망, 우선순위

그는 이런 화학적 합성은 보통 세 가지 기본 성분, 즉 칼럼니스트의 가치(values), 우선순위(priorities) 그리고 열망(aspirations)을 섞는 것이라고 했다. 자신이 무엇을 옹호하는지, 무엇이 중요하다고 생각하는지를 알려주는 가치 체계(value set)가 없다면 훌륭한 칼럼니스트가 될 수 없다면서 프리드먼은 이렇게 말했다.

"용납할 수 없는 것은 당신이 아무런 생각을 갖고 있지 않아서 아무런 옹호를 하지 않거나 모든 일을 옹호하는 일이다. 또는 쉽고 안전한 일들만 주장하고 옹호하는 일이다. 칼럼니스트는 무엇을 지지 또는 반대하는지에 관한 생각을 명확한 기준 아래 분명하게 드러내야 한다. 당신은 자본주의자인가, 아니면 공산주의자? 혹은 자유주의자, 케인스주의자, 보수주의자, 신보수주의자, 마르크스주의자 중 어느 쪽인가?"[71]

그는 "칼럼니스트는 자신의 견해를 형성하는데 필요한 세계관을 새롭고 적합하게 유지하기 위해 끊임없이 취재하고 학습해야 하며, 오늘날에는 어느 때보다 그런 노력이 필요하다"고 했다.

"이렇게 빠르게 변화하는 세상에서 과거에 시도해 확인된 공식이나 교조주의(tried-and-true formulae or dogmatisms)에 의존하는 사람은 누구라도 곤경에 처하게 된다. 지금처럼 세계가 상호의존적이고 복합적인 상황에서 칼럼니스트는 자신의 카메라 조리개를 더 넓히고 더 많은 관점들을 종합하고 통합해야 한다."[72]

프리드먼은 코로나19 팬데믹(pandemic·세계적 유행병) 이후 세계에 대해 "팬데믹으로 디지털화가 가속화하면서 지구는 더 평평해졌지만 더없이 취약해졌다"고 했다. 그는 "향후 수년래 닥칠 가장 큰 도전 요인은 소셜 미디어를 통한 가짜 뉴스에서 올 것"이라며 이렇게 말했다.

팬데믹 이후 가장 큰 도전은 가짜 뉴스

"지구상에서 최소한의 버퍼(buffer·완충 장치)가 사라져 지구는 더없이 평평해졌다. 버퍼가 가장 많이 제거된 곳은 언론 분야로, 전 세계에서 사람들이 거짓 정보를 확산시키고 있다. 버퍼를 제거했기 때문에 누구든지 여과장치 없이 말할 수 있게 됐다. 다양한 목소리를 들을 수 있다는 점은 바람직하지만, 최소한의 기준이 없어지면서 엄청난 양의 거짓 정보가 유통됐다."[73]

9·11 테러와 같은 지정학적 팬데믹, 2007~08년 글로벌 금융위기 같은 금융 팬데믹, 코로나19 확산 같은 생물학적 팬데믹, 기후변화로 특징지어지는 생태학적 팬데믹과 가짜 뉴스 범람에 따른 사회학적 팬데믹이 벌어질 수 있다는 것이다. 이런 도전에 대응하려면 일론 머스크(Elon Musk) 테슬라(Teslar) 창업자 같은 기업가들이 더 많아야 한다고 프리드먼은 말한다. 정부가 나서기보다 기업에 높은 동기부여를 해 해결하는 게 바람직하다는 것이다.

그는 향후 수년래 닥칠 블랙 스완(black swan·발생 가능성은 매우 낮지만 일단 발생하면 엄청난 충격과 파급효과를 가져오는 사건)이자 가장 큰 도전 요인으로 소셜 미디어와 소셜 네트워크 관리를 꼽는다.

"소셜 미디어의 알고리즘은 사람들의 시선을 끌어 사람들을 분노하게 함으로써 더 시선을 끈다. 담배회사가 사람들을 중독시키려 하는 것처럼, 많은 사람들이 소셜 네트워크를 통해 뉴스를 접하면서 더 분노하고 격노하며 이에 중

독된다. 모든 민주주의 사회에서 이런 소셜 미디어 관리가 가장 큰 도전이 될 것이다."

프리드먼은 그러면서 21세기 한국인들에게 네 가지 조언을 했다.

"먼저, 낯선 땅에서 기회를 찾는 이민자(移民者)처럼 생각하고 갈망(渴望)하라. 둘째로, 항상 장인(匠人)처럼 생각하고 자신이 하는 일에 특별한 자부심을 가져라. 그리고 언제나 PQ+CQ〉IQ 부등식(不等式)을 기억하라. 높은 열정지수(PQ·passion quotient)와 호기심지수(CQ·curiosity quotient)를 가진 젊은이를 내가 만난다면 나는 높은 열정지수(PQ)를 소유한 이를 선택할 것이다. 마지막으로, 언제나 기업가(企業家)적으로 생각하라. 회사에서 당신의 일이나 역할이 무엇이든, 끊임없이 기업가적으로 사고하고 언제나 기존 분야에서 갈라져 나와 새로운 분야의 사업을 시작할 길을 찾아라."[74]

바버라 월터스

Barbara Walters·1929~2022

미국 보스턴 출생

새러 로렌스 칼리지 학사(영문학)

1955년부터 CBS, NBC 방송 작가

1976년 ABC 방송 앵커·PD

85세까지 현역 활동

1977년 6월 9일 저녁, 미국 ABC 방송은 '뉴스 스페셜(News Special)' 프로그램에서 특별한 인터뷰를 내보냈다. '카스트로가 말하다(Castro Speaks)'라는 제목 아래 피델 카스트로(Fidel Castro) 쿠바 국가평의회 의장이 서방 세계 미디어에 최초로 얼굴을 드러낸 것이다. 그는 ABC 방송의 스타 앵커인 바버라 월터스(Barbara Jill Walters·1929~2022)와 연인(戀人) 사이인 것처럼 다정하게 캐러밴 지프를 타고 피그스만(Bay of Pigs)과 바다, 산악지대를 돌아다녔다.

피그스만(灣)은 1961년 4월 카스트로의 쿠바 혁명정부를 전복하기 위해 미군이 훈련시킨 1,400명의 쿠바 망명자들이 미군과 함께 침공을 시도하다가 사흘 만에 100여 명의 사상자를 내고 1,000여 명이 생포되는 패배를 맛본 곳이었다. 카스트로는 1박 2일 동안 진행된 월터스와의 인터뷰 첫날 피그스만 일대에서 촬영을 한 다음 사무실에서 5시간 동안 논스톱 인터뷰를 하고 이어 자신의 개인 별장으로 일행을 데리고 가 부엌에서 치즈를 녹여 넣은 샌드위치를 직접 만들어 대접했다. 1977년 5월 20일 새벽 1시 29분이었다.[1]

취재진과 카스트로는 쿠바 교외의 시에라 마에스트라(Sierra Maestra)라는 산악지대도 오르내렸다. 그곳은 카스트로가 공산혁명 게릴라 활동을 할 때 비밀요새가 있던 곳이다. 덥수룩한 턱수염에 군복 차림의 카스트로는 한 손에는 시가(cigar)를, 다른 한 손으로 핸들을 잡고 운전했다. 지프 안의 조수석에 앉은 월터스는 카스트로의 권총과 아이들에게 건네줄 사탕통을 들고 있었다.

카스트로와 세기의 인터뷰

카스트로는 월터스에게 전투 지점과 매복 장소, 게릴라 야영지를 일일이 가르쳐 주었고, 두 사람은 스페인어 민요인 '시엘리토 린도(Cielito Lindo·아름다운 작은 하늘)' 등을 큰 소리로 불렀다. 지프 안에는 통역사와 카메라맨, 프로듀서가 뒤에 타고 있었다. 일행은 해질 무렵 카스트로의 산악 별장에 도착해 알제리산 와인과 구운 새끼돼지고기로 저녁 식사를 했다. 월터스는 이렇게 말했다.

"카스트로와 지프를 탄 것은 내 평생에서 가장 멋진 자동차 드라이브였다. 카스트로의 개인 별장에 간 것은 두 번 다시 해볼 수 없는 경험이었다. 첫날 인터뷰 후 새벽 3시가 되어서야 호텔에 돌아왔다. 세계 지도자들 가운데 저널리스트에게 그토록 많은 시간을 할애해주고 솔직하게 대해준 사람은 없을 것이다."[2]

TV 방송 역사상 전례 없는 '드라이빙 인터뷰(Driving Interview)'로 1시간 30분간 방영된 이 인터뷰는 ABC 방송의 '뉴스 스페셜' 프로그램 역사상 최고 시청률을 기록했다. 6개 국어로 자막을 편집해 전 세계에 방영되면서 지구촌 시청자들에게 냉전 시대의 종언과 동서 화해의 개막(開幕)을 실감케 했다.

인터뷰에서 월터스는 카스트로에게 민감한 질문을 던졌다. "미국이 언젠가 쿠바를 침공할까 걱정되는가? 아프리카 앙골라에 쿠바 군대가 주둔하고 있다는 게 사실인가? 트레이드 마크인 턱수염과 구레나룻을 기르는 이유는 무엇인가? 결혼은 했나? 면도할 생각은 없나?…"[3]

공산 혁명을 성공시킨 세계적 인물 앞에서 바버라 월터스는 주눅 들거나 긴장하지 않았다. 그는 공산 독재자 앞으로 자신이 갖고 있는 모든 궁금증을 쏟아냈고 마음먹은 대로 카스트로를 이끌어갔다. 그의 당당함과 대범함, 주도면밀함은 전 세계 시청자들에게 통쾌함과 경이로움, 그리고 깊은 인상을 선사했다.

NYT에 이틀간 부고·칼럼 등 5건

그로부터 45년 후인 2022년 12월 30일 바버라 월터스는 미국 뉴욕시 맨해튼 자택에서 93세로 영면(永眠)했다. 그러자 뉴욕타임스(NYT)는 이틀 동안 비즈니스 섹션 미디어 코너에 그의 생애를 조명하는 장문(長文)의 기사 4건을 실었다. 오피니언 면에는 그녀의 경쟁자이자 후배인 캐티 쿠릭(Katie Couric)의 기고문을 별도 게재했다.[4]

토크 쇼의 여왕인 오프라 윈프리(Oprah Winfrey)는 "나는 바버라 월터스 같은 사람이 되고 싶었다. 그녀가 없었다면 오늘의 나는 없었을 것이다. 어떤 여성도 아침, 저녁, 매일 뉴스에 등장하지 않았다. 그녀는 진정한 개척자(trailblazer)였다"고 회고했다. ABC 방송을 소유하고 있는 월트 디즈니(Walt Disney) 컴퍼니의 로버트 아이거(Robert Iger) 회장(CEO)은 "월터스는 진정한 전설이었다. 그녀는 저널리즘 분야에서 여성들에게 선구자를 넘어 저널리즘 자체였다"고 했다.[5]

ABC 방송 '굿모닝 아메리카'의 진행자인 로빈 로버츠(Robin Roberts)는 자신의 트위터에 "나는 월터스가 세운 빛나는 모범에 영원히 감사한다"고 추모했다. 바버라 월터스는 어떤 삶을 살았던 걸까?

1929년 미국 보스턴에서 태어난 월터스의 아버지는 쇼 비즈니스 업계의 유명인사였다. 그의 아버지 이름을 딴 '루 월터스(Lou Walters) 거리'가 뉴욕 맨해튼에 지금도 있다. 루 월터스는 때로 큰 성공을 거둬 가정부와 요리사까지 두고 저택에서 살았지만, 나락(奈落)으로 떨어진 적도 많았다. 바버라 월터스는 "거지에서 부자, 부자에서 거지로 천당과 지옥을 왔다 갔다 하는 생활이었다"고 했다. 부자로 살 때보다 가난하게 살 때 그는 더 단련됐다. 월터스의 말이다.

"내가 낙타 오줌보를 갖게 된 것(소변을 잘 참는다는 뜻)은 화장실이 하나밖에 없는 집에 살았던 일 때문이다. 그런데 나중에 카메라 앞에서 몇 시간씩 생방송을 할 때 그게 엄청난 자산이 되었다. 뜨거운 여름날 냉방이 잘 되지 않는 곳에서 살았던 것도 어떻게 보면 다행이었다. 스튜디오 조명이 아무리 뜨거워도, 사우디 사막 같은 곳에서 몇 시간씩 방송을 해도 땀 한 방울 흘리지 않으니 말이다."[6]

아버지는 카드놀이를 즐기는 도박사에다 몽상가였던 반면, 어머니는 전형적인 전업주부였다. 그럼에도 아버지는 바버라 월터스의 삶에 가장 큰 영향을 미쳤다. 바버라 월터스는 "인터뷰의 비결이 무엇이냐"고 묻는 기자들에게 "인터뷰 상대에게 주눅 들지 않는 것"이라고 답했다. 이런 대답은 아버지를 따라다니며 극장 무대에 익숙했던 바버라 월터스가 유명

스타들도 실제로는 각종 세금영수증과 부양가족에 시달리는 평범한 사람들임을 일찌감치 알고 있었기 때문이다. 타고난 끼가 작동해 평소 내성적인 그녀는 TV 카메라 앞에 서면 태연하고 자신감 넘치는 외향적인 성격이 됐다.[7]

아버지와 세 살 위 언니의 영향

바버라 월터스의 인생에 큰 영향을 미친 또 다른 사람은, 그의 유일한 자매로 세 살 위 언니인 재클린(Jacqueline·재키라는 애칭으로 부름)이었다. 정신 지체 증세가 있었던 언니는 결혼은커녕 친구도, 직업도 없었다. 바버라 월터스는 1985년 59세에 재키가 난소암으로 세상을 떠날 때까지 그녀를 돌봤다. 월터스의 말이다.

"언니의 병은 내 삶도 바꾸어 놓았다. 나는 아주 어릴 적부터 언젠가는 재키 언니를 내가 책임지고 돌봐주어야 할 것이라는 생각을 했다. 내가 그토록 일에 매달리게 된 주된 이유들 가운데 하나가 바로 언니에 대한 책임감 때문이었다."[8]

그는 "재키는 나에게 공감(共感)하고 이해하는 방법을 가르쳐 주었다. 이 두 가지 마음씨는 내가 인터뷰를 진행할 때 중요한 자산이 되었다"고 했다.

1951년 여자 대학인 새러 로렌스 칼리지(Sarah Lawrence College)를 졸업한 바버라 월터스의 사회생활은 녹록찮았다. 무슨 직업이라도 갖기 위해 집 앞의 속기(速記) 학원에 등록했다. 그는 83명의 수강생 가운데 1등으로 학원을 수료했다.[9] 수동 타자치는 법을 배운 그는 우편주문 광고제작 회사에서 1년 근무한 뒤 뉴욕의 NBC 네트워크 계열사인 WNBT-TV(현 WNBC)에서 홍보 담당자가 돼 보도자료를 썼다.

그는 기자들의 눈길을 끌기 위해 제목과 내용을 바꾸고 여러 아이디어를 짜냈다. 이때의 경험이 방송 앵커 일에 도움이 되었다. 보도자료를 안 쓸 때는 신문사 기자나 칼럼니스트들에게 전화를 걸어 방송국 출연진과 관련한 기삿거리를 알려주었다. 덕분에 그녀가 속한 회사 프로그램들은 다른 방송국보다 신문에 많이 소개됐다.

그러나 월터스를 좋아한 이 회사의 상사가 그녀의 다른 남자 애인과 주먹다짐을 벌이는 바람에 월터스는 직장을 떠나야 했다. 월터스는 다른 방송사인 WPIX에서 대본 작성, 섭외, 커피 타는 일을 주로 했다. 진행자가 초대 손님에게 물을 질문지를 작성하고 시청자들이 보내온 편지에 답장을 쓰는 일이었다. 그래픽 영상, 음악 선곡 같은 허드렛일도 했다. 바버라 월터스는 TV 방송에 종사하려는 젊은이들에게 이렇게 말했다.

"지방 방송국으로 가서 시키는 대로 무슨 일이든 해라. 아니, 시키기 전에 알아서 자발적으로 해라. (스튜디오 내) 위기상황은 끊임없이 일어난다. PD가 나타나지 않고, 초청 인사가 나타나지 않고, 대본은 분실된다. 그럴 때 제자리를 지키고 있어라. 그리고 (일단 기회가 왔으면) 실수를 하지 마라. 방송은 하기 어려운 일이다. 거기서 성공하려면 집요하게 달라붙어야 한다."[10]

이후 그는 1955년 CBS의 아침 프로그램인 '더 모닝 쇼(The Morning Show)'의 작가가 됐다. 새벽 4시에 출근해 사람들을 섭외하고 질문지를 쓰는 일이었다. 그녀는 시청률을 높이기 위해 유리 탱크 안에 젊은 여성을 들어가게 해 그곳에서 일기 예보를 하는가 하면, 밀짚으로 만든 지도에 양궁(洋弓)으로 활을 쏘는 이벤트까지 했다. 모델이 펑크 내는 바람에 월터스가 수영복 차림으로 모델 대역을 한 적도 있다.[11]

9년간의 밑바닥 방송일

1956년 7월 25일에는 이탈리아 호화여객선과 스웨덴 선박이 해상 충돌해 51명이 죽는 사고가 났는데, 기자가 안 나오는 바람에 그녀는 한밤중에 부두로 나가 생존자들을 인터뷰해 보도했다. 그것은 월터스 생애에 첫 번째 큰 뉴스 취재였다.

당시 미국 방송업계에는 '여자가 카메라 앞에 서려면 똑똑해서는 안 되며 글래머여야 한다'는 불문율(不文律)이 있었다. 그녀는 지적(知的)이지 않았고, 미인도, 글래머도 아니었다. CBS 방송의 '식스티 미니츠(60 minutes)'를 창안한 프로듀서(PD) 돈 휴잇(Don Hewitt)은 바버라 월터스에게 대놓고 "당신은 방송인으로 성공하기 힘들다. 외모가 뛰어나지 않고 'R'자 발음을 제대로 하지 못하기 때문"이라고 말했다.[12]

하지만 '더 모닝 쇼'는 곧 폐지됐다. 이후 그녀가 새로 맡은 시리즈물도 결방되면서 어렵사리 잡은 일자리가 사라졌다. 그 무렵 바버라 월터스는 3년간의 첫 번째 결혼생활이 파경을 맞는 위기에 몰렸다. 사업에 실패한 그녀의 아버지는 자살(自殺)을 기도했다. 월터스는 실업자가 돼 아버지가 남긴 빚을 떠안았다.[13]

바버라 월터스는 텍스 매크래리(Tex McCrary)라는 홍보회사에 일자리를 구해 필사적으로 일했다. 그는 "점심은 사무실 책상에서 해결하고, 하

1973년 '투데이 쇼' 진행 시절의 바버라 월터스(가운데) / Wikimedia Commons

루도 결근하지 않았고, 고객사들을 위해 전화통에 매달려 살다시피 했다. 잠시도 쉬지 않았다"고 회상했다.[14] 월터스는 레드북(Redbook)이라는 잡지회사를 거쳐 1961년 NBC 방송의 '투데이 쇼(The Today Show)'에 방송작가 겸 조사연구원으로 합류했다.

이 프로그램의 작가 8명 중 유일한 여자였던 월터스는 매주 5일 새벽 4시 30분에 방송사 스튜디오에 도착했다. 주급(週給) 300달러 남짓한 비정규직이었지만 월터스는 행복했다. 1년 만인 1962년 월터스는 '투데이 쇼'의 새로운 진행자인 휴 다운스(Hugh Downs)의 도움으로 고정 여성 출연자, 즉 '투데이 걸(Today Girl)'이 됐다. 투데이 걸은 날씨 안내 같은 가벼운 리포트를 하며 주 진행자나 초대 손님들과 잡담하는 장식 역할을 했다.[15]

그는 이때에도 궂은일을 마다하지 않았다. 성인 잡지 '플레이보이

(Playboy)'의 휴 헤프너(Hugh Heffner) 사장이 운영하는 '바니 스쿨(bunny school)'에 직접 참가했다. 바니 스쿨은 플레이보이 클럽에 고용된 여성들을 훈련시키는 캠프인데, 월터스는 토끼옷을 입은 호스티스 차림으로 뉴욕 플레이보이 클럽에서 바니 걸 체험 취재로 '플레이보이 바니 걸의 하룻밤'이라는 리포트를 했다.[16]

한 번 찾아온 우연한 기회를 붙잡아

월터스는 1963년 11월 22일, 영화배우 팻 폰테인(Pat Fontain)의 대타로 투데이 쇼에 출연하면서 가능성을 보였다. 이날은 존 F. 케네디 대통령이 암살당한 날이었는데, 월터스는 슬픈 분위기를 고조시키라는 지시를 받았다. 그녀는 24시간 생방송에서 절제된 감정 표현으로 잘 소화해냈다. 케네디 대통령 장례식이 열린 11월 24일 특별방송에 바버라 월터스는 5시간 연속 출연했다.

1년쯤 후인 1964년 10월, 진짜 기회가 찾아왔다. 바버라 월터스는 전날 과음(過飮)으로 결근한 여자 보조앵커의 대타로 우연히 마이크를 잡았다가 기대 이상의 매끄러운 진행을 해 '투데이 쇼'의 '투데이 리포터(Today reporter)'로 발탁됐다. 인사 발령이나 공식발표도 없는 초라한 시작이었다. 하지만 그녀는 얼마 안 가 유명인사 인터뷰를 하고 패션쇼 소개를 도맡았다.

"사람들이 잘 눈치 채지 못하는 가운데 나는 고정적으로 방송에 나왔다. 처음에는 매주 세 번씩이었으나 서서히 횟수를 늘려서 매주 다섯 번씩 출연하게 됐다."[17]

'투데이 쇼'의 고정 진행자가 된 월터스는 NBC 방송과 13주 계약을 맺었다. 그는 "나는 당시 주급 750달러를 받았다. 최저 임금이나 마찬가지였지만 좋아서 날아갈 것만 같았다"고 말했다.[18] 바버라 월터스와 NBC와의 계약 관계는 이후 13년간 이어졌다.

하지만 그는 정규직이 될 때까지 남자 동료들보다 훨씬 적은 돈을 받았고 그들의 무시와 차별 대우를 겪어야 했다. 그럼에도 그는 '자리를 지켜야 한다'는 생각으로 버텼다. 한 예로, 바버라 월터스는 남자 진행자가 질문 3개를 마친 후에야 질문한다는 '3개 질문 규칙(a three-question rule)' 준수를 강요받았다.[19] 1971년 '투데이 쇼'의 진행자가 된 프랭크 맥기(Frank McGee)는 '3개 질문 규칙'을 월터스가 받아들이지 않으면 그녀와 방송을 하지 않겠다고 했다.[20]

모멸 속에서도 월터스는 여성이 남성 이상으로 비중 있는 취재와 인터뷰를 훌륭하게 수행할 수 있음을 증명해 보였다. 그녀는 프랭크 맥기와 다른 한 명의 스포츠 캐스터와 함께 1971년, '투데이 쇼'의 한 장면을 촬영하기 위해 영국 웨일즈의 석탄 갱도에 들어갈 예정이었다. 갱도를 들여다본 두 명의 남성이 난감한 표정을 지으며 머뭇거릴 때, 그녀는 주저 없이 들어가 임무를 수행했다. 그녀의 증언이다.

"나는 다른 사람보다 더 열심히 일했다. 맡은 일은 무엇이든 다 했고, 집에 가져가서도 일을 했고, 스스로를 끊임없이 채찍질했다. 반드시 일을 해내고 나는 앞으로 나아갔다."[21]

"'투데이 쇼'에서 일하는 동안 나는 내내 녹초가 됐다. 나는 언제 어디서든 머리만 대면 잠깐씩 잠을 자는 요령을 터득했다. 지금도 나는 장소를 가리지 않고 잠을 잘 잔다. 새벽 5시에 말도 안 되는 전화가 걸려 와도 금방 일어나 말짱한 정신이 된다. 나는 새벽시간에 일어나는 것을 좋아한다."[22]

45세에 미국 최초 여성 앵커

행운도 따랐다. 언론에 적대적(敵對的)이던 리처드 닉슨 대통령은 바버라 월터스만큼은 믿고 좋아했다. 그는 월터스에게 백악관에 출입할 수 있는 특권을 주었고, 헨리 키신저 백악관 안보보좌관을 '투데이 쇼'에 출연하도록 했다. 바버라 월터스는 그녀의 생애에서 최초로 1971년 3월 백악관 블루 룸(Blue Room)에서 현직 대통령인 리처드 닉슨을 단독 인터뷰했다.

이 자리에서 그녀는 닉슨에게 "미국 국민들이 왜 각하를 인간미 없이 꽉 막힌 고집불통이라고 생각할까요?"라고 물었다.[23] 바버라 월터스는 델라웨어주 윌밍턴에 있는 여자 소년원, 학교에서 퇴학당한 아이들, 임신중절과 피임 문제 같은 민감한 이슈를 거침없이 질문했다. 이에 좋은 인상을 받은 닉슨 대통령은 1972년 중국 방문 동행 취재 기자단에 유일한 여성 방송기자로 바버라 월터스를 넣었다.

이런 성과는 공짜로 얻어진 게 아니었다. 여성 공동 진행자는 스튜디오 안에서는 네 번째 질문부터 할 수 있고, 인터뷰 초대 손님을 정하는 권한 없는 현실을 깨려 몸부림친 결과였다. 월터스는 스튜디오 밖에서는 어떤 인물을 골라 인터뷰 할지에 대해 아무런 제약을 받지 않았다. 월터스의 말이다.

"나는 의욕적으로 인터뷰에 나섰다. 하루에 3~4개 신문과 여러 잡지를 읽으면서 어떤 사람이 뉴스가 되고 누구를 인터뷰할지 연구했다. 그때부터 나는 내가 인터뷰하고 싶은 사람에게 손편지를 써서 보냈다."[24]

미국 3대 방송사에서 첫 여성 앵커라는 월터스의 꿈은 1974년 4월 22일 이뤄졌다. 그녀를 눈엣가시처럼 여기며 긴장 관계에 있던 프랭크 맥기가 52세에 갑자기 사망하자, NBC 방송은 월터스를 '투데이 쇼'의 공동 진행자로 임명했다. NBC는 미국 뉴스 방송 사상 첫 여성 공동 진행자가 탄생했다는 보도자료를 냈다.[25] 1974년 '뉴스위크(Newsweek)' 지는 월터스를 커버스토리로 다루며 '아침의 여왕(Queen of the Morning)'이라고 불렀다.

1975년에 월터스는 생애 처음 에미상(Emmy Awards)을 수상했고, 전국 텔레비전협회가 주는 '올해의 리포터상'도 받았다. 국제라디오TV소사이어티로부터는 '올해의 방송인'으로 선정됐다. 46세의 그녀는 생애 최고로 행복한 시절을 보냈다. 그녀가 진행하는 '투데이 쇼'는 NBC에서 가장 많은 수입을 올리는 낮 시간 최고 프로그램으로 자리잡았다.[26]

미국 방송사상 첫 100만 달러 연봉

바버라 월터스는 NBC와의 계약 만료 9개월을 앞둔 1976년 회사와의 협상에서 보수 인상과 수당, 계약기간 연장, 프로그램에 대한 권한과 독립성 등을 놓고 의견 차이를 보였다. 그 대신 ABC 방송과 물밑 접촉을 벌여 그녀는 5년간 500만 달러, 즉 연봉 100만 달러 계약서에 서명했다.[27] 방송계의 밑바닥을 전전하던 처지에서 일약 '밀리언달러 뉴스 베이

비(million-dollar news baby)'가 된 것이다.[28]

당시 미국 최고의 방송 스타인 월터 크롱카이트(Walter Cronkite) CBS 앵커가 받는 연봉은 40만 달러였다. ABC 방송의 '이브닝 뉴스(Evening News)'를 바버라 월터스와 공동 진행하는 동료 앵커 해리 리즈너(Harry Reasoner) 같은 남성 앵커들의 연봉은 20만 달러대였다. 월터스의 기록적인 연봉은 미국 언론계에 큰 화젯거리였다. 100만 달러 연봉을 2022년 말 가치로 환산하면 525만 달러에 달했다. 이는 남성의 TV 뉴스 진행 독점시대에 여성에게 가해진 '유리 천장(glass ceiling)'을 깬 사건이었다.

월터스는 ABC 방송에서 '이브닝 뉴스(Evening News)' 공동 앵커에다 시사쇼 프로그램인 '쟁점과 대답(Issue and Answer)'에 매월 1회 이상 출연, 매년 4편의 한 시간짜리 스페셜 인터뷰를 하기로 약속했다. 대가로 개인 비서와 사무실, 연구원, 분장사, 의상 컨설턴트, 취재이동시 1등석 항공권과 5성급 호텔 투숙을 보장받았다.

1961년 월터스가 NBC '투데이 쇼'에 합류했을 때, 그녀가 받는 주급은 300달러 정도였다. 그로부터 15년 만에 3대 지상파 방송 저녁 뉴스 프로그램 첫 여성 앵커로서 TV 역사상 가장 많은 돈을 받는 인물이 된 것이다. 바버라 월터스는 여성으로 여러 최초들(firsts)을 따냈다. 이것은 타고난 재능보다는 끈기와 저력(grit) 덕분이 컸다. 월터스는 스스로를 '푸시 쿠키(Pushy cookie·저돌적인 여자)'라 불렀다.[29]

저돌성, 끈기, 저력으로 쟁취

월터스는 1979년부터는 ABC 방송의 뉴스 매거진 프로그램인 '20/20'의 프로듀서 겸 공동 진행자가 됐다. 그녀는 1976년과 1984년 대통령 선거 후보 TV 토론 사회를 맡았고 ABC 방송의 대통령 취임식 실황 중계와 2001년 9·11 테러 특별방송을 진행했다. 리처드 닉슨부터 버락 오바마까지 현역 재임 시절의 미국 대통령 부부를 모두 인터뷰했다. 도널드 트럼프[30]와 조 바이든은 대통령에 취임하기 전에 각각 인터뷰했다.

월터스는 68세이던 1997년부터 2014년 85세로 은퇴할 때까지 낮 시간대 여성 주간 토크쇼 프로그램인 '더 뷰(The View)'의 책임 프로듀서(executive PD)로 제작을 총괄했다. 그녀는 그 중간에 '20/20' 특별 프로에 출연했고, 'Investigation Discovery' 다큐멘터리 시리즈와 매년 오스카상(賞) 시상식 실황 중계방송을 했다.

그녀는 "나는 엄청나게 바쁘게 지냈다. (73세이던) 2002년부터 2004년 사이에 나는 '20/20'에서 약 100명을 인터뷰했다. 싱어송 라이터인 머라이어 캐리(Mariah Carey)부터 앨 고어(Al Gore) 부통령, 그리고 25년 만에 피델 카스트로와 다시 인터뷰했다"고 말했다.[31] 바버라 월터스는 86세이던 2015년 12월 8일 밤 '20/20'에서 도널드 트럼프 공화당 대통령 예비후보와의 인터뷰[32]를 마지막으로 방송 무대에서 내려왔다.

그녀는 미국 방송계에서 저녁 프라임타임 뉴스를 진행한 최초 여성 공동 앵커, 최초 메인 뉴스 여성 앵커였고, 시사 매거진 '20/20'의 스타 앵커, 매번 시청률 최고를 경신한 '스페셜(Special)', '더 뷰'의 PD 겸 진행자로 활약했다.[33]

월터스의 가장 큰 무기는 유명 인물을 상대로 한 특종 인터뷰, 즉 인물 저널리즘(personality journalism)이다. 그녀는 1976년 시작한 '바버라 월터스 스페셜(Barbara Walters Specials)' 인터뷰로 이름을 떨쳤다. 첫 번째 스페셜 프로에서 지미 카터(Jimmy Carter) 대통령 당선인 부부(夫婦)와 가수 겸 영화배우 바브라 스트라이샌드(Barbra Streisand)를 각각 심층 인터뷰했다. 1976년 12월 14일 저녁 방영된 이 프로는 1,500만 명 넘게 보는 성공을 거두었다.[34]

85세까지 현역… 맡은 프로마다 신기록

1977년 6월 피델 카스트로 단독 인터뷰에 이어 같은 해 11월에는 안와르 사다트(Anwar Sadat) 이집트 대통령과 메나헴 베긴(Menachem Begin) 이스라엘 총리 합동 특종 인터뷰로 월터스는 세계적 유명인이 됐다.[35] 사다트와 베긴의 합동 인터뷰는 이듬해 9월 17일 미국에서 캠프 데이비드(Camp David) 평화협정 서명으로 이어졌다.

바버라 월터스가 '20/20'과 '10명의 가장 뛰어난 사람들(Barbara Walters' 10 Most Fascinating People)', '더 뷰(The View)' 같은 프로그램에서 인터뷰한 세계적 거물만 수백 명에 달했다. 이란의 모하마드 팔레비 왕 부부와 러시아의 보리스 옐친, 블라디미르 푸틴 대통령, 중국의 장쩌민 공산당 총서기, 영국의 마가렛 대처 총리, 인도의 인디라 간디 총리, 체코슬로바키아의 바클라브 하벨 대통령, 리비아의 무아마르 카다피, 야세르 아라파트 팔레스타인해방기구(PLO) 의장, 사우디아라비아의 압둘라 왕, 베네수엘라의 휴고 차베스 대통령 등…. 그녀는 "내가 직접 인터뷰한 국가원수만 최소 30명이 넘는다"고 밝혔다.[36]

톰 행크스, 마이클 잭슨, 조지 클루니, 톰 크루즈, 아놀드 슈월츠네거, 클린트 이스트우드, 브룩 쉴즈, 마이클 더글러스 같은 대중 스타들도 만났다. 월터스는 자신이 한 인터뷰 가운데 가장 영감을 준 인물로 농맹인(聾盲人·deaf-blind)이면서 평생을 다른 농맹인 돕기에 바친 로버트 스미스

2001년 11월 블라디미르 푸틴 러시아 대통령과 인터뷰 자리에서 바버라 월터스
/ Wikimedia Commons

다스(Robert Smithdas)를 꼽았다.[37] 그녀가 한 인터뷰 중에는 특수 다이어트 치료 살인범으로 기소된 의사 헤르만 타노워(Herman Tarnower), 아내를 살해한 덴마크 사회주의자 클라우스 폰 불로우(Claus von Bulow), 에이즈(AIDS) 양성 반응자임을 선언한 테니스 스타 아더 애쉬(Arthur Ashe), 자살을 도와 논란을 일으킨 의사 잭 케보키언(Jack Kevorkian) 같은 인물도 있었다.

1987년에 세계적인 헤비급 복서인 마이크 타이슨(Mike Tyson) 부부와의 인터뷰도 파란을 불러일으켰다.[38] 당시 타이슨은 우울 증세를 보이고 있었고, 아내인 로빈 기브스(Robin Givens)를 육체적으로 학대하고 있다는 소문이 퍼져 있었다. 월터스와의 인터뷰 도중 기브스는 감정을 주체하지 못하고 타이슨의 상습 폭행을 털어놓았다. 그녀는 "결혼생활이 상상을 초월한 정도로 불행하다"고 했다. 바버라 월터스는 ABC 방송이 놓쳐선 안 되는 보물 같은 존재가 됐다.[39]

1995년 9월 25일 저녁, 월터스는 자동차 사고로 전신(全身) 불구가 된 영화 '슈퍼맨'의 주인공 크리스토퍼 리브(Christopher Reeve)와의 독점 인터뷰를 내보냈다.[40] 리브 부부는 2,900만 명의 시청자들이 지켜본 이 인터뷰에서 "방송에 나와 척추 장애의 심각성을 알리고 관련 연구와 진료를 위한 기금을 만들고 싶다"고 했다.[41]

불운한 전 할리우드 스타와의 인터뷰는 시청자들의 마음에 진한 감동과 동정심을 불러일으켰다.[42] 월터스는 1년 후인 1996년 크리스토퍼 리브와의 인터뷰로 방송인 최고 영예인 '조지 피바디상(George Peabody Award)'을 받았고, 미국 연방 상원은 척추 장애 연구 예산을 증액했다.

12년간 손편지 써 인터뷰 따내기도

바버라 월터스는 인터뷰 상대를 서재 소파, 형무소 감방, 영화 세트장 또는 전쟁터에서 만났다. 다정하게 팔짱을 끼고 숲속을 걷거나 지프차를 타고 산과 해안을 돌기도 했다. 평범한 사람이나 악당도 가리지 않고 만났다. 그들의 인생과 가족, 꿈과 슬픔, 후회와 아쉬움, 과거와 미래에 대해 진솔한 대화를 나누면서 뉴스가 될 만한 말이나 행동을 놀라울 정도로 잘 끄집어냈다. 인터뷰 도중 상대방이 떨구는 눈물은 그녀가 대상자의 심금(心琴)을 울렸다는 증거로, 인터뷰의 성공을 알리는 신호였다.

1991년 3월 걸프전 영웅(英雄)인 노먼 슈워츠코프(Norman Schwarzkopf) 대장은 그의 아버지에 대한 월터스의 질문에 넘어가 인터뷰 도중 울먹였다. 미국 방송계에서는 "월터스는 꼭 (인터뷰 대상자의) 눈물을 보고야 만다"는 말이 회자됐다.[43] 상대방의 무의식 감정의 바닥까지 들춰내려는 월터스의 열정과 집념이 힘을 발휘하는 순간이었다.

인터뷰 성사를 위해 월터스는 끈질기고 집요했다. 그룹 비틀즈(Beatles)의 멤버인 존 레논을 살해한 마크 채프먼(Mark Chapman)에게 12년간 편지를 보낸 끝에 교도소 내 인터뷰를 했다. 1975년 5월 조지 맥거번 미국 연방 상원의원의 동행 취재단원으로 쿠바에 갔던 월터스는 이후 2년 동안 유엔 주재 쿠바 공관과 워싱턴 주재 체코 대사관 내 쿠바 대표부를 통해 수없이 많은 편지를 보내 카스트로와의 독점 인터뷰를 따냈다.[44]

그녀는 인터뷰 대상자와 직접 접촉했다. 인터넷 이메일이 보급되기 전이기는 하지만, 월터스는 편지를 쓰는 고전적인 방식을 고수했다. 이런 접근은 성사에 많은 시간이 걸리는 단점이 있었다. 그러나 상대방에게 높은 신뢰를 주는 것은 장점이었다. 바버라 월터스는 이렇게 말했다.

"나는 (인터뷰하려는 상대방에게) 편지를 쓸 때 내가 왜 인터뷰하고 싶어 하는지가 아니라 그들이 왜 나와 인터뷰해야 하는지를 쓰려고 노력했다. 이 사람이 오해(誤解)를 받거나 중상모략을 당하지는 않았는가? 이 사람이 자기 이야기를 할 기회를 원하지 않는가? 일이 성사될 듯 싶으면 전화를 걸었다."[45]

그녀는 이런 방법으로 인터뷰에 나서지 않을 수많은 사람들을 TV 카메라 앞으로 끌어냈다. 1970년대 전반에만도 리처드 닉슨 대통령의 부인인 팻 닉슨, 그의 장녀인 트리샤 닉슨, 닉슨 백악관의 H. R. 할데만 비서실장, 당시 90세의 유명 지휘자 레오폴트 스토코프스키, 존 미첼 법무장관의 부인인 마샤 미첼 등을 불러냈다.[46] 월터스는 인터뷰마다 최소 100개가 넘는 질문을 준비했다. 빌 클린턴 대통령 시절 백악관 인턴으로 근무했던 모니카 르윈스키(Monica Lewinsky)와의 인터뷰를 위해서는 200개가 넘는 질문지를 만들었다.[47]

한 인터뷰당 100~200개 질문 준비

"나는 오래 전부터 내 나름대로 인터뷰 준비 요령을 개발해놓고 있었다. 나는 3×5인치 크기 카드 여러 장에 예상 질문을 많이 적어 놓은 다음 내 방에 들어오는 아무나 붙잡고 '당신이라면 어떤 질문을 하겠어요?'라고 물어본다. 우편물을 배달하러 온 사람이건 보조 프로듀서건 미용사건 상관없는데 이 방법은 아주 효과가 있다. (1980년) 닉슨 전 대통령과의 인터뷰를 앞두고 나는 6시간은 할 수 있을 정도로 많은 예상 질문을 만들었다. 내 카드에 100개가 넘는 예상 질문을 적었고, 그런 다음에는 그것을 하나씩 줄여갔다."[48]

월터스는 세계 지도자들보다 연예인들과의 인터뷰가 더 힘들고 시간이 많이 걸렸다고 털어놓았다. 그녀는 "여러 해 동안 에이전트, 홍보 담당자, 변호사, 매니저들과 밀고 당기기를 해왔고 인터뷰 한 건 성사시키는 데 몇 달씩 걸리는 경우도 허다하다"고 했다.[49]

바버라 월터스는 인터뷰 대상자와의 약속이 잡히면 그들에 관한 기사를 모조리 찾아 뒤지고, 어린 시절 이야기까지 파헤치며 사소한 것조차 빠뜨리지 않고 읽는다고 했다. 월터스는 "한번은 줄리아 로버츠에게 '시(詩)도 쓰시데요?'라고 했더니, 그녀가 깜짝 놀라며 '어떻게 그걸 아셨어요?'라고 물었다"고 했다. 월터스의 말이다.

"읽고 읽고 또 읽을 뿐 아니라 내가 인터뷰하려고 하는 특정 스타에 대해 개인적으로 많이 아는 사람을 찾아서 또 이야기를 듣는다. 연예인들과 인터뷰할 때는 어떠한 주제라도 내가 그들보다 더 많이 알아야 대화가 된다."[50]

그녀는 상대방의 은밀하고 아픈 구석까지 연구·분석했다. 특히 어린 시절이나 부모와 얽힌 얘기를 갑자기 꺼내 상대를 무장해제(武裝解除)시키면 상대방은 홀린 듯 이야기를 술술 털어놓았다.

상대방이 누구든 돌직구 질문

인터뷰 현장에서도 월터스는 남달랐다. 상대방이 누구든 돌직구 질문을 던졌다. 구(舊)소련 비밀경찰 출신인 블라디미르 푸틴 러시아 대통령에게는 "사람을 죽인 일이 있느냐?", 무아마르 카다피 전 리비아 최고지도자에게 "사람들은 당신이 미쳤다고 생각하는데, 당신 생각은?", 영화배우 숀 코너리에게 "정말 여자는 때려도 된다고 생각하냐?"고 물었다. 바브라 스트라이샌드에게 "왜 코를 성형수술 하지 않나?", 팝 스타인 릭키 마틴에게 "당신은 동성애자 아닌가?"라고 다그쳤다.

워터게이트 사건으로 불명예 퇴진한 뒤 이뤄진 리처드 닉슨 전 대통령과의 인터뷰도 마찬가지였다.

월터스: (하야의 발단이 된) 도청 테이프를 없앨 걸 그랬다고 후회하나요?

닉슨: 그야 그렇죠.(잠시 침묵) 하지만 아예 테이프를 만들지 않았더라면 좋았을 거란 후회는 합니다.

대다수 인터뷰어는 여기서 멈추지만 월터스는 달랐다.

월터스: 다시 그때로 돌아간다면 테이프를 불태우고 싶을까요?

닉슨: 네. 그럴 겁니다. 그 테이프에 담긴 건 사적(私的)인 대화들이었고 우리 모
두 보았듯이 오해받을 소지가 있는 내용들이었으니까요.[51]

월터스는 자신이 한 최고의 인터뷰로 1999년 3월 3일 2시간 동안 방영
된 모니카 르윈스키(Monica Lewinsky)와의 대담을 꼽았다.[52] 빌 클린턴 전
대통령과 섹스 스캔들을 벌인 전 백악관 인턴인 르윈스키에게 그는 도발
적인 질문을 던졌다.

"일부러 재킷 뒤쪽을 들어 올려 미국 대통령에게 가죽끈 팬티를 보인
게 맞느냐?", "클린턴은 진짜 육감적(肉感的)이었나?" 르윈스키의 의표를
찌르는 질문도 던졌다.

월터스: 나중에 말이죠. 딸아이의 엄마가 된다면 (섹스 스캔들에 대해) 어떻게 말
하겠어요?

르윈스키: "엄마가… 큰 실수를 했어(Mommy made a big mistake)"라고요.

월터스는 이 대답을 듣는 순간, 몸을 돌려 카메라를 정면으로 응시
하면서 "시청자 여러분, 이것이 올해 기억할 만한 문장입니다(that is the
understatement of the year)"라고 말했다. 르윈스키와의 인터뷰는 7,400만
명이 시청해 미국 방송 역사상 최고 시청률을 기록했다.[53]

끈질긴 후속 질문으로 차별화

바버라 월터스는 상대방의 답변에 '후속 질문(follow-up questions)'을 끊임없이 퍼붓는 인터뷰 고수(高手)였다. 이를 통해 대답의 진위(眞僞)와 대상자의 진면목을 시청자들에게 드러내 보여줬다. 1981년 캐서린 헵번(Katharine Hepburn)과의 인터뷰가 한 예이다.[54]

월터스: 당신의 노년은 어떤가요?

헵번: '강한 나무(a very strong tree)' 같다고 느껴요.

월터스: 그래요! 어떤 종류의 나무인가요?

헵번: (⋯) 느릅나무(elm)보다 참나무(oak)면 좋겠어요.

월터스: 왜 그런가요?

헵번: 참나무는 느릅나무 병(Dutch elm disease)에 걸리지 않으니까요⋯.[55]

그녀는 '뉴스'와 '쇼'를 혼합해 인터뷰 효과를 극대화했다. 연예 기사보다는 뉴스에 가까웠고, 순수한 취재 기사보다는 쇼를 닮은 독특한 방식이었다.[56] 월터스는 미국 프로농구 스타인 샤킬 오닐(Shaquille O'Neal)과 24초 동안 직접 농구를 하는가 하면, 피델 카스트로 인터뷰에선 6시간 동안 카스트로가 모는 지프차를 타고 산악지대를 도는 장면과 샌드위치를 같이 먹는 모습을 촬영해 내보냈다.

그와 인터뷰를 한 많은 사람들은 월터스에게 매료됐다고 고백했다. 1986년 인기 TV 시리즈인 '문 라이팅(Moon Lighting)'의 스타인 사이빌 쉐퍼드(Cybill Shepherd)는 "월터스와의 인터뷰가 지금까지 한 여느 인터뷰보다 즐거웠다"고 했다. 영화배우 샤론 스톤(Sharon Stone)의 말이다.

"월터스는 지적(知的)이고 해박하며 카리스마가 있다. 그녀는 기분 좋은 질문으로 인터뷰를 시작한다. 그녀는 집요하게 뭔가 새로운 것을 추구한다."[57]

전설적인 토크쇼 진행자인 필 도나휴(Phil Donahue)는 "월터스는 스스로가 역사이고 텔레비전 저널리즘 분야의 이정표(landmark)를 세웠다"면서 이렇게 말했다.

"그녀는 여성들에게 TV 분야에서 높은 명성과 엄청난 급여, 파워(high visibility, mega-salaried, power jobs on television)로 가는 문을 열어주었다. 명성과 부의 상징이 됐고, 여성도 인터뷰어로 성공할 수 있음을 보여주었다. 그러나 그녀가 쉽게 이를 얻었다고 생각하는 젊은이가 있다면 그것은 잘못이다. 월터스는 돈과 명예에 합당한 대가를 치렀다."[58]

유명 남성들과 염문⋯ 세 번 결혼, 세 번 이혼

월터스는 3명의 남자와 결혼했다가 모두 이혼하고 3번의 유산(流産)을 경험했다. 직계 가족은 입양한 딸 재클린(Jacqueline) 1명이었다. 바버라 월터스는 "훌륭한 경력과 멋진 결혼, 좋은 자녀 등 모든 것을 가질 수는 없다"고 했다.

그는 2008년 낸 자서전 〈Audition〉에서 3명의 유명 남성들과의 밀회(密會) 사실을 털어놓으면서 "이 남자들을 알게 되어 나는 정말 운(運)이 좋은 사람이다. 그것은 늦게 꽃피운 나의 사랑이었다"고 말했다.[59] 나중에 미국 연방준비제도이사회(Fed) 의장이 된 앨런 그린스펀(Alan Greenspan), 군사위원장을 지낸 5선(選)의 존 워너(John Warner) 연방 상원의원이 그의 연인(戀人)이었다. 유부남(有婦男) 흑인인 에드워드 브루크(Edward Brooke) 연방 상원의원과는 1970년대에 불륜(不倫) 관계를 맺었다.

그녀는 그러나 자신의 인터뷰를 책 또는 영화 홍보용으로 가끔 이용해 세간의 입방아에 올랐다. 2001년에는 시리아의 독재자 바샤르 알 아사드(Bashar al-Assad) 대통령을 편파적으로 옹호하는 인터뷰로 비난받았다. 그녀는 이와 관련한 실수와 잘못에 대해 사과했다.[60] 월터스는 운전을 할 줄 몰랐고 요리도 젬병이었다. 그녀가 잘 하는 것은 방송 하나였다.

그녀는 1975·2003·2009년 미국 방송계 최고 권위의 에미상(賞)을 받았다. 이 상의 후보자로는 15번 넘게 지명됐다. 1989년 'TV 명예의 전당(Television Hall of Fame)'에 헌액됐고, 2007년에는 그녀의 이름이 할리우드 명예의 거리(Hollywood Walk of Fame)에 세워졌다.

바버라 월터스보다 두 살 아래로 CBS 방송의 유명 앵커였던 댄 래더(Dan Rather)는 "월터스는 경쟁자들보다 더 많이 일했고, 더 많이 생각했고, 더 많이 뛰었다(out-worked, out-thought and out-hustled her competitors)"고 했다.[61] 그녀는 개인의 직업적 성공을 넘어 미국 방송 저널리즘의 수준과 품격을 몇 단계 높였다. 권력자와 유명인사들을 두려움 없이, 독립적으로, 정면으로 파고들고 질문함으로써 깊이 있고 권위 있는 저널리즘의 지평을 열었다.

책임감과 절박감… 오디션 같은 삶

하지만 그녀는 "내가 정상에 설 수 있었던 것은 인터넷 뉴스 시대라는 게임이 시작되기 전에 출발한 덕분이다. 나는 정말 운(運)이 좋았다"고 겸손해 했다.[62] 휴대폰으로 동영상을 찍고, 블로그가 지천에 널려 모든 사람이 기자가 되는 시대에서는 어느 누구도 자신과 같은 경력을 쌓기가 힘들 것이라는 얘기였다. 하지만 그녀는 어느 누구보다 치열하게 살았다. 그녀의 육성이다.

"'대어(大魚)'를 낚겠다는 욕심과 첫 인터뷰를 해야 한다는 압박감이 없었다면 이 모든 일을 감당하기 힘들었을 것이다. 뉴스나 스캔들을 만든 사람, 새 영화에 나오거나 부모나 아내, 연인을 살해한 용의자면 누구라도 만나기 위해 나는 필사적으로 뛰었다."[63]

이런 압박감에다가 월터스는 "책임감과 절박감, 두려움으로 살았다"면서 이렇게 말했다.

"나는 시키는 일은 무엇이든 잘해서 그저 내 일자리를 지키고 싶었다. 아무리 내 이름이 알려지고, 아무리 많은 상을 받고, 아무리 많은 돈을 벌어도 나는 그 모든 것을 어느 날 다 빼앗길지 모른다는 두려움을 안고 살았다. 나의 이러한 불안감은 아버지의 롤러코스터 같은 인생 역정이나 엄마가 가졌던 끊임없는 불안감, 언니를 돌봐주어야 한다는 부담감과 연관지어 생각할 수 있을 것이다."[64]

그녀는 그러면서 "나는 항상 오디션(audition)을 본다는 생각을 하며 살았다. 그것은 새로 일자리를 얻는데 필요한 오디션 같은 것일 수도 있고, 내가 지금 하는 일을 남보다 더 잘할 수 있다는 것을 증명해보여야 하는 오디션일 수도 있다. 그게 그렇게 나쁜 것만은 아니었다"고 했다.

"혹자는 그것을 야망이라고 부를 것이다. 또 혹자는 그걸 불안감이라고도 한다. 전혀 일리 없는 말은 아니다. 하지만 돌이켜보면 살아오면서 긴 오디션을 한번 받았다는 기분이 든다. 그 오디션을 통해 나는 남보다 뛰어나려 애썼고 인정받기 위해 노력했다."[65]

자서전 '오디션'을 들고 있는 바버라 월터스

밑바닥 무명작가였던 그녀가 '오디션'을 보는 심정으로 80년 넘는 인생 전체를 분투했다는 고백이다. 인터뷰 때마다 그녀의 맨 마지막 질문은 항상 "당신은 어떤 사람으로 기억되고 싶은가요?(How do you want to be remembered?)"였다. 바버라 월터스가 평생 보여준 근성과 열정, 프로페셔널로서의 혼(魂)은 세계 저널리즘에 살아있는 황금률이 되고 있다.[66]

후배 방송인 캐티 쿠릭이 2011년에 낸 책 〈The Best Advice I Ever Got(내가 받은 최고의 조언)〉[67]에서 월터스는 이렇게 말했다.

"당신이 정말 하고 싶은 일을 발견하면 돈을 받지 못하더라도, 직위를 따지지 말고 시작해라. 아침에 가장 먼저 출근하고, 밤에 가장 늦게 퇴근해라. 커피 심부름도 해라. 너의 축복을 따르라. 그러나 상사(上司)와 잠자리는 갖지 마라.

당신은 성공할 것이다(Decide what you really would love to do…would do even if you didn't get paid. (But get paid.) Get a job in that industry or business. Start at any level. Get there first in the morning. Leave last at night. Fetch the coffee. Follow your bliss…but don't sleep with your boss. You will succeed)."

월터 크롱카이트

Walter Cronkite Jr.·1916~2009

미국 미주리주 세인트조지프 출생

텍사스대(오스틴 소재) 2년 중퇴

1939년 UP 통신

1950년 CBS 기자·앵커

17시간 연속 생방송 진행

그는 6세부터 언론의 매력에 빠져 신문사와 통신사, 라디오를 거쳐 TV 방송에서 재능을 꽃피웠다. 2차 세계대전 당시 유럽 전선(戰線)에서 종군(從軍)기자로 활약했고, '방송계의 퓰리처상(賞)'으로 불리는 피바디상(The Peabody Awards)을 네 차례 받았다. 1962년부터 저녁 뉴스 방송 앵커를 맡아 1968년부터 1981년까지 13년 연속 전국 시청률 1위를 기록했다.

미국 최초의 방송 앵커맨(anchorman)으로 명명된 그는 현직 대통령 2명의 정치적 운명을 바꾸었다. TV 저널리즘 전성(全盛)시대를 열면서 국민들로부터 높은 인기와 믿음, 사랑을 받아 '미국에서 가장 신뢰받는 사람(the most trusted man in America)'으로 수차례 꼽혔다. "대통령은 못 믿어도 그의 말은 믿을 수 있다"는 찬사(讚辭)가 쏟아졌고, 그가 취재차 선거 유세장에 가면 시민들이 해당 정치인보다 기자인 그의 서명을 받으려 더 많이 몰려 왔다.[1]

정치인보다 더 인기 있는 방송인

미국 시사주간지 '타임(TIME)' 지는, 그가 50세이던 1966년 10월 그를 표지 인물로 뽑았다.[2] 하지만 그는 자신에게 쏟아지는 '스타 대우'를 즐기기는커녕 당황해 했고, 정치권 등의 영입 제의를 사양하고 92세로 생을 마칠 때까지 평생 구식(舊式) 언론인이길 고집했다.[3]

후덕한 인상에 예리하면서도 친절해 보이는 눈매, 잘 다듬은 콧수염, 그리고 친근한 아저씨 같은 목소리로 '월터 아저씨(Uncle Walter)'로 불린 월터 크롱카이트(Walter Leland Cronkite Jr.·1916~2009) 얘기이다. 2009년 9월 9일 뉴욕 링컨센터에서 열린 그의 장례식에 참석한 버락 오바마(Barack Obama) 대통령은 이렇게 말했다.

"크롱카이트는 끊임없이 진실을 추구했고 우리를 정직하게 만들었다. 그는 자신의 최선을 다해 세계를 탐구했고, 이를 이해하기 쉽게 우리들에게 들려줬다."[4]

경쟁사인 ABC 뉴스의 메인 앵커인 찰스 깁슨(Charles Gibson)은 "그는 방송 저널리즘의 황금 기준(gold standard)이었고, 그의 객관성(objectivity)과 공정성(even-handedness), 뉴스 판단은 항상 위대한 모범이었다"고 말했다.[5]

크롱카이트에 대한 미국인들의 평가와 인정, 존경은 상상을 뛰어넘는다. 아리조나 주립대학(Arizona State University)은 1984년 월터 크롱카이트의 이름을 붙인 저널리즘스쿨을 출범했다. 이 학교는 지금 미국 10대 저널리즘스쿨에 꼽힌다. 오스틴 소재 텍사스 대학을 2학년만 다니고 중퇴한 크롱카이트에게 하버드 대학은 1980년 6월 5일 명예법학박사 학위를 수여했다.[6] 프레드 프렌들리(Fred Friendly) 전 CBS 뉴스담당 사장의 말이다.

"크롱카이트의 명예박사 학위는 TV 방송에 대한 기여 때문만이 아니다. 부모와 선생, 대통령과 주지사, 상원의원 등이 거짓말을 할 때 크롱카이트는 매일 밤 진실을 얘기했다. 진실을 꼭 필요로 할 때 우리는 오직 크롱카이트의 말을 믿을 수밖에 없었다."[7]

미남도, 엘리트도, 멋쟁이도 아니었지만

시사주간지 '타임(TIME)'도 그를 다룬 부고(訃告)에서 "월터 크롱카이트는 '신뢰(trust)'라는 단어와 밀접하고도 독창적으로 연결돼 있는 사람"이라며 이렇게 지적했다.

"이 세상에 열정, 헌신, 자신감, 집중력 등을 고취시키고 소유한 공인들은 여럿 있다. 그러나 '신뢰'에 관한 한 크롱카이트가 독보적이다. 크롱카이트는 '신뢰'라는 단어를 무덤 속에 갖고 들어가도 된다."[8]

크롱카이트는 객관적인 조건으로 보면 앵커맨과는 거리가 멀었다. 좋은 대학을 나온 엘리트가 아니었고, 세련된 도시풍의 미남(美男)이거나 옷을 잘 입는 멋쟁이도 아니었다. 그런데도 그는 지금까지 '앵커맨들 가운데 제왕(King of the Anchormen)', '뉴스의 전설(Legend of the news)'로 불리고 있다.[9] 그는 무엇이 남다른 것인가?

월터 크롱카이트는 미국 중서부 미주리주의 세인트 조지프(St. Joseph)에서 태어났다. 그의 아버지는 치과의사였고, 어머니는 부업으로 백과사전(World Book Encyclopedia)을 파는 가정주부였다. 그에게 특이한 점은 어렸을 때부터 호기심(好奇心)이 많아 관찰하기를 좋아했다는 사실이다. 크롱카이트는 청소년기까지 매일 자신이 관찰한 내용을 노트에 기

록했고, 특별히 흥미 있는 주제는 백과사전을 뒤적이며 더 찾아보고 확인했다.[10]

호기심에서 출발해 새로운 정보를 알아내고 거기에 희열을 느끼는 태도는 나중에 저널리스트가 되는 소중한 씨앗이었다. 그는 1996년 낸 자서전에서 "학교 수업이나 숙제는 따분했어도 집에서 하루에 몇 시간씩 백과사전에 빠져 있었다. 소년 시절부터 나는 책과 잡지, 신문 읽기를 좋아했다"고 밝혔다.[11]

크롱카이트는 여섯 살 때 언론 매체와 인연을 처음 맺었다. 1923년 당시 캔자스시티(Kansas City)에 살던 그는 워렌 하딩(Warren Harding) 미국 대통령의 급사(急死) 소식을 1면 전체를 털어 보도한 '캔자스시티 타임스' 신문을 들고 이웃 마을로 뛰어 달려갔다.

6세부터 신문과 인연

그는 그곳에 있는 친구들에게 신문을 건네주면서 "사진을 자세히 봐. 이것이 네가 볼 수 있는 하딩 대통령의 마지막 최근 모습이야" 하고 흥분했다. 크롱카이트는 "이 무렵부터 나는 뉴스 제작에 마음이 끌렸던 것 같다"고 했다.[12] 그는 9세부터는 매주 토요일 '캔자스시티 스타' 신문사에 가서 일요일판 신문을 받아와 행상(行商)으로 팔았다.

11세에 가족과 함께 텍사스주 휴스턴으로 이사간 뒤에는 중·고교 시절 내내 학생 기자로 일했다. 샌 재신토(San Jacinto) 고교 시절, 그는 프레드 버니(Fred Birney)라는 신문기자 출신 순회교사를 만나 저널리즘 세계에 들어갔다.[13]

"나는 버니가 지정해준 모든 책은 물론 학교 도서관에서 구할 수 있는 저널리
즘과 저널리스트에 관련된 모든 책들을 걸신(乞神)들린 듯 읽었다."[14]

텍사스주(州) 고교생 기사 대회(Competition of the Texas Interscholastic
Association)에서 우승한 크롱카이트는 'Campus Cub'라는 학교 신문사
의 스포츠 부장을 거쳐 편집장이 됐다. 이때 그는 기사 송고와 편집, 조
판 같은 제작 실무를 배웠다. 여름방학마다 그는 '휴스턴 포스트(Huston
Post)' 기자가 돼 정식 기자들을 대신해 점심 때 열리는 시내 주요 행사를
취재해 기사로 만들었다. 그러면서 자신이 만든 신문을 매일 아침 배달
하는 일도 했다. 크롱카이트의 회고이다.

"휴스턴 포스트에 내 이름이 실린 기사가 실리는 게 급료(給料)보다 더 가치 있
었다. 당시에 신문에 글을 쓰는 기자로서 신문을 배달하는 사람은 내가 유
일했다. 이때부터 나는 신문 제작자들과 독자들 사이에 신성한 협약(sacred
covenant)이 존재하며, 저널리스트들은 정확하고 공정해야 함을 깨달았다."[15]

텍사스 대학에 입학한 크롱카이트는 전공 공부보다 저널리즘에 더 끌
렸다. 텍사스 대학 학보(學報)인 '데일리 텍산(Daily Texan)' 기자로 활동했
다. 그 무렵 그의 부모가 이혼하자, 그는 생계를 위해 직업 전선에 나섰
다. 1935년 여름 대학 2학년을 마치고 중퇴한 뒤 지역신문인 휴스턴 프레
스(Houston Press) 기자가 됐다. 교회와 나이트클럽이 그의 주 취재 대상이
었다.

크롱카이트는 곧이어 캔자스시티에 있는 KCMO 라디오방송사로 옮겨

월터 월콕스(Walter Wilcox)라는 이름으로 미식축구 방송 아나운서 겸 스포츠 기자가 됐다. 그는 통신사가 보내온 뉴스 전문(電文)을 바탕으로 보충 취재를 거쳐 현장에서 경기를 실제 본 것처럼 방송했다. 그는 여기서 미주리대 저널리즘스쿨 졸업 후 광고 카피라이터로 일하고 있던 메리 엘리자베스 '베씨' 맥스웰(Mary Ellisabeth 'Betsy' Maxwell)을 만났다.

월터 크롱카이트가 1996년에 낸 자서전
/Amazon

대학 2년 중퇴… 지역 언론사 거쳐 통신기자

두 사람은 방송 광고 문구를 같이 읽다가 연인이 돼 1941년 결혼했다. 두 사람은 '베씨'가 세상을 떠난 2005년까지 64년간 해로(偕老)했다. 크롱카이트는 KCMO 라디오방송에서 1939년 캔자스시티 시청 화재사건 취재를 놓고 직속 상관과 갈등을 빚다가 해고됐다. 이 화재는 당초 3명의 소방관이 목숨을 잃는 대형 사고로 소문났다.

라디오방송사의 사회부장은 "내 아내가 현장에서 지켜보고 있다. 대형 화재가 분명하니 빨리 방송하라"고 했다. 크롱카이트는 이에 "정확한 팩트를 확인해야 한다"며 시(市) 소방서에 전화를 걸었다. 확인 결과 인명 피해 없는 작은 화재로 판명됐지만, 사회부장이 지시한 대로 방송은 이미 나갔다. 크롱카이트는 지시를 거부했다는 이유로 쫓겨났다. 크롱카이트

는 "이후로 일찍 기사를 내는 것보다 정확한 기사가 더 중요하다는 사실을 명심하게 됐다"고 말했다.[16]

KCMO에서 나온 크롱카이트는 23세이던 1939년 이번에는 UP 통신사 기자로 입사했다. 휴스턴, 댈러스, 엘파소, 캔자스시티 지국 등에서 근무한 그는 중간에 몇 달 동안 캔자스시티의 한 항공사에서 홍보·항공권 판매 업무를 했으나 적성이 안 맞아 통신사에 되돌아왔다.[17] 초보 기자로 정신없이 배우고 일하느라 크롱카이트는 과로(過勞)에 영양 및 수면 부족이 겹쳐 늑막염을 앓았다. 하지만 언론계 생활은 그에게 춤추고 노래하는 것처럼 즐거운 일이었다. 특히 20대 초반의 그에게 통신기자 일은 긴장과 스릴, 흥미만점이었다.

미국이 2차 세계대전 참전 결정을 한 이듬해인 1942년 그는 유럽에 종군기자로 파견됐다. 독일 공군의 런던 시내 공습현장 보도를 주로 하던 그는 미국 제8공군(the Eighth Air Force)의 활약상을 취재했다. 다른 종군기자들과 함께 미군 공군 기지에 가서 임무를 마치고 무사 귀환하는 전투기와 폭격기 조종사들을 인터뷰하는 일이었다. 출격한 비행기 20대 가운데 14대만 돌아올 정도로 사망률이 높아 그만큼 뉴스로 담을 스토리가 많았다.[18]

크롱카이트는 1943년 2월 말, 8명의 종군기자로 구성된 'The Writing 69th'의 일원으로 최신 B-17 폭격기에 동승해 독일 상공 2만6,000피트 고도에서 폭격 장면을 취재했다. 1944년 9월 독일이 점령하고 있던 네덜란드 수복 침투 작전 취재차 그는 병사들과 함께 비행기에서 낙하산을 타고 뛰어내렸다.[19]

공격 취재한 2차 대전 종군기자

북아프리카와 프랑스 노르망디 상륙 작전 당시에는 선두 부대에 배속돼 50구경 기관총을 들고 전쟁터를 누볐다. 1944년 말 독일군이 연합군을 상대로 반격 작전을 펼친 벌지 전투(Battle of Bulge)에서도 크롱카이트는 현장에 있었다. 베트남 전쟁 종군기자로 활약했던 데이비드 핼버스탬(David Halberstam)은 월터 크롱카이트의 2차 세계대전 종군취재에 대해 "그는 매우 뛰어났고, 용감했을 뿐더러 거의 무모(almost foolhardy)했다. 그는 가장 뛰어난 종군기자들(the best combat correspondents) 중 한 명으로 꼽혔다"고 말했다.[20]

그의 활약을 지켜보던 CBS 방송의 대부(代父)이자 최초의 유럽 종군기자인 에드워드 머로(Edward Murrow)는 전쟁이 끝날 무렵, 월터 크롱카이트와 오찬을 하면서 주급(週給) 125달러에다 추가 수당을 주는 조건으로 CBS 방송 모스크바 지국 근무를 제안했다. 크롱카이트가 당시 받던 주급(67달러) 대비 세 배 정도 많은 금액이었기에 크롱카이트는 이를 수락했었다. 그러나 UP 통신이 크롱카이트의 주급을 92달러로 전격 인상하고 강한 신뢰를 표시하자, 크롱카이트는 UP 통신에 남기로 했다. 그의 행동을 핼버스탬은 이렇게 분석했다.

> "월터 크롱카이트는 돈보다도 통신사(wire-service) 기자로서의 보람을 만끽하길 좋아했다. 경쟁사인 AP 통신보다 10분 빨리 특종기사를 보내는 스릴과 쾌감 때문에 그는 머로의 제안을 거절했다. 그러나 머로는 급여도 많이 주고 엘리트들이 많은 CBS를 거부하고 UP 통신을 고집하는 크롱카이트의 생각을 이해할 수 없었다."[21]

크롱카이트가 즐기는 취미는 청년기엔 자동차 경주(競走)였고, 장년기 들어는 요트였다. 그는 사건 사고가 속출하고 숨 막히는 취재와 마감 경쟁을 벌이는 기자 생활을 오히려 더 좋아했다. 넉넉한 급여보다도 '거칠지만 우리들 누군가는 해야만 하는 저널리즘(rough-but-we-had-to-do it journalism)'에 매료된 것이다. 2차 세계대전 종전 후에 그는 독일 뉘렌베르크 전범(戰犯) 재판 취재까지 하고 1946년부터 2년간 UP 통신사 모스크바 지국장으로 근무했다. 그는 언론자유가 없는 소련에서 언론과 사실 보도의 소중함을 새삼 절감했다.

1948년 미국으로 돌아온 크롱카이트는 식솔(食率·한 집안에 딸린 구성원)을 둔 가장(家長)의 처지를 뒤늦게 자각했다. 고향 친구 소개로 그는 UP 통신사 월급의 두 배인 주급 250달러를 주는 KMBC 라디오 방송기자가 됐다. 32세에 활자(活字) 저널리즘을 떠나 방송 저널리즘으로 무대를 옮긴 것이다.

32세에 방송인 돼… 진정한 '앵커맨'

월터 크롱카이트는 이내 정치 중심부인 워싱턴 DC에서 미주리주와 캔자스, 네브래스카 등 3개 주 10개 방송사가 공동운영하는 기자 특파원이 됐다.[22] 1950년 봄 KMBC 워싱턴 DC 총국장으로 승진한 그는 이번엔 CBS로 갈아탔다. 그 해 6월 25일 한국전쟁이 발발하자, 크롱카이트를 탐냈던 CBS의 에드워드 머로가 다시 입사 제의를 해온 것이다.

크롱카이트는 CBS 방송 자회사인 WTOP-TV 워싱턴 지국에서 한국전쟁 뉴스를 도맡았다. 1951년 봄에는 해리 트루먼(Harry Truman) 대통령과의 의견 충돌로 면직돼 귀국하는 더글러스 맥아더 장군의 TV 중계를

즉석 논평을 섞어가며 진행해 호평받았다.[23]

크롱카이트는 이후 여러 프로그램을 섭렵하며 방송인으로 담금질을 거쳤다. 1953년부터 1957년까지 역사 프로그램인 'You Are There'를, 1954년에는 아침 프로그램 'The Morning Show'와 일요일 시사(時事) 대담 프로그램 'Face the Nation', 'Man of the Week'를, 1957년에는 'The Twentieth Century'라는 역사 다큐멘터리를 진행했다. 1960년엔 미국 최초로 전국에 생중계된 동계 올림픽 방송을 맡았다.

그는 1952년 미국 공화당과 민주당 대선후보 선출 전당대회 현장 보도 때부터 '앵커맨(anchorman)'으로 불렸다. 앵커맨이라는 단어는 전에도 있었다. 그러나 시시각각 복잡하게 벌어지는 상황 속에 뉴스의 중심을 잡고 이끌어가는 크롱카이트의 모습이 최적격으로 평가돼 '앵커맨'이라는 호칭이 붙게 됐다.[24] 크롱카이트는 1964년을 제외하고 1952년부터 1980년까지 공화·민주 양당의 대통령 후보 선출 전당대회와 대통령 선거 투표 당일 방송을 빠짐없이 진행했다.

크롱카이트는 36세이던 1962년 4월 16일 더글러스 에드워드(Douglas Edwards) 후임으로 CBS 저녁 뉴스 프로그램 진행자가 됐다. 이와 함께 프로그램 이름을 'Walter Cronkite with the News'로 바꾸었다. 크롱카이트는 회고록에서 "저녁 뉴스 앵커 제의를 받았을 때 보도국장(Managing Editor) 보직을 겸하게 해달라는 조건을 붙여 관철시켰다"며 "그것은 당시로선 혁명적인 출발점(a revolutionary departure)이었다"고 했다.[25]

이로써 그는 CBS 뉴스의 편집과 진행권은 물론 보도국 기자들의 인사(人事)에까지 힘을 행사할 수 있게 됐다. 1년 5개월 후인 1963년 9월 2일, CBS는 기존 15분이던 저녁 뉴스 프로그램을 30분으로 늘리고 명칭을

'CBS Evening News'로 재변경했다. 크롱카이트는 재출발 기념으로 존 F. 케네디(Kennedy) 대통령 단독 인터뷰를 했다.[26]

편안한 목소리와 안정감

그는 이때부터 편안한 목소리와 물 흐르는 듯한 진행과 안정감으로 시청자들을 끌어들였다. 크롱카이트 평전(評傳)을 쓴 역사학자 더글러스 브링클리(Douglas Brinkley) 라이스대 역사학과 교수는 CNN과의 인터뷰에서 이렇게 말했다.

"크롱카이트의 TV 방송은 숨 쉬는 것처럼 자연스러웠다. 방송 카메라 앞인데도 그는 집안 거실에 있는 듯했다. 말실수가 거의 없었고 움츠러들지도 않았다."[27]

크롱카이트는 시청자들과의 연결·공감 능력이 탁월했다. 1963년 11월 22일부터 그가 진행한 존 F. 케네디 대통령 피살 사건 연속보도는 7,000만 명의 미국인과 23개국 외국 시청자들이 시청할 정도로 인기였다. 미국인들이 슬퍼하며 위로를 구할 때 크롱카이트는 국민적 애도자(national grief counselor)이자, 조문(弔問) 기획자(impresario of mourning)였다.[28]

크롱카이트는 1981년 65세로 은퇴할 때까지 보도본부장 겸 앵커로서 보통 오전 10시 사무실에 도착했다. 책임 PD, 3명의 원고 담당 작가들과 방송 아이템과 원고를 준비한 그는 저녁 5시~5시 30분 뉴스 스튜디오로 들어가 1시간 정도 방송 원고와 진행을 직접 손질하며 자기 것으로 완벽하게 소화했다.[29]

그가 진행한 'CBS Evening News'는 워싱턴 DC와 뉴욕 등 동부시간 기준 오후 6시 30분에 생방송으로 나갔고, 다른 곳은 테이프에 녹화했다가 각 지역별로 오후 7시에 맞추어 방영됐다. 그의 CBS 저녁 뉴스는 부동(不動)의 1위이던 NBC의 '헌틀리-브링클리 리포트(Huntley-Brinkley Report)'를 제치고 1968년 시청률 1위에 올라섰다. 이듬해 달 착륙

미국 '타임'지 1966년 10월 14일자 표지 인물로 등장한 월터 크롱카이트 / TIME

선 아폴로(Apollo) 11호와 아폴로 13호 보도로 크롱카이트의 저녁 뉴스와 CBS는 각각 최고 인기 뉴스 프로와 시청률 1위 매체가 됐다.

3,600만 명이 고별 방송 시청

크롱카이트의 저녁 뉴스는 정확성과 보도의 깊이, 차분하고 노련한 진행이 돋보였다. 1981년 3월 6일 그의 마지막 고별 방송은 3,600만 명이 시청해 미국 방송 뉴스 사상 최고기록을 세웠다. 그의 후임 앵커인 댄 래더(Dan Rather)가 2005년에 한 고별 방송 시청자가 1,000만 명을 밑돈 것을 감안하면 크롱카이트에 대한 인기는 놀라웠다.

그의 아내와 자녀들, 에이전트가 지켜보는 가운데 월터 크롱카이트는 고별 방송에서 "이것은 내가 오랫동안 계획해온 순간인데, 그럼에도 불구하고 조금 슬프게 다가온다"며 이렇게 말했다.

"오늘 저녁처럼 이렇게 만나온 순간을 나는 앞으로 그리워할 것이다. 그러나 이것은 하나의 지나감(transition)이며, 바통 교대(a passing of the baton)일 뿐이다. (중략) 여기에 함께 있는 작가와 기자, 에디터, PD들은 의심할 것 없이 가장 뛰어난 저널리스트 팀의 구성원들이다. 나는 때때로 뉴스 리포트와 다큐멘터리로 돌아올 것이며, 오는 6월 시작하는 우주과학 프로그램 '유니버스 (Universe)'를 매주 진행할 것이다."[30]

그러면서 크롱카이트는 더글러스 맥아더 장군의 고별사를 본떠 이렇게 덧붙였다.

"노(老)앵커맨들은 사라지지 않는다. 그들은 다시 돌아올 것이다. 세상은 그런 거죠. 1981년 3월 6일 금요일, 나는 회사의 명령에 따라 떠나고, 댄 래더가 앞으로 몇 년 동안 여기에 앉을 것이다. 굿나잇!(Old anchormen, you see, don't fade away, they just keep coming back for more. And that's the way it is Friday, March 6, 1981. I'll be away on assignment and Dan Rather will be sitting in here for the next few years. Good night.)"

17시간 연속 방송… '철의 바지 입은 사람'

지금도 크롱카이트가 방송인으로 추앙받는 것은 그의 헌신적인 전문 직업주의(professionalism) 때문이다. 1968년 11월 리처드 닉슨과 휴버트 험프리 간의 대통령 선거 개표 방송은 15시간 넘게 이어졌다. 결과를 예측하기 어려울 정도로 박빙(薄氷)의 승부였던 탓이다. 중계하던 CBS 팀과 기자들은 오랜 방송에 지쳐 사무실을 줄줄이 빠져나갔다. 그러나 크롱카이트는 17시간 동안 자리를 뜨지 않고 카메라 앞에서 뉴스를 계속 진행했다. 이때부터 그는 '철의 바지(Old Iron Pants)를 입은 사람'으로 불렸다.

1969년 여름 아폴로 11호가 달 착륙할 때 크롱카이트는 18시간을 쉬지 않고 중계하다가 6시간 잠을 잔 뒤, 다시 앵커석에서 9시간을 버텨 주위 사람들을 놀라게 했다. 1963년 11월 22일 오후 1시 조금 넘은 시각(미국 동부시간 기준) 존 F. 케네디 대통령 피격 특종(特種)은 당시 자기 책상에 앉아 점심식사를 하던 크롱카이트에게 찾아온 행운이었다.

격해지기 쉬운 상황인데도 크롱카이트는 "중부 표준시로 오후 1시에 케네디 대통령이 서거했습니다. (돋보기 안경을 벗고 벽시계를 올려다본 뒤) 동부 표준시로는 2시입니다"라고 말한 뒤 고개를 떨어뜨리고 눈물을 억지로 참았다. 그리고 4초 정도 침묵한 뒤 말을 이었다. 냉정을 유지하려 애쓰는 그의 모습은 어떠한 통곡(痛哭)보다 큰 울림으로 미국민의 가슴에 새겨졌다. 이 보도는 미국 방송계에 '크롱카이트 신화(神話)'의 개막을 알리는 최고의 명장면이었다.

그는 저녁 뉴스 프로그램 앵커가 된 뒤에도 한동안 라디오방송 뉴스를 하듯 뉴스를 읽었다. 귀에 이어폰을 꽂고 타이프라이터 옆 책상에서 틈틈이 의자를 움직여 속보(速報)를 체크하면서 현장 기자들을 연결했다. 그러나 1968년 4월 4일 민권법(Civil Rights Act) 개정 운동을 벌이던 마틴 루터 킹(Martin Luther King) 목사가 암살당한 날, 기자가 보내온 뉴스 원고가 너무 늦어 화면조차 내보낼 수 없는 상황이 됐다.

이때 크롱카이트는 원고 없이 앵커석에 앉아 침착하면서도 무표정한 태도로 방송해 시청자들의 신뢰와 호감을 샀다. 이는 같은 날 밤 "국민들은 동요하지 말고 냉정을 유지해달라"는 대(對)국민 연설을 불안한 목소리와 표정으로 한 린든 존슨(Lyndon Johnson) 대통령과 대비됐다.

그가 뉴스 앵커로 성공한 데는 통신기자 시절 혹독할 정도로 단련한 기본기와 승부욕·열정 덕분이 크다. 언론인 출신의 데이비드 핼버스탬(David Halberstam)은 이렇게 평가했다.

분당 124개 단어 이내 전달

"크롱카이트는 '싸움닭'을 방불케 할 만큼 승부 근성이 강했다. 그는 경쟁 치열한 통신사 기자 출신이었다. 방송으로 옮긴 뒤 그는 무서울 정도로 준비했고 열심이었다. 미국 국방부를 맡아서는 독자적인 취재원을 만들기 위해 노력했다. 해당 주제에 대한 완벽한 이해와 장악, 통제는 그만의 모습이었다. 그는 어느 누구보다 더 많이 일했을 뿐더러, TV가 요구하는 특별한 자질과 시청자 감각(audiences sense)을 갖고 있었다."[31]

일례로, 그는 뉴스를 친절하고 쉽게 전달하기 위해 언어적인 측면에서도 많은 신경을 썼다. '뉴욕 데일리 뉴스'의 데이비드 힌클리(David Hinckley) 기자의 분석에 의하면, 크롱카이트는 뉴스를 전할 때 말하는 단어가 분당 124개를 넘지 않도록 스스로를 훈련했다. 일반적인 미국인이 말하는 속도는 분당 165단어, 말이 빠르다는 사람은 200단어에 육박한다. 그보다 훨씬 적은 124단어로 최대 200단어 분량의 내용을 전달하기 위해 그는 기사와 앵커 멘트 문장 하나하나의 길이, 파장을 고민하면서 정선(精選)했다.[32]

크롱카이트가 CBS에 합류한 1950년대 초만 해도 TV 뉴스는 별 관심을 못 받았다. 방송 보도의 대종을 이룬 것은 라디오, 그중에서도 토크

(talk) 프로였다. 크롱카이트는 당대의 명 앵커들과 함께 현대적 방송 뉴스의 언어와 스타일을 확립한 저널리스트이다.[33]

역사학자 더글러스 브링클리(Douglas Brinkley)는 "모든 미국인들은 화면을 보지 않아도 단 5초 만에 지금 방송을 진행하는 이가 크롱카이트인 줄 쉽게 안다. 방송인에게는 모든 사람이 쉽게 인식하는 목소리를 갖는 게 중요하다"며 이렇게 말했다.[34]

"크롱카이트는 방송 중 언제 잠깐 쉬어야 하는지, 어떤 특별한 순간에 침묵해야 하는지를 잘 알고 있었다. 시청자들은 닐 암스트롱(Neil Armstrong)이 달에 인류 역사상 처음 발을 디딜 때, 크롱카이트가 어떻게 그 순간을 표현할지 큰 기대를 품고 지켜봤다. 그는 시청자들에게 설렘을 주었다."[35]

'최고' 되려는 강렬한 의지

크롱카이트는 이와 함께 자기 일에서 최고가 되려는 강렬한 의지(an intense determination to be the best)로 꽉 차 있었다. 한 지인은 시사주간지 '타임(TIME)'과의 인터뷰에서 이렇게 밝혔다.

"크롱카이트는 자기가 바르게 하지 않으면 다른 어느 누구도 그렇게 할 수 없다는 강한 책임감과 메시아(messiah)적 사명감을 갖고 있었다. 그것이 그가 넘버 원(number one)이 된 원동력이다. 미국인들은 크롱카이트가 거짓말을 하지 않는다고 믿었다. 절대로! 왜냐하면 그것이 크롱카이트의 종교에 가까운 신념이었기 때문이다."[36]

크롱카이트는 시청자들에게 생생한 방송을 보여주기 위해 아마존 밀림부터 북극까지 그가 갈 수 있는 곳은 어디라도 찾아갔다. 바닷속 8,000피트 밑까지 내려갔고, 히말라야 산맥의 1만8,000피트 고산(高山)에서 촬영과 리포팅을 했다. 폭격기로 2만6,000피트 상공까지 올랐고, 우주선에 동승(同乘)해 대기권 상층부의 무중력 상태를 직접 체험했다. 탐험심이나 호기심을 넘어 기자로서 시청자들에게 극진(極盡)을 다해 전달하겠다는 직업의식에서였다.[37]

CBS 앵커 겸 보도본부장 시절, 그는 1970년 제1회 지구의 날(Earth Day) 행사를 아폴로 달 탐사 보도에 버금가는 대형 이벤트로 만들기 위해 애를 썼다. 거의 매일 밤 '우리가 지구를 구할 수 있는가?(Can we save the planet)'라는 제목의 캠페인성 프로를 내보내면서 세계적인 환경 오염과 지구촌 파괴 실태를 보도했다. 환경 오염 실태와 대안에 대한 심층보도는 미국 환경보호청(EPA) 출범에 결정적인 역할을 했다.[38]

그는 개인적인 정치적 입장이나 호불호(好不好), 의견, 감정 표출을 금기시했다. 대신에 공정성·객관성 같은 정석(定石)에 투철했다. 앵커는 뉴스를 정직하고 알기 쉽게 전달하는 사람이며 불편부당(不偏不黨)한 태도가 생명이라고 봤다. 크롱카이트는 정치적 논란에 휩싸이는 것을 막기 위해 공화당도 민주당도 아닌 독립파(political independent)라고 정치적 성향을 등록했다. 보도에 미칠 영향을 우려해 때로 대통령 선거에 투표를 하지 않는 결벽증까지 보였다. 그는 1973년 미국 '크리스천 사이언스 모니터(Christian Science Monitor)'와의 인터뷰에서 이렇게 말했다.

"나는 뉴스 전달자이자 방송 앵커맨이자 보도본부장이지, 뉴스 비평가나 분석가(a commentator or analyst)가 아니다. 나는 권위자인 척하고 싶은 충동을 전혀 느끼지 않는다(I feel no compulsion to be a pundit). 딱딱한 뉴스를 갖고 일하는데 나는 완전히 만족한다(Working with hard news satisfies me completely)."[39]

은퇴한 지 14년 후에도 7개 부문 1위

1972년 여론조사 기업인 올리버 퀘일&컴퍼니(Oliver Quayle & Company)가 18개 주에서 실시한 '미국에서 가장 신뢰받는 인물(the most trusted man in America)' 조사에서 크롱카이트는 73%를 얻어 정치인·학자·언론인들을 모두 제치고 1위에 올랐다. 그 해 미국에선 '월터 크롱카이트 팬클럽(Fan Club)'이 결성됐다.

1974년에 마케팅 전문회사인 로퍼 폴(Roper poll)은 크롱카이트를 '가장 신뢰받는 TV 인물(the most trusted TV figure)'로 선정했다. 2위인 헨리 키신저(Henry Kissinger) 국무장관보다 4% 포인트 높았다. 이런 결과가 나올 때마다 크롱카이트는 "여론조사 회사들이 내 아내를 상대로 조사하면 다른 결과가 나올 것이다. 절대 내 아내를 조사해서는 안 된다"며 유머 조로 말했다.[40]

이는 당시 베트남 전쟁 반대 분위기와 닉슨 행정부의 워터게이트 스캔들 파문으로 제도권 내 공인(公人)들이 불신받은 영향이 크다. 그러나 크롱카이트 본인의 성실성과 정직함이 없었다면 불가능한 일이다. 그가 은퇴한 지 14년이 지난 1995년 'TV 가이드 폴(Guide Poll)'이 방송언론인늘을 상대로 한 인기 조시에서 크롱카이트는 8개 부문 중 '매력도(attractiveness)'를 제외한 7개 부문에서 1위에 올랐다.[41] 퇴임 후에도 현역 시절의 평판과 이미지를 잘 관리했다는 방증이다.

버락 오바마 대통령은 월터 크롱카이트 장례식장 조사(弔詞)에서 "그에 대한 높은 국민적 신뢰는 네트워크(인맥)에 의해서가 아니라 언론인으로서 본질적인 가치에 대한 헌신 때문"이라며 "수십 년 동안에 걸친 뼈를 깎는 노력, 즉 언론인으로서 그의 진실 추구와 타락한 권력에 대한 비판이 미국인의 마음을 얻었다"고 말했다.[42]

그는 평소에는 자상하고 평범한 '월터 아저씨'였지만, 권력자들이 국민들의 신뢰를 배신할 때는 그 최고 보스에게까지 도전하는 용기와 담력(guts)의 사나이로 표변했다. 1972년 11월 7일 대통령 선거를 10여 일 앞둔 10월 27일과 31일 워터게이트 스캔들 특별보도를 연이어 내보낸 게 그런 사례이다. 그는 저녁 뉴스에 내보내는 모든 뉴스의 분량을 '2분'으로 시간제한을 두고 있었다.

하지만 방송 광고를 제외한 22분의 뉴스 시간 가운데 첫날 워터게이트 스캔들 보도에선 14분, 두 번째 날에선 8분을 특별보도로 할애하는 '파격'을 감행했다. 이 사건에 백악관의 개입을 입증하는 물증이나 영상자료가 전무(全無)한 상황에서 이 보도는 대단한 도박이었고 결과적으로 리처드 닉슨 대통령의 하야(下野)를 촉발하는 결정타가 됐다. 칼럼니스트 프랭크 리치(Frank Rich)의 말이다.

용기 있는 워터게이트 특별 보도

"당시 워터게이트 사건에 대해 뉴욕타임스와 3대 방송 매체는 모두 침묵했다. 워싱턴포스트(WP)의 밥 우드워드와 칼 번스타인 기자는 신출내기였다. 사건 내용이 복잡한데다 딱 부러진 증거도 없었다. 그러나 크롱카이트는 WP 기사와 WP 회사 로고를 재편집해 보도했다. 그의 결단이 없었다면 닉슨 행정부의 추악한 범죄 행위는 영원히 숨겨졌을 것이다."[43]

벤 브래들리(Ben Bradlee) 당시 워싱턴포스트(WP) 편집인은 "크롱카이트의 워터게이트 보도에 WP 사람들 모두가 전율(戰慄)했다. 가장 영향력 있는 방송이 우리의 보도를 공인해줬다. 이로 인해 WP 사람들은 엄청난 도덕적 북돋움(an immense morale boost)을 경험했다"고 했다.[44] 그는 시사 주간지 '뉴스위크'와의 인터뷰에선 "그것은 일종의 축복(a kind of blessing)이었다"며 이렇게 밝혔다.

"워터게이트 특별보도 둘째 날 방송은 내 생각에 빌 페일리(Bill Paley) CBS 회장이 많이 축소시켰다. 페일리는 그 기사가 나가는 걸 두려워했다. (중략) 그 보도가 나간 후 모든 사람들은 '오, 크롱카이트가 여러분과 함께 있군요'라고 말했다. 1주일쯤 후 대통령 선거에서 닉슨은 승리했지만, 워싱턴 사정에 밝은 사람들은 워터게이트에 관한 판단을 바꾸었다. 그것은 온전히 크롱카이트 덕분이었다. 크롱카이트는 주요 뉴스를 함부로 다루지 않았다."[45]

기자로서 배짱과 기백은 1968년 2월 하순 아서 테일러(Arthur Taylor) CBS 뉴스 부문 사장 초청으로 진행된 제임스 슐레진저(James Schlesinger) 국방장관과의 오찬에서도 드러났다. 이 자리에서 슐레진저는 "베트남 전쟁을 포함한 모든 전선에서 애국주의(patriotism) 견지에서 행정부와 잘 협조해달라"고 말했다. 그러자 크롱카이트는 정색하며 이렇게 말했다.

"국법(國法)을 지키는 것은 모든 이의 의무이다. 그러나 국민들의 이익에 반하는 게 분명한 정책에 대해 아무 비판 없이 정부가 발표한 대로 쓰기만 하는 것을 언론인의 애국주의라고 할 수 없다. 정부 정책에 대한 반대자들도 찬성하는 사람만큼이나 애국주의자들이다."[46]

그는 객관성(objectivity)이라는 미명(美名) 뒤에 숨어 있기를 거부했다. 진실을 있는 그대로 보도했고 소신 보도를 겁내지 않았다. 크롱카이트가 국민들로부터 받은 '신뢰'는 자신의 이름을 걸고 신념과 용기로 싸워 얻어낸 것이었다.[47]

정치 입문 거절한 두 가지 이유

1968년 음력 1월 1일 베트콩의 구정 공세(Tet Offensive)가 있은 후, 크롱카이트는 두 번째 베트남 현지 취재를 갔다. "전쟁에서 이기고 있다"는 정부 발표와 실제 전쟁 상황이 다르다는 의심이 들었기 때문이다. 현장에서 베트남 주재 미국 대사와 미군, 베트남 주민들을 만나고 귀국한 그는 그 해 2월 27일 저녁 황금시간(prime time·시청률이 높은 방송 시간으로 평일에는 저녁 8시부터 밤 12시까지)에 '베트남으로부터의 리포트; 누가, 무엇을, 언제, 어디서, 왜?(Report from Vietnam; Who, What, When, Where, Why?)'라는 특집 방송을 내보냈다.

그는 여기서 "내가 직접 확인한 베트남 전쟁의 실상은 승리가 아니었다. 우리가 패배 직전에 있다고 말하는 것은 비합리적인 비관주의에 굴복하는 것이다. 교착 상태(we are mired in stalemate)에 빠져 있다는 게 유일한 현실적인 결론이다"고 말했다.

아리조나주립대학(ASU) 내 '월터 크롱카이트 저널리즘스쿨' 건물 / Wikimedia Commons

이 보도 이후 베트남 전쟁에 대한 미국 내 지지 여론은 차갑게 식었고, 33일 후인 그 해 3월 31일 일요일 저녁 TV 연설에서 린든 존슨 대통령은 대통령 재선 포기를 선언했다. 크롱카이트는 자서전에서 이렇게 밝혔다.

"빌 모이어스(Bill Moyers) 당시 백악관 대변인은 존슨 대통령이 '크롱카이트를 잃는 것은 미국의 중산층을 모두 잃는 것(If I've lost Cronkite, I've lost Middle America)'이라고 말했다고 전해왔다."[48]

이 방송이 나간 후 크롱카이트의 인기와 지명도는 절정에 달했다. 이를 노려 공화·민주당은 그에게 연방 상원의원, 주지사 또는 부통령 후보 자리를 제의하며 정치권 입문을 권유했다. 그때마다 크롱카이트의 대답은 한결같이 '노(No)'였다. 1968년 2월 말 베트남 전쟁 보도 직후 로버트 케네디(Robert Kennedy) 연방 상원의원은 크롱카이트에게 뉴욕주 상원의원 출마를 권유했다. 크롱카이트는 두 가지 이유로 그의 제안을 거절했다고 자서전에서 밝혔다.

하나는 자신의 정치 입문이 그가 평생 몸담은 '기자(記者)'라는 직업을 욕되게 할 수 있기 때문이었다. 그는 "사람들이 내가 정치를 하기 위해 기자를 했다고 생각하는 게 두려웠다"고 했다. 기자라는 직업이 정치적 성공을 위한 '수단'이 돼서는 안 된다고 본 것이다. 다른 하나는 언론계 후배들에게 누(累)가 될 수 있어서였다. 그가 정계로 진출하면 시청자들은 방송사 앵커들을 '은밀한 정치적 야심을 충족시키기 위해 일하는 사람'이라는 색안경을 쓰고 볼 가능성이 높다고 여긴 것이다.[49]

20년 넘게 방송인 인생 2막

크롱카이트는 1981년 은퇴한 뒤에도 20년 넘게 방송인으로서 '인생 2막'을 구가(謳歌)했다. 신디케이트 칼럼니스트와 CBS 이사회 등기 임원, CBS·CNN·NPR의 특별기자로서 현장 취재와 프로그램 제작, 방송사 경영에 참여했다.

1980년부터 1982년까지 '월터 크롱카이트의 우주(Walter Cronkite's Universe)'라는 과학 프로그램을 진행했고, 1983년에는 영국 총선 취재를 했다. 1998년 제작해 26개국에 번역 판매된 '실리콘 밸리, 100년의 르네상스'를 포함해 60편의 다큐멘터리를 만들었다. 1985년부터 2008년까지 공영방송 PBS의 '비엔나 신년 콘서트' 진행도 맡았다. 그는 뉴스보다 엔터테인먼트적 가치를 우선시하는 TV 방송의 관행을 아쉬워했다.

그는 명사(名士·celebrity) 위주의 가십성 기사와 즉흥적인 평론, 말랑한 뉴스를 선호하는 방송계 풍조를 개탄했다. 대신 딱딱하고 깊이 있는 탐사 보도(hard news & investigative journalism)를 선호했다. 크롱카이트는 순진한 이상주의자가 아니었다. 그는 언론사가 당면한 외부의 압력과 도전, 유혹을 잘 알고 있었고 생존을 위해 언론사도 영리(營利)를 추구해야 한다고 봤다. 동시에 그렇게 번 이익의 상당 부분을 다시 뉴스와 공적인 활동에 투자해야 할 의무가 있다고 믿었다.

1986년 극장·호텔 체인 재벌이자 월스트리트의 투자가인 래리 티시(Lary Tisch)가 CBS 방송의 새 대주주가 돼 방송 3사 중 가장 혹독한 구조조정을 벌였다. 이는 뉴스 부문의 대량 인력 감축으로 이어졌고, 방송 저널리즘의 종가(宗家)를 자처해온 CBS 보도국은 이에 저항했다.

CBS 이사회 구성원 가운데 보도국 기자와 앵커가 기댈 수 있는 유일한 언덕이었던 크롱카이트는 이런 월스트리트식 경영에 반기(叛旗)를 들고 맞섰다가 자리에서 물러났다.[50]

언론인의 가장 중요한 자세는 '정확성'

크롱카이트는 "사람들이 알고 싶어하는 것이 아니라 (민주주의를 지키기 위해) 사람들이 알 필요가 있는 것을 말해주는 것이 저널리즘"이라고 믿고 이를 행동으로 옮겼다. 1968년 2월 베트남 전쟁 특별보도와 1972년 10월 워터게이트 사건 보도로 두 명의 대통령을 불명예 퇴진시킨 것은 이런 신념에서였다.

크롱카이트는 매번 저녁 뉴스 맨 마지막에 "And that's the way it is(세상은 그런 겁니다라는 뜻)"와 그날 날짜, 자기 이름을 순서대로 얘기하면서 마쳤다. 이는 평생 '사실의 객관적인 기록자'로 산 책임감과 헌신의 정신을 보여준다. 그는 언론인이 지녀야 할 가장 중요한 자세로 "첫째도 정확성, 둘째도 정확성, 셋째도 정확성"이라고 했다. CBS 방송에서 시사 탐사 프로그램인 '60 minutes'를 만든 뉴스 프로듀서 돈 휴잇(Don Hewitt)은 크롱카이트를 추모하면서 이렇게 말했다.

"TV는 때로는 스포츠 경기장이고, 때로는 극장이며, 때로는 영화관이다. 하지만 때로는 성당(聖堂)이기도 하다. 세상이 주는 스트레스에 찌든 사람들은 누군가 '괜찮아! 모든 것이 잘될 거야(it's gonna be all right)'라고 말해주기를 바라는 심정으로 TV 앞에 앉는다. 월터 크롱카이트는 미국인들에게 그렇게 말해 줄 수 있는 궁극의 TV 퍼스낼리티였다."[51]

미국 공영방송 PBS는 2006년 크롱카이트의 생애를 다룬 90분짜리 다큐멘터리를 방영했다. 제작자 시드니 러밋(Sidney Lumet)은 "이 분야는 쉽게 부패될 수 있는 직업인데 크롱카이트는 부패될 수 없는(incorruptible) 사람이었다"고 지적했다.[52] 2006년 11월 '뉴욕 데일리 뉴스'와의 인터뷰에서 크롱카이트는 "아직도 나가서 취재하고 기사를 쓸 수 있을 것 같다(I'm still quite capable of covering a story)"고 말했다.[53] 인터뷰 당시 그의 나이는 90세였다.

데이비드 브로더

David Broder·1929~2011

미국 시카고 출생

시카고대 학사·석사(정치학)

1965년 워싱턴포스트(WP) 입사

정치 칼럼 4000여 편 게재

겸손하고 서민적인 생활

"워싱턴포스트(WP)는 정치 보도에 관한 한 뉴욕타임스(NYT)에 뒤지지 않는 다. 그런데 WP의 명성을 뛰어넘는 기자가 있다. 설사 그가 내일 회사를 그만 두고 지하실에서 등사판 인쇄물을 발행하더라도 그는 선거 과정과 다른 기자 (記者)들의 의견을 바꿀 정도로 영향력을 발휘할 것이다. 그는 정치 저널리즘 분야에서 고결한 성직자(high priest of political journalism)이며 가장 존경받는 기자이다."[1]

티모시 크라우즈(Timothy Crouse) 롤링스톤(Rolling Stone) 기자는 1972년 에 낸 저서에서 한 언론인을 이렇게 칭찬했다. 이 언론인은 30대 후반부 터 '워싱턴 언론계의 단장(the dean of the Washington press corps)', '기자들 의 기자(a reporter's reporter)'로 불렸다.[2] 그는 44세에 퓰리처상을 받았고, 워싱턴 저널리즘 리뷰(Washington Journalism Review)로부터 '최고의 정치 담당 신문기자(Best Newspaper Political Reporter)'로 뽑혔다.

그가 2011년 3월 9일 81세로 세상을 떠나자, 버락 오바마(Barak Obama) 대통령은 성명을 내고 "저널리즘의 진정한 거인(a true giant of journalism) 이 타계했다는 소식을 듣고 우리 부부는 깊은 슬픔에 빠졌다"고 애도했 다. '유에스 뉴스 앤 월드 리포트(U.S. News & World Report)' 편집장을 지낸 제임스 팰로우즈(James Fallows)는 1997년 출간한 책에서 "미국 언론계에서 '거물급(big foot)'들은 다른 기자보다 좋은 대우를 받으며 취재 보도에 서 영향력이 막강하다"면서 NBC 방송의 톰 브로커(Tom Brokaw), CBS의 댄 래더(Dan Rather), ABC의 피터 제닝스(Peter Jennings) 앵커와 함께 WP 의 그를 포함했다.[3]

워싱턴 언론계의 단장… 성직자 같은 기자

여기서 공통적으로 등장하는 그는 워싱턴포스트(WP)에서 40년 넘게 일한 데이비드 브로더(David Salzer Broder·1929~2011) 기자이다. 1990년 '워싱토니언(Washingtonian)'이란 잡지가 123명의 미국 신문사 오피니언면 책임자를 대상으로 칼럼니스트 평판을 조사한 결과, 데이비드 브로더는 '최고의 기자, 가장 열심히 일하고 가장 덜 이념적인 기자(Best Reporter, Hardest Working and Least Ideological)'로 꼽혔다. 그는 '성실성과 팩트의 정 확성, 통찰력'에서 경쟁자들을 모두 제치면서 '가장 높게 평가받는 칼럼 니스트(most highly regarded columnist)'로 선정됐다.[4]

브로더는 1929년 9월 미국 일리노이주 시카고 교외의 유대인 집안에 서 태어났다. 아버지는 치과의사였다. 그의 집안은 저녁식사 자리에서 정 치를 자주 화제로 삼았다. 그래서 브로더는 '정치'를 공기처럼 여기며 성 장했다. 10세이던 1939년 친구와 함께 성탄절에 신문을 처음 만든 그는 이후 한동안 매주 신문을 만들어 이웃에 나눠주었다. 이때부터 그는 기 자가 되겠다는 생각을 품었다.[5]

그는 청소년기에 지역신문인 '시카고 하이츠 스타(Chicago Heights Star)' 외 '시카고 선(Chicago Sun)', '트리뷴(Tribune)' 등 여러 신문을 읽었다. 당시 정치담당 기자 빌 켄트(Bill Kent)가 쓴 기사를 빠뜨리지 않고 탐독했다.[6]

이런 영향으로 브로더는 시카고 대학에 입학해 정치학을 전공했다. 1947년 대학 졸업 후 '시카고 마룬(The Chicago Maroon)', '하이드 파크 헤럴드(Hyde Park Herald)' 기자로 일하면서 같은 학과 대학원을 다니느라 4년 만인 1951년 석사학위를 받았다.

학부 시절 대학신문사 기자로 일했던 그는 편집장을 맡았다. 1951년 결혼 후 육군에 입대한 그는 2년 복무기간 중 '오스트리아 미군 센티널(U.S. Forces Austria Sentinel)'이라는 신문사에서 일했다. 1953년 제대 후 여러 언론사에 입사 원서를 냈다가 일리노이주 블루밍턴(Bloomington)의 '팬타그래프(The Pantagraph)' 신문사에 취직했다.

> "팬타그래프는 기자생활을 시작하기에 너무 좋은 곳이었다. 회사가 고급지를 지향하는데다 저널리즘에 헌신하는 에디터와 동료들로부터 취재 기법을 배우고 다듬을 수 있었다. 그들은 나에게 관심을 가졌고, 필요할 때 피드백을 주었다. 나는 주로 주간지(a weekly paper)에서 일했다."[7]

대학 → 군대 → 사회··· '신문기자' 외길

그는 2년 후 워싱턴 DC에 있는 연방 의회 전문 매체인 '콩크레셔널 쿼털리(Congressional Quarterly)'로 옮겼다. 그곳에서 미국 정치의 중앙 무대를 취재하면서 정치 취재의 기본을 배웠다. 당시 브로더는 프리랜서로서 뉴욕타임스(NYT)에 이따금 기고를 했다. 4년 6개월쯤 후인 1960년 그는 '워싱턴 스타(Washington Star)'로 옮겨 존 F. 케네디(John F. Kennedy)와 리처드 닉슨(Richard Nixon)이 격돌한 그 해 대통령 선거를 비롯해 5년 동안 정치 현장을 취재했다. 그는 기사와 별도로 이 신문 오피니언 면에 매주

1회 칼럼을 기고했다. 이런 기회는 확실한 인정을 받은 기자에게만 주어진다.

1965년에는 톰 위커(Tom Wicker) 워싱턴 지국장에게 스카우트돼 18개월 동안 NYT 정치·의회 담당 기자로 일했다. 이듬해인 1966년 8월 그는 워싱턴포스트(WP)로 옮겼다. 다섯 번째 직장인 WP에서 그는 은퇴할 때까지 42년 동안 근속(勤續)했다. 80세이던 2009년 1월 퇴직 후에도 그는 계약직으로 2주에 1번 칼럼을 썼다. 브로더는 2011년 2월 3일 마지막 칼럼[8]을 썼고, 한 달 뒤인 3월 9일 버지니아주 알링턴(Arlington)의 한 병원에서 삶을 마감했다. 사망 원인은 고령에 따른 당뇨 합병증이었다.

그는 1940년대 중반 대학 시절부터 65년 넘게 오직 '신문기자'를 천직(天職)으로 삼았다. 그것도 대부분을 정치부 기자로 보냈다. 그러면서 1960년부터 2008년까지 13차례 미국 대통령 선거를 취재했다. 브로더는 WP에만 4,000여 편의 칼럼을 썼다. 그가 쓴 칼럼들은 미국 내 308개 신문에 신디케이트 계약 형태로 전재(轉載)됐다.

그의 경력에서 특이한 게 두 가지 있다. 하나는 NYT에서 WP로 이직(移職)한 최초의 민완 정치부 기자였다는 점이다. 이는 WP 중흥(中興)에 나선 벤 브래들리(Benjamin Bradlee) 당시 편집국장이 우수한 기자 확보에 적극 나선 결과이다. 브래들리는 자서전에서 "나는 1965년 8월 2일 워싱턴포스트로 옮기자마자 최고의 기자들 영입에 나섰다. 데이비드 브로더는 당대 가장 뛰어난 정치담당 기자(the greatest pure political reporter of his generation)였다"고 밝혔다.[9] WP의 1965년 8월 18일자 A2면은 브로더 영입 소식을 이렇게 전했다.

'Meet the Press' 401회 출연

"WP의 정치담당 기자인 줄리어스 두차(Julius Duscha)가 스탠퍼드 대학의 새로운 전문 언론인 프로그램 부소장에 임명됐다. NYT 워싱턴 지국의 정치담당 기자였던 데이비드 브로더가 두차의 역할을 대신한다. 브로더는 '콩그레셔널 쿼털리'와 '워싱턴 스타'에서 정치 분야를 취재했다. 그의 기사는 '룩(Look)', '애틀랜틱 먼슬리(Atlantic Monthly)', '리포터(Reporter)' 같은 전국 잡지에도 게재됐다."[10]

WP로 옮겨오면서 브로더가 약속받은 연봉은 1만9,000달러로 WP 기자들 가운데 가장 많았다.[11] 입사한 지 한 달 만인 1965년 9월 20일자부터 브로더는 '정치 행렬(Political Parade)'이라는 문패를 달고 매주 화요일 고정 칼럼을 썼다. 언론사에서 현장 취재 기자가 고정 칼럼을 동시에 맡는 사례는 드물다. 이는 브로더가 상당한 실력을 갖추고 있었다는 방증이다. 브로더는 이후 WP에 매주 2회씩 칼럼을 썼다.

다른 하나는 신문기자인 그가 방송에 자주 출연했다는 사실이다. 그는 미국 3대 지상파 방송인 NBC의 일요일 시사 대담(對談) 프로그램인 'Meet the Press'에 1963년 7월 7일부터 사망 직전까지 총 401회 출연했다. 이 기록은 프로그램 역사상 아직 깨지지 않고 있다.

공영방송 PBS와 NPR에도 자주 나온 그는 월터 크롱카이트(Walter Cronkite)가 진행하는 CBS 방송 프로그램에 종종 초청받아 등장했다. 브로더는 75세이던 2004년 10월부터는 '밥 에드워드 쇼(The Bob Edwards Show)'에 정치 평론가로 매주 출연했다. 사실(事實)을 전달하는 기사(reportage)와 의견(意見)을 밝히는 칼럼(commentary), 그리고 일요일 아침

| 데이비드 브로더가 쓴 저서 |

제목	공저자	출간 연도
The Republican Establishment; The Present and Future of G.O.P.	Stephen Hess	1967
The Party's Over; The Failure of Politics in America	단독 저서	1972
Changing of the Guard; Power and Leadership in America	단독 저서	1980
The Pursuit of the Presidency 1980	Washington Post staff	1980
Behind the Front Page; A Candid Look at How the News Is Made	단독 저서	1987
The Man Who Would be President; Dan Quayle	Bob Woodward	1992
The System; The American Way of Politics at the Breaking Point	Haynes Johnson	1996
Democracy Derailed; Initiative Campaigns and the Power of Money	단독 저서	2000

방송 논평(a Sunday morning pundit)까지 브로더는 '1인 3역'을 했다. '뉴요커' 지는 그를 이렇게 평가했다.

"브로더는 열심히 일하는 일간지 정치담당 기자의 플라톤적인 이상(the platonic ideal of the hardworking daily political reporter)이다. 그는 전국에 있는 공화·민주당 의회 의장은 물론 시·군의 주요 정치인들을 두루 알고 있다. 칼럼니스트로서 그는 수십 년 동안 가혹하고, 짜증날 정도로 한쪽에 치우치지 않고 중도(relentlessly, irratatingly centrist)를 걸었다. 그의 취재 방식을 브로더리즘(Broderism)이라 부를 만했다."[12]

브로더는 1967년부터 2000년까지 모두 8권의 저서를 냈는데 모두 '정치'와 관련된 책들이었다. 그는 1981년 클리블랜드 주립대학의 명예법학 박사 학위와 1984년 예일대 명예박사 학위를 비롯해 모두 16개 대학으로 부터 명예 석·박사 학위를 받았다.[13] 브로더는 2001년 1월 메릴랜드 주립대 저널리즘스쿨 교수로 선임돼 매년 '정치와 언론(Politics and Journalism)' 과목을 가르쳤다.

현장과 유권자의 목소리를 중시

데이비드 브로더가 다른 정치담당 기자들과 다른 점은 여럿인데, 가장 두드러진 특징은 그가 연방 의사당이나 정당의 당사(黨舍)에 머물지 않고 현장을 열정적으로 찾았다는 사실이다. 브로더만큼 워싱턴 DC 울타리를 벗어나 지방 주(州)정부는 물론 지역의 시(city)·읍(county) 정치까지 꿰뚫고 있는 기자는 없었다.[14]

물론 브로더도 정당, 정치인, 고위 공직자 취재에 열심이었다. 그러나 그는 취재 중심을 현장과 유권자에게 두었다. 대통령선거 또는 중간선거 때마다 중소 도시를 찾아가 일반 가정과 시민들의 목소리를 들으려 최선을 다했다. 정치인의 움직임과 민심을 숫자로 전달하는 데서 벗어나 유권자의 다양한 시선과 심경을 최대한 자세하게 파악해 정치 지형(地形)이 어디로 변할지를 진단하려 했다.[15] 미국 시사주간지 '타임(TIME)'은 1968년 당시 39세의 브로더를 이렇게 소개했다.

"그는 현란함이 아니라 정교하고 철저함으로 자신의 명성을 구축한다. 워싱턴 DC에 갇히기를 거부하는 그는 녹초가 될 정도로 지방을 돌아다닌다. 하루도 빠지지 않고 그는 정치와 함께 살고 있다(Day in, day out, he lives with politics). 이를 통해 브로더는 미국 정치의 작동 구조와 현실을 굳건하게 이해하고 있다."[16]

1980년에 출간한 데이비드 브로더의 저서
/Amazon

그의 '유권자 최우선' 접근은 1970년 10월 4일자부터 같은 달 9일자까지 WP에 5회 연재된 '혼란에 빠진 유권자들(The Troubled Voters)'이라는 기사에서 확인된다. 이 시리즈는 '비관적인 미국이 미래를 의심하다(A pessimistic America questions its future)'라는 부제를 달았다. 그의 50년 지기(知己)인 헤인스 존슨(Haynes Johnson) 기자가 1회와 2회를, 데이비드 브로더가 3회와 5회를, 4회는 두 사람이 공동으로 썼다. 브로더가 쓴 기사의 구절들이다.

"영웅이 없는 국가에서는 리처드 M. 닉슨 대통령이 왕이다. 잠시 샌드라 피셔(Sandra Fisher)의 이야기를 들어보자. 그녀는 조용하고 유쾌하면서도 사려 깊은 25세 여성이다. 토요일 오후, 그녀는 인디애나폴리스 남쪽의 집 앞마당에서 멋진 가을 하루를 즐기고 있다. 남편은 공장 노동자인데 다섯 아이를 양육하기 위해 밤에는 목수로 일한다. 취재팀이 정치적 소견을 물으려고 집을 찾아갔을 때, 그는 일하러 나가 집에 없었다."[17]

분명히 정치 기사이지만 문장 맨 앞에는 정당이나 정치인이 아니라 평범한 유권자 시민이 나온다. 정당 내부의 역학 관계와 파워 게임, 여론조사 결과를 갖고 쓰는 방식이 아니라 유권자를 중심에 놓고 정치와 정당, 선거의 흐름과 의미를 분석하고 조망·전달하는 방식이다.

정치인 아닌 유권자에 초점

기사 안에서 닉슨 대통령에 대한 인상을 묻는 기자의 질문에, 샌드라 피셔는 "지금은 그를 좋아한다. 특히 몇몇 기자회견에서 그러했다. 연단이나 메모도 없이 꼿꼿이 서 있는 모습이 정말 강한 인상을 줬다. 그런 모습은 그가 강인함을 가졌음을 보여준다. 베트남과 캄보디아 정책에서도 그를 지지한다"고 했다.

피셔에 뒤이어 나오는 57세 남성도 오랜 민주당 지지자인데 닉슨에게 호감을 갖고 있다. 최근 20년간 미국이 당면한 문제들을 다룬 닉슨에게 믿음이 간다는 이유에서다. 브로더는 "닉슨 대통령에 대한 강력한 비판이 없다는 사실이 역설적으로 그의 정치적 힘을 보여준다"고 썼다. 기사는 이어진다.

"주부이면서 공화당원인 재닛 레이델은 '지난 선거에서 닉슨에게 투표했다. 이유를 말하자면 후보자 2명 중 그가 덜 사악하기 때문이다'고 했다. 클리블랜드의 민주당 지지자인 45세 스탠리 코발스키는 '우리는 변화를 필요로 한다고 생각했지만 사정이 개선되지 않았다'고 했다."[18]

이런 식으로 브로더는 워싱턴 DC 밖에서 만난 유권자의 속마음이 어떻게 달라지고 있으며, 이들의 선택으로 정치 구도가 어떻게 달라질지를 진단했다. 브로더는 이 기획 시리즈를 위해 헤인스 존슨 기자와 함께 10개 주(州)를 돌며 200명의 유권자를 인터뷰했다.[19]

그는 시리즈의 세 번째 기사에서 13명의 취재원을 모두 실명(實名)으로 등장시켰다. 브로더는 유권자의 발언을 겉핥기식으로 처리하지 않고 속마음을 알아볼 수 있게 표정과 동작, 심리상태까지 자세히 묘사했다. 유권자의 생각과 표정을 접한 독자들은 동질감을 느끼면서 기사에 더 몰입한다. 기사는 현장감과 가독성이 높아지고, 시간을 할애해 인터뷰를 한 유권자들은 자신의 의견이 기사에 자세히 반영돼 언론과 기자를 더 신뢰하게 된다.[20]

브로더는 '워싱턴 스타' 정치부 근무 때부터 이런 방식을 썼다. 입사 2년 선배인 헤인스 존슨과 함께 그는 1964년 '미국의 분위기(The Mood of America)'라는 기획 기사를 게재했다. 두 사람은 1971년 12월 12일부터는 8회에 걸쳐 WP에 '정치인들과 국민(The Politicians and the People)'이란 기획 시리즈를 실었다.[21] 2개월 동안 미국 8개 주의 선거구 27곳을 정해놓고 유권자 집을 찾아가 사람을 직접 만나 발품 팔아 한 취재(old-fashioned shoe-leather reporting)였다.

그는 바닥 민심을 현장에서 확인하는 '유권자 인터뷰(voter interview)'와 여론조사를 번갈아 활용했다. 유권자 인터뷰가 개별 나무들을 세밀하게 보여주는 취재 방법이라면, 여론조사는 숲 전체를 보여준다. 두 방법을 접목함으로써 브로더의 정치 기사는 수준 높고 정확해졌다. 그는 자신의 취재 방식을 이렇게 설명했다.

"선거 캠페인의 바람을 정확하게 재기 위해서는 후보로부터 떨어져 나와 유권자 속에 파고들어야 한다. 선거운동을 보도하는 최선의 방법은 기자가 어느 한 지역에 오래 머물러 누가 어느 후보를 왜 좋아하는지를 캐내는 것이다. 그것은 문자 그대로 여론조사가 아니라 사실(事實)을 알리는 보도행위다. 이런 작업이 만족하게 이루어지면 특정 선거의 내용과 방향을 정확하고 폭 넓게 알 수 있다."[22]

매일 서울~부산 거리 취재차 이동
브로더는 이어서 말했다.

"나는 선거 때만 되면 미국 전역의 작은 도시를 찾아 모텔과 간이음식점 그리고 찬바람 부는 길거리를 수없이 돌아다녔다. 비록 힘들긴 해도 발로 걸어 다니면서 집집마다 유권자들의 이야기를 듣는 낡은 방식만큼 보람 있고 유익한 취재방식이 존재하지 않는다는 사실을 나는 터득했다."[23]

그는 기자실 안이나 동행 취재 기자들의 단체 버스 안에 갇혀 있기를 거부했다. 스스로 갈 곳을 정해 매년 평균 10만 마일을 이동했다. 이는 매년 서울~부산 거리(약 400km)를 400번 정도, 즉 하루에 한 번 넘게 다닌 꼴이다.

이런 식으로 브로더는 매년 25만 단어 정도의 기사를 썼고, 그가 쓴 기사의 정확성과 예측력은 상당했다. 일례로, 그는 1980년 11월 대통령 선거에서 로널드 레이건(Ronald Reagan)이 지미 카터(Jimmy Carter)를 꺾고 당선될 것이라고 일찌감치 예상했다.[24] 1974년 리처드 닉슨(Richard Nixon)

이 더 이상 버티지 못하고 대통령직에서 물러날 것이라고 그는 내다봤다. 1994년 11월 중간 선거에서는 40년 만에 공화당의 연방 상·하원 탈환을 예상했고, 이는 그대로 적중했다.

직속 상관이었던 레오너드 다우니(Leonard Downie Jr.) 전 워싱턴포스트 편집인의 말대로 브로더는 특종 기자(scoop artist)가 아니었다. 그는 미국 정치의 큰 그림과 구조 변화, 흐름을 조망·분석하는데 뛰어났다.[25] 브로더는 이런 취재 방식을 70대 중반까지 계속했다. 2004년 7월 미국 공영 방송 NPR에 출연해서 그는 이렇게 말했다.

"나이가 들수록 유권자를 찾아가 문을 두드리는 게 더 쉬워진다. 많은 사람이 내게 미안함을 느끼니까. '이렇게 불쌍한 노인이 있나. 그 나이에 문을 두드리고 다닌다니…'라고 여긴다. 날씨가 좋지 않으면 차(茶) 같은 거라도 한잔 하자면서 집안으로 초대하기도 한다."[26]

우정보다 직업정신 중시해

워싱턴포스트(WP)는 그의 사망 직후 "데이비드 브로더, 정치 보도의 '황금률'을 남겨두고 사망하다"는 제목의 기사를 내보냈다.[27] 그가 남긴 황금률(gold standard)은 무엇일까? 그것은 "정치부 기자들은 정치권력의 내부자가 되는 것을 경계해야 한다. 내부자의, 내부자에 의한, 내부자를 위한 취재(coverage OF the insiders, BY the insiders and FOR the insiders)가 돼서는 안 된다"는 문장으로 요약된다. 브로더는 이 황금률을 자신부터 지켰다. 이를 보여주는 일화가 있다.

1988년 11월 실시된 41대 미국 대통령 선거를 11개월쯤 앞두고 공화당의 유력 대선 주자인 조지 H. W. 부시는 1987년 12월 13일 NBC 방송의 일요일 시사프로인 'Meet the Press'에 출연했다. 맞은편에 나온 데이비드 브로더가 질문을 던졌다. "의료보험에 가입하지 못한 미국인들이 얼마나 많은지, 또 얼마나 많은 아이들이 가난으로 고통 받고 있는지 당신은 알고 있소?"

조지 H. W. 부시는 날카로운 물음에 구체적으로 답변을 못한 채 "미국은 세계 최고의 의료 시스템을 갖추고 있다"고 대충 얼버무려 큰 창피를 당했다. 브로더는 당시 질문에 대해 "예일대 등을 졸업하고 상류층에서 부유하게 산 부시가 평범한 미국 서민들의 현실을 얼마나 이해하고 있는지 검증하고 싶었다"고 말했다.

그런데 브로더와 부시 두 사람은 매우 친밀한 사이였다. 브로더의 동료였던 루 캐논(Lou Cannon) 기자는 "브로더는 부시와 매우, 매우 가까운 관계였다(He was very, very close to George H. W. Bush)"고 했다. 다른 동료인 다니엘 발즈(Daniel Balz) 기자도 "브로더는 부시를 존중했다(He did have a great deal of respect for the decency of H. W. Bush)"고 밝혔다.

브로더는 그러나 대통령 선거를 앞둔 결정적인 순간에 친구와의 우정(友情)보다 기자로서의 직업정신(職業精神)을 선택했다. 그는 1987년 저서에서 공사(公私)를 준별(峻別)하는 소신을 이렇게 피력했다.

"나는 취재 대상인 정치인들과 저녁을 함께 하거나 술을 먹는 등의 대접을 피해오고 있다. 몇 년 전 20년 동안 사귀어온 공화당 정치인이 대통령 출마 의사를 비쳤을 때, 그가 다소 거만하다고 느낄 정도로 나는 '그의 정치적 야심과 나의 직업적인 책임감 때문에 더 이상은 당신과 사적인 점심이나 긴 대화를 않겠다고 통고한 적이 있다. (중략) 대통령이나 그 밑의 중요 정치인들은 기자들을 초청하거나 선물을 주면서 유혹하고 있다. 기자들이 이들의 미끼를 받아먹으면 그만큼 중립성을 상실한다."[28]

키신저와의 인터뷰 박차고 나가

소명의식(召命意識)에 투철하고 기자로서 자존감을 중시하는 그의 자세는 1975년 헨리 키신저(Henry Kissinger) 국무장관을 칼럼으로 비판한 전후(前後)에서도 드러난다. 칼럼이 나가자, 키신저는 브로더를 초청해 자신의 동기(動機)를 설명하면서 칼럼이 자신의 뜻을 왜곡하고 대통령과의 관계를 훼손했다고 따졌다. 브로더가 취재수첩을 꺼내서 내용을 적기 시작하자, 키신저는 "지금 대화는 인터뷰가 아니며 진상(眞相)을 이해하도록 도우려는 자리"라고 했다.

그러자 브로더는 "당신과 나는 사적(私的)인 관계가 없다. 내 칼럼이 잘못됐다고 당신이 지금 말했다. 칼럼이 잘못됐고 또 그렇게 당신이 느낀다면, 나는 내 칼럼을 읽은 독자와 당신의 주장을 공유하고 싶다"고 했다. 키신저가 "취재원을 숨기지 않으면 대화를 이어갈 수 없다"고 하자, 브로더는 "그렇다면 대화를 더 이상 할 수 없다"며 자리에서 일어섰다.[29]

2년 후인 1977년 제럴드 포드(Gerald Ford) 대통령이 재선에 실패함에 따라 야인(野人)이 된 키신저는 브로더를 우연히 만난 자리에서 "이 사람이 워싱턴포스트의 데이비드 브로더입니다. 내가 메모하지 못하게 하자 자리를 박차고 나갔죠(This is David Broder of the Washington Post. He walked out on me when I stopped his taking notes)"라고 지인에게 소개했다. 브로더는 "이 일이 기억에 오래 남는다. 내 묘비에 '키신저와의 자리를 박차고 나갔다'고 쓰면 좋겠다"고 했다. 그는 이렇게 말했다.

"30년 이상 서로 다른 매체 다섯 곳에서 기자로 일하면서 나는 기사를 쓰는 유일한 방법은 '올바로 취재하는' 길뿐임을 배웠다. 다시 말해 가능한 한 인간적인 접근을 통해 최대한 많은 사람들과 함께 시간을 보내고, 상대방이 허락한다면 최대한 많은 질문을 던지고, 묻지 않은 상태에서는 어떻게 진행되고 있는지 아는 체 하지 말아야 한다(never to assume I know what is going on without asking)는 진리를 터득했다."[30]

'패거리 저널리즘' 비판

브로더는 '도당(徒黨) 저널리즘(clique journalism)'도 경계했다. 도당 저널리즘은 기자들이 특정 정당 또는 일부 정치인들과 긴밀한 관계를 유지하면서 한 패거리가 돼 내부자 그룹의 일원으로서 기사를 쓰는 것을 뜻한다. 그는 1979년 워싱턴 DC 내셔널프레스클럽 연설에서 "신문기자가 취재원과 한 편이 돼 '도당 저널리즘'에 빠질 경우, 언론은 대중을 봉사하는 기능에서 벗어나 시민들로부터 멀어진다"고 지적했다.

1988년 권위 있는 언론상인 '제4부 상(the Fourth Estate Award)' 수상 연설에서 브로더는 "왜 수많은 정치부 기자들이 정치권력의 내부자가 되지 못해 안달인지 나는 이해할 수 없다"며[32] 전·현직 기자들을 꼬집었다. 그는 선거기간 중 유권자를 외면하고 후보들을 만나는 데 더 열중하는 정치부 기자들에게 비판적이었다. 정치부 기자들은 후보 캠프에서 제공하는 전세(傳貰) 버스를 타고 이동하며, 대부분의 시간을 후보나 캠프 관계자, 동료 기자들과 보냈다.

| 데이비드 브로더의 1973년도 퓰리처상 수상 칼럼들[31] |

칼럼 제목	게재 월일(1972년)
Muskie's Self-Discipline	2월 28일
Pompons or Politics?	3월 6일
HHH at End of Trail	6월 5일
McGovern's Radicals	6월 19일
Nixon's Party Feat	8월 21일
Just a Touch of Talent	9월 18일
The President's Shield	9월 30일
Bumper Strip Sagacity	10월 9일
Voting for Immobility	11월 4일
Man of the Year; Wallace	12월 30일

이는 길거리 민심에 둔감한 '집단 저널리즘(pack journalism)'과 기자들만의 '집단사고(group thinking)'로 이어지기 십상이다. 동시에 이는 선거기간 중 빗나간 예측 보도를 낳는 주범(主犯)이 됐다. 브로더는 1987년 저서 〈Behind the Front Page〉의 마지막 장 '언론인의 가치관(A Journalist's Values)'에서 '기자'라는 직업을 이렇게 규정했다.[33]

"기자라는 직업은 보람도 많지만 희생과 위험도 상당하다. 심한 경우 많은 종군기자들처럼 총에 맞아 죽을 수도 있다. 기자들은 분노한 시민, 경찰, 정부 관리들 앞에서 쫓기는 수모를 당한다. 기자의 인생은 비연속적이고 비조직적이다. (중략) 기자도 가족과의 유대, 친구와의 우정, 인종과 종교와 국가적 충성심 그리고 정당이나 정치 및 사회적 견해 등에 개인적인 유혹을 받고 있다. 그러나 기자는 직업적 소명에 의해 자신을 정의하고 그러한 목표를 최상으로 발휘함으로써 스스로의 갈등을 훌륭하게 해소하고 있다."

기자는 참여자 아닌 구경꾼

브로더는 그러면서 "기자는 참여자가 아니라 영원한 구경꾼"이라는 직
업적 숙명을 일깨운다.

"기자들은 언제나 천성적으로 국외자(outsiders)의 입장에 서 있다. 개인이나
단체 또는 국가가 위대한 성취의 순간을 맞이할 때, 기자는 축제의 당사자가
아니라 관전자(觀戰者)가 된다. 비극적인 사건이 터졌을 때, 어린아이가 물에
빠졌을 때, 대통령이 암살되었을 때, 한 도시가 불에 타고 있을 때 기자들은
감정을 함께 나누지 못하고 기록만 하고 있다. 친구와 이웃과 고향과 조국의
심오한 경험으로부터 기계적으로 일정한 거리를 두는 기자생활을 선택하려면
조금은 독특하고 괴팍한 성격을 지녀야 한다. 인간이 최초로 달에 착륙하는
장면을 중계한 월터 크롱카이트, 존스타운 인민사원의 참혹한 자살 소동을
찍은 프랑크 존슨, 히로시마 원폭 투하의 비극을 묘사한 존 허시는 인간이
본능적으로 기뻐하거나 고통을 느낄 때 가장 냉정하고 절제된 행동을 보여준
모범적인 기자들이다."[34]

이런 맥락에서 브로더는 부통령 후보 추대 소문이 나돌았던 CBS의
유명 앵커맨 월터 크롱카이트(Walter Cronkite)의 발언을 소개하면서, "언
론인은 정치에 발을 들여놔서는 안 된다"는 입장을 분명히 했다. 브로더
가 전한 말이다.

"정치에 발을 들여놓아서는 안 되는 직업이 있다고 가정할 때, 신문 기자가 최우선으로 꼽혀야 하며 TV 뉴스 앵커맨은 신문기자에 비해 두 배나 더 정치에 가담해서는 안 된다. 기자에 대한 신뢰는 그가 지니고 있는 진실성에 있다. 어느 정당의 정치적인 캠페인과 정강(政綱)을 위해서 직업을 바꿔 그가 지녔던 신뢰성을 사용하는 것은 어느 의미에서 그가 지금까지 쌓아온 기자적 신임(信任)을 타락시키는 것이다."[35]

2011년 4월 5일 미국 워싱턴DC 내셔널프레스클럽에서 열린 데이비드 브로더 영결식 안내장 / Wikimedia Commons

실제로 브로더는 정치권으로부터 수차례 대변인이나 고위 관료 제안을 받았지만 매번 거부하고 언론인으로 남았다. 그래서 많은 기자들과 정치인들로부터 브로더는 강직하고 고지식할 정도로 올곧은(a straight arrow) 기자로 불렸다.

'정치부 기자'라는 평생 천직(天職)

브로더는 그러면서 기자라는 직업의 한계를 인정해야 한다며 겸허한 자세를 보였다. 그는 1973년 퓰리처상 수상 연설에서 "취재원과의 관계나 마감시간으로 인해 뉴스가 첫 보도부터, 그리고 언제나 완벽하기는 힘들다는 점을 인정하는 겸손이 필요하다. 신문은 커다란 편견을 제거하려는 우리들의 노력에도 불구하고 부정확하며 성급하며 단점이 있고 불완전하다. 뉴스가 더 정확한 수준에 이르려면 기자가 매일, 매순간 최선을 다해야 한다"고 했다.[36]

브로더는 무엇보다 '정치 행위'를 사랑했고, 정치담당 기자로서 기사 취재·작성에서 만족과 보람을 느꼈다. 동료 및 후배 기자들은 "브로더가 우리에게 정치 기사를 어떻게 취재하고 보도할지를 가르쳐 줬다"고 입을 모았다. 그는 평생 정치에 몸을 담그지 않았지만 누구보다 정치를 열심히 관찰했고 좋은 정치를 바랐다.

그가 이례적으로 NYT에서 WP로 옮긴 것은 하나의 이유, 정치 기사를 더 자유롭고 왕성하게 써서 '정치부 기자'라는 천직(天職)을 제대로 수행하기 위함이었다. NYT 기자 출신인 게이 탈레이즈(Gay Talese)는 브로더가 NYT를 그만두는 과정을 이렇게 기록하고 있다.

"브로더가 속했던 워싱턴 지국은 내셔널부(National Desk) 소속인데, 본사가 있는 뉴욕부(New York Desk)와 자주 갈등을 빚었다. 일례로, 케네디 일가가 뉴욕에 살면서 정치 중심지인 워싱턴 DC를 왕래할 경우, 어느 부서가 취재를 맡을 것인가가 쟁점이었다. 워싱턴 DC에 거주하는 린든 존슨 대통령이 뉴저지주의 프린스턴(Princeton)에서 연설할 때, 내셔널부와 뉴욕부가 대립했다. 뉴욕부는 존슨 대통령의 연설 행사를 취재하려는 브로더의 프린스턴행(行)을 가로막았다. 그 보복으로 존슨 대통령이 아칸소주의 핫 스프링스(Hot Springs)에서 연설하자, 내셔널부는 뉴욕부 기자의 취재 방문을 봉쇄했다. 브로더가 핫 스프링스발(發) 출장 기사를 써서 송고하자, 뉴욕부는 초판 신문에만 실었다가 시내판에서 삭제했다."[37]

이런 관료주의와 불필요한 경쟁에 브로더는 좌절과 피곤을 느끼던 차, 벤 브래들리 편집국장의 제안을 받고 WP로 옮겼다. 그는 NYT 간부에게 전한 8쪽에 가까운 메모에서 NYT에 대한 불만과 인상(印象), 정치 보도 등에 대한 의견을 밝혔다. 브로더를 끌어들이기 위해 브래들리는 "그를 연애하듯 만나 설득했다"고 밝혔다. 두 사람은 고급 프랑스 식당이 아니라 커피숍에서 주로 만났다. 브래들리는 "브로더는 장식하거나 꾸며서 에둘러 말할 줄 모르고 직설적인 커피숍과 같은 사람(a coffee-shop kind of man)이었다"고 밝혔다.[38]

학자보다 더 진지하고 존경받은 기자

브로더는 WP에서 마음껏 취재해 쓰는 자유를 누렸다. 원하는 곳을 찾아갔고, 주제와 방식을 정하는 재량도 가졌다. 이는 NYT에 있었다면 불가능한 것들이었다.[39] 미국 의회정치 연구의 권위자인 로스 베이커(Ross K. Baker) 럿거스대 교수는 "데이비드 브로더는 정치학자들보다 정치 분석을 더 잘하고, 더 진지한 기자였다"고 말했다.

1968년 가을부터 1년 동안 하버드대 케네디스쿨에서 방문연구원(Fellow)으로 보낸 직후 브로더는 〈The Party's Over: The Failure of Politics in America〉라는 단행본을 내는 등 모두 8권의 저서를 냈다. 학구적이고 부지런했던 그는 이 책에서 "정치에 대한 미국인들의 집단적 무관심을 깨는 치료법은 미국의 양당 제도를 개혁해 다시 정치 시스템이 잘 가동되도록 하는 것"이라고 주장했다.[40]

1968년 37대 미국 대통령 선거를 앞두고 브로더는 당시 리처드 닉슨 공화당 대선 후보가 러닝메이트로 스피로 애그뉴(Spiro Agnew)를 임명할 것이라고 특종 보도했다.[41] 그는 2008년 대선을 앞두고는 민주당 대통령 후보 경선에서 버락 오바마의 승리를 최초로 예측했다. 현안에 대한 깊이와 통찰력은 물론 취재력도 뛰어났다는 얘기이다. 브로더가 세상을 떠난 지 4년이 된 2015년 3월 9일 워싱턴포스트는 '데이비드 브로더라면 2016년 대선 보도를 어떻게 할까?(What would David Broder think of the 2016 presidential campaign?)'라는 기사를 실었다.[42] 시카고대 정치연구소 (Institute of Politics)는 2017년에 '언론과 압력; 2017년의 정치 저널리즘'이라는 제목의 세미나를 열어 동문인 데이비드 브로더의 공적을 기렸다.[43]

온라인 기사·동영상에 솔선수범

2011년 4월 5일 워싱턴 DC 내셔널프레스클럽에서 열린 그의 영결식에는 가족, 지인과 도널드 그레이엄(Donald Graham) WP 회장, 조 바이든(Joe Biden) 부통령, 도널드 럼스펠드(Donald Rumsfeld) 전 국방장관 등이 참석했다.[44] 조 바이든은 이날 "워싱턴을 악의 없이, 감정에 좌우되지 않고, 핑계를 대지 않으며 취재한 기자였다"고 했고, 도널드 럼스펠드는 "다른 기자들과 달리 브로더는 술수(術手)를 부리지 않았고, 서두르지 않았다. 사려 깊었던 고인은 정치와 국민을 배려했다"고 추모했다.

브로더는 사내에서 겸손하고 솔선수범했다. 그가 67세이던 1996년 6월 17일, WP는 창사 후 최초로 인터넷 홈페이지(washingtonpost.com)를 만들고 온라인 뉴스 서비스에 나섰다. 그러나 편집국 간부와 기자들은 종이신문 취재와 기사 작성에 바쁘다는 이유로 온라인 기사 작성에 매우 소극적이었다. 더그 피버(Doug Feaver) 웹사이트 담당 에디터는 "완성된 기사가 아니라도 좋으니 몇 문장이라도 빨리 보내달라"고 요청했지만, 기자들은 가욋일이라며 협조하기를 꺼렸다.

하지만 브로더는 피버 에디터의 설명을 들은 뒤 "그게 당신이 원하는 전부냐? 그 일이라면 충분히 쉽지"라고 말하며 협조를 약속했다. 가장 존경받고 가장 연로한 기자 중 한 명인 브로더가 앞장서자, 중요 기사를 맡은 젊은 기자들도 온라인 기사를 보냈다.[45] WP가 홈페이지에 정치 코너를 신설하자, 그는 독자와 실시간 채팅(chatting)을 했고, 선거운동을 다루는 비디오 콘텐츠에 자신의 얼굴이나 음성을 내보내고 선거구 유권자 집을 찾아가 문을 두드리며 취재하는 장면을 촬영하는 데도 협조했다. WP 정치부의 다니엘 발즈(Daniel Balz) 선임기자는 이렇게 말했다.

"브로더는 어떻게 일해야 하는지에 대해 후배 기자들에게 말로 지시하지 않고 행동으로 모범을 보였다. 그리고 동료들을 늘 존중했다. 그런 자세 때문에 우리 모두는 브로더에게 계속 고마워하고 있다."[46]

브로더도 실수와 잘못을 저질렀다. 그는 여러 기업으로부터 숙소를 공짜로 제공받고 수천 달러의 강연료를 챙겼다. 이는 WP의 '기자 윤리 규정'을 위반한 행위였다. 이 사실은 '하퍼스 매거진(Harper's Magazine)' 워싱턴 지국의 켄 실버스타인(Ken Silverstein) 편집장이 자기 블로그에서 폭로하면서 드러났다.[47] 브로더는 회사 규정 위반을 인정하고 사과했다. 데보라 하웰(Deborah Howell) 옴부즈맨은 WP 칼럼에서 이 사실을 공개했다.[48]

브로더는 매년 연말에 그 해에 쓴 기사와 칼럼 가운데 실수 또는 부족

| 데이비드 브로더의 실수 칼럼들 |

제목	게재일	지면
Dear Jerk(멍청이에게)	1982년 12월 29일	A17
1986; A year of shortcomings(1986; 결점의 해)	1986년 12월 31일	A19
The Year in errors and in regrets(잘못과 후회의 1년)	1990년 12월 26일	A25
Did I write that?(내가 이렇게 썼단 말인가?)	1997년 12월 28일	C7
Bloopers 2002(2002년의 실수들)	2002년 12월 22일	B7
My '05 hits and misses(나의 2005년 성공과 실수들)	2005년 12월 29일	A23
Pratfalls and prophecies in 2006(2006년의 실수와 예언)	2006년 12월 31일	B7

했던 부분을 반성하는 '실수 칼럼(Goofs Column)'을 실었다. 사실 오류, 부정확한 예측, 잘못된 단어 사용, 반론권 미흡 같은 여러 형태가 여기에 포함됐다.[49] 2002년 12월 22일자 실수 칼럼에서는 "틀린 부분이 있어 고쳤는데 정정한 내용이 또 틀려서 다시 수정하는 새로운 기록을 세웠다"고 했다. 1982년 12월 29일자 칼럼에서는 "출처를 잘못 표기했으니 나는 저널리즘 기초과목을 다시 수강해야 한다"고 너스레를 떨었다.

겸손·검소·성실한 생활

데이비드 브로더는 수수하고 검소했다. 부인과 네 명의 아들에게 다정다감한 가장(家長)이었던 그는 주변 사람들에게도 친절했다. 잡지 '워싱토니언(Washingtonian)'의 수전 베이어(Susan Baer) 편집장은 브로더의 사망 3개월 뒤 가족을 포함한 22명으로부터 브로더에 대한 회고담을 취재해 정리했다.[50] 브로더의 직장 후배인 WP 정치부의 마랄리 슈워츠(Maralee Schwartz) 부장은 이렇게 말했다.

데이비드 브로더(앞줄 왼쪽)가 80회 생일을 맞아 2009년 6월 부인과 4명의 아들과 함께 찍은
가족 사진 / Broder Family

"브로더가 74세이던 2003년 미국 연방 의회에선 '처방약(prescription-drug) 법안' 투표가 계속 지연돼 오전 6시에야 표결이 이뤄졌다. 다른 기자들은 밤새 기다리다 지쳐 집으로 돌아갔지만 브로더는 혼자 그때까지 하원 기자실과 복도에서 현장 상황을 확인했다. 잠시 귀가했다가 오전 10시 회사에 나온 그는 자세한 과정을 기사로 썼다. 그때 브로더의 기사를 읽으면서 '그가 우리들에게 부끄러움을 안겨 주었군'이라고 생각했다."[51]

'워싱턴 스타'와 '워싱턴포스트'에서 브로더와 함께 일한 오랜 친구인 헤인스 존슨(Haynes Johnson)의 회고이다.

"브로더는 점잖고 멋진 사나이였다. 그는 유명해지려거나 튀려고 하지 않았다. 그는 어느 누구보다 정치를 열심히 챙겼고 좋아했다. 시민들의 집을 찾아가 문을 두드리며 질문을 던지는 것은 단순한 조사가 아니었다. 우리는 시민들이 하는 말을 듣길 원했다. 브로더는 그들의 발언을 정확하게 담고 적으려 최선을 다했다. 워싱턴 DC에서 열리는 파티에 가지 않았던 그는 파티를 즐기는 기자들을 경멸했다."[52]

다니엘 발즈(Daniel Balz) WP 선임기자는 "브로더는 항상 가벼운 플란넬 천으로 된 셔츠와 오래된 재킷을 입고 다녔다. TV 카메라 앞에서 멋진 옷을 입어야 한다는 생각도, 필요도 그는 느끼지 않았다. 그는 근사한 레스토랑보다 평범한 서민 식당인 올리브 가든(Olive Garden)에 가길 즐겼다"고 말했다.

'Meet the Press' 프로그램 PD인 콜레트 로니(Colette Rhoney)는 "브로더는 유권자들을 정치 과정의 핵심 부분(integral part)으로 간주하고 대우했다"고 말했다. 버지니아주 알링턴에서 30년 이웃인 켄 아델만(Ken Adelman)은 "브로더는 매번 버스를 이용해 출퇴근했고 보통 2블록 거리는 걸어 다녔다. 그는 알링턴의 글레브 로드(Glebe Road)에서 이민온 노동자들과 같은 버스를 타고 다녔다"고 했다. 가족들은 브로더가 평생 동안 기자로서 즐겁게 일했다고 회고했다. 장남인 조지 브로더(George Broder)의 말이다.

"아버지는 매년 10만 마일씩을 이동했고 많은 날을 밤샘했다. 사무실에서, 길에서, 집에서 하루에 19시간, 20시간씩 일한 적이 숱했다. 그러고선 다음날 아침방송에 출연하기 위해 새벽 5시 30분에 일어나 버스에 몸을 실었다. (중략) 프로야구팀 시카고컵스 팬인 아버지는 야구 통계와 기록을 꼼꼼하게 챙겼다. 야구에서처럼 그는 여론조사 통계와 투표 경향 분석에 매우 밝았다. 아버지 삶의 중심은 언제나 정치부 기자였다."

그는 "데이비드 브로더는 기자였습니다(David S. Broder was a reporter)"[53] 라는 한 문장으로 그의 생애를 압축했다. 4남인 마이크 브로더(Mike Broder)는 이렇게 말했다.

"자신의 일에 몰입한 아버지는 집에 있을 때도 일에 대한 열정으로 가득했다. 그는 매일 많은 신문과 잡지, 저널, 컨그레셔널 레코드(Congressional Record·의회 의사록) 등을 배달받아 읽었다. 방대한 양의 정보를 소화하는 게 그에겐 정상적인 일이었다."

미니 인터뷰 "만나서 듣거나, 통화하거나, 읽지 않은 내용은 기사 안 써"

필자는 1999년 6월 15일 워싱턴포스트(WP) 본사에서 당시 70세의 데이비드 브로더를 만나 대면(對面) 인터뷰했다.[54] 책과 자료로 사방이 가득한 그의 사무실은 대학교수 연구실 같았다.

- 하루 일정을 소개해 달라

"한 달의 절반 정도는 워싱턴 DC 바깥에서 보낸다. 유권자와 후보자가 있는 정치 현장에 있고 싶어서다. 워싱턴에 있을 때는 조찬 인터뷰를 하며, 약속이 없는 날에는 오전 9시쯤 사무실에 나와 신문이나 각종 자료를 읽으며 하루 일과를 시작한다. 특별한 스케줄이 없으면 연방 의회 의사당에 가 의원이나 보좌관을 만나 얘기를 나눈다. 퇴근시간은 오후 6시 30분쯤이다. 인터뷰나 유익한 대화를 나누기 위해 매주 10~12명쯤 만난다. 지난 5월(1999년) 캘리포니아주 새크라멘토에 이틀간 출장 갔을 때는 20명의 정치 관련 인사들을 만났다. 최소한 매일 2~3명씩 만나고, 수시로 전화통화 취재를 한다. 1960년 이후 취재차 여행한 거리를 계산해보니 매년 평균 10만 마일(약 16만km) 정도였다.”

- 70세의 고령(高齡)인데 어떻게 건강을 관리하나?
“90세까지 생존했던 부친으로부터 물려받은 유전적 요소 덕택인 듯하다. 예전에는 테니스를 치거나 속보를 했다. 3년 전부터 아내와 함께 골프를 배우고 있다. 아직 한 번도 100을 깨지 못했지만 스코어는 신경 쓰지 않는다. 정기휴가 때 퍼블릭 코스를 이용하는 정도다. 원래 담배는 피우지 않았고, 술은 와인 몇 잔 정도만 한다.”

- 훌륭한 기자의 자질이라면?
“무엇보다 호기심이 넘쳐야 한다. 선입견 없이 열린 마음으로 정치현상을 정확히 이해하고 풀어서 독자들에게 설명, 전달하는 게 요체이다. 예측하거나 분석·강조하는 것은 바람직하지 않다. ‘사실(事實)분석’이 더 중요하다. 정치학·경제학·역사학 등 대학시절 한 분야를 깊이 공부하거나 외국어를 많이 배워두었다면 유능한 기자로 성장할 가능성이 더 높다.”

- 취재나 칼럼 작성시 특별한 원칙을 갖고 있나?
“만나거나 통화하지 않거나 자료를 읽지 않은 내용은 결코 기사나 칼럼으로 쓰지 않는다는 원칙 하나이다. 또 미국 헌법이 규정하고 있는 미국의 정신에 충실하고자 한다. 사적(私的) 희생에도 불구하고 공직에 출마해 봉사하려는 정치인들의 용기를 존경한다. 최소한 미국 사회에서 그들에 대해 냉소적 시각을 가질 필요는 없다.”

- 존경하는 언론인은? 신문의 미래는 어떻게 생각하는가?

“월터 리프먼과 월터 크롱카이트이다. 리프먼은 여러 수준의 정부 관리들과 접촉해 미국 언론의 진수(眞髓)를 보여주었다. TV 분야에서는 크롱카이트가 으뜸이다. 인터넷의 도전에도 불구하고 신문의 미래는 밝다고 본다.”

아서 옥스 펀치 설즈버거

Arthur Ochs 'Punch' Sulzberger·1926~2012

미국 뉴욕 출생

컬럼비아대 학사(역사·영문학 전공)

1953년 밀워키 저널 기자

1963~92년 NYT 발행인

정직과 전략 경영으로 성공

뉴욕타임스(NYT)는 2023년 6월 기준 988만 명의 유료 구독자를 갖고 있다. 이 가운데 디지털 유료 구독자는 919만 명으로 전체의 90%를 넘는다. 세계 미디어 업계의 전반적인 불황을 역류하듯 NYT는 2016년부터 매년 흑자를 내고 있다.[1] 2022년도 매출액(23억832만 달러)은 1년 전(20억7,487만 달러)보다 11% 늘어 두 자릿수 성장을 이어갔다.[2]

지배 구조 측면에서도 NYT는 1896년부터 옥스-설즈버거(Ochs-Sulzberger) 가문이 130년 가까이 '오너 경영'을 해오고 있다. 월스트리트저널(WSJ), 워싱턴포스트(WP), LA타임스 같은 유력 미디어 기업의 대주주가 최근 10~20년 사이에 바뀐 것과 대비된다.

34년 재임하며 회사 250배 키워

NYT의 승승장구는 저널리스트들과 오너 가문의 합심의 산물이다. 그 가운데 초석(礎石)을 놓은 인물로 아서 옥스 펀치 설즈버거(Arthur Ochs 'Punch' Sulzberger·1926~2012) 발행인을 빼놓을 수 없다. 어렸을 때 이름인 '펀치(Punch)'를 따서 '펀치 설즈버거[3]라는 애칭으로 불린 그는 A. G. 설즈버거 현 뉴욕타임스 발행인 겸 회장의 직계 할아버지이다.

NYT 역사상 최연소인 37세이던 1963년 발행인 겸 사장(CEO)에 취임해 1992년 물러난 그는 29년 재임기간 동안 1,000만 달러 정도이던 회사의 매출을 17억 달러로 170배 늘렸다. 그가 회장직까지 사퇴해 경영에서 완전히 손을 뗀 1997년도 당시 NYT의 매출액은 25억 달러였다. 20세기 미디어 기업 경영자를 통틀어 그를 능가하는 실적을 낸 이는 없다. 그가 CEO와 회장으로 재임하고 있는 동안, 뉴욕의 지방 신문이던 NYT는 세계 최고 권위의 미디어 기업으로 환골탈태했다.

취임 초만 해도 그가 이런 평가를 받으리라고는 아무도 예상하지 못했다. 학창 시절 '지적(知的) 능력 미달자'로 제대로 경영수업도 받은 적 없는 그에 대해 우려하는 시선이 가득했다. 초중고 시절 펀치 설즈버거는 성적 부진으로 뉴욕 시내 사립학교들을 전전(輾轉)했다. 문장과 철자(綴字)를 제대로 읽거나 쓰지 못하는 난독증(難讀症) 환자였던 탓이다. 그는 17세에 미국 해병대에 하사관으로 자원입대하면서 "책임 있는 인간으로서 맡은 일을 잘 해낼 수 있다는 기쁨을 처음 맛봤다"고 했다.

제대 후 뉴욕에 있는 컬럼비아 대학에 진학한 펀치는 1950년 6월 한국에서 6·25전쟁이 터지자 군에 재입대해 한국 판문점 공보장교와 더글러스 맥아더 주한 UN군 사령관의 비서 등으로 17개월 복무했다. 26세이던 1952년 NYT 수습기자로 입사했으나 '오너 가족은 다른 회사에서 근무해야 한다'는 가문의 불문율(不文律)에 따라 이듬해 '밀워키 저널(Milwaukee Journal)'로 옮겨 11개월간 사회부 기자로 일했다. 그곳에서 그는 시청 담당 기자로 부음 기사 등을 썼다.

지적 능력과 저널리즘 감각 결핍

NYT 외신부에 복귀한 그는 파리와 로마 지국 근무를 거쳐 1955년 발행인 보좌역이 됐다. 그러나 NYT 후계자로는 그의 큰 자형(姉兄)인 오빌 드라이푸스(Orvil Dryfoos)가 내정된 상태였다. 펀치 설즈버거는 30세 초반의 젊은 나이에다 낮은 지적 능력, 파리 지국 근무 시절 이혼(離婚)에 따른 불안한 가정생활, 기자(記者)로서 감각 부족 같은 단점만 수두룩했다.

한 예로 1954년 어느 주말, 파리 지국 소속 기자이던 펀치 설즈버거는 파리 교외에서 열린 르망(Le Mans) 자동차 경주(競走)대회를 찾았다. 그날 대회 현장에서 83명이 즉사(卽死)하는 사고가 발생했는데도, 펀치는 한 줄의 기사는커녕 사고 발생 사실을 전화로 보고조차 하지 않았다.[4] 뉴스 취재에는 관심과 소질은 물론 존재감도 없는 무골호인(無骨好人)이라는 평가가 회사 안팎에 퍼졌다.

반대로, 드라이푸스는 다트머스대 졸업 후 뉴욕증권거래소에 다닌 엘리트 금융인이었다. 그는 아서 헤이즈 설즈버거(Arthur Hays Sulzberger·펀치 설즈버거의 아버지, 약칭 AHS) 발행인 겸 회장의 장녀인 마리안 설즈버거(Marian Sulzberger)와 결혼해 1942년 NYT에 입사했다.

1957년부터는 AHS를 대신해 사실상 경영을 맡았고, 4년 후인 1961년 4월 49세에 발행인에 취임했다. 그 무렵 펀치 설즈버거는 회사 건물 안에서 고장난 곳을 수리하느라 대부분의 시간을 보냈다. 학창 시절부터 부품과 기계에 관심이 많았던 그는 NYT 본사 건물의 통풍과 환기, 에어컨 시스템을 공부하며 고장난 배관시설 등을 찾아다녔다.

펀치 설즈버거 스스로도 "당시 나는 NYT 안에서 책임 있는 일을 맡지 못했다. 어느 누구도 나에게 의미 있는 일, 해볼 만한 일을 주지 않았다"고 말했다.[5] 그러나 그에게도 장점은 있었다. 사환(copy boy)으로 NYT에 입사해 45년 동안 근무했고 1989년 편집국장으로 퇴임한 아서 겔브(Arthur Gelb)는 펀치 설즈버거의 20대를 이렇게 증언했다.

"1952년 훈련 과정의 일환으로 뉴욕 시청 담당이던 나는 26세의 펀치와 2주일 동안 같이 일했다. 첫날 나는 업무시작 시간인 오전 10시에 맞춰 나왔는데 이미 펀치는 출근해 있었다. 다음날 아침엔 9시 45분에 도착했는데, 그날도 펀치는 나와 있었다. 세 번째 날에 나는 9시 정각에 도착했다. 그 시간에도 펀치는 이미 출근해 있었다. 마침내 나는 포기하고 다시 내 정상적인 업무시간으로 되돌아왔다."[6]

오빌 드라이푸스가 과로와 스트레스로 취임 2년 만인 1963년 5월 하순 급사(急死)하자, 펀치의 부모인 AHS 부부는 26일 동안 후임 발행인을 임명 못하고 고심을 거듭했다. 제대로 된 경영자 훈련을 받지 못한 펀치 설즈버거가 발행인이 됐을 경우 회사를 잘 이끌 것이라는 확신이 없었던 탓이다. 두 사람은 오빌 드라이푸스가 적어도 15년 정도는 NYT 경영을 맡을 것으로 봤다. 회사 안에서 펀치 설즈버거의 능력을 높이 평가하는 이는 거의 없었다.[7]

자형 급사로 37세에 최연소 발행인 돼

AHS 부부는 막역한 친구인 조지 우즈(George Woods) 전 세계은행 총재와 애머리 브랫포드(Amory Bradford) 총괄전무, 존 오크스(John Oakes) 논설실장을 발행인 후보로 검토했다. NYT 임원으로 경영에 관여하던 펀치의 둘째 누이인 루스(Ruth) 설즈버거, 워싱턴 지국장 겸 칼럼니스트로 AHS 부부의 총애를 받던 제임스 레스턴(James Reston)도 물망에 올랐다.[8] 상당수 지인들은 펀치 설즈버거를 발행인으로 임명하되 누군가를 사장 겸 공동 발행인(co-publisher)으로 하거나 섭정(regent) 대리인을 지명해야 한다는 의견을 냈다.

펀치의 생모(生母)인 이피진 옥스 설즈버거 여사는 자서전에서 "3주일 넘게 나와 남편은 대안들을 검토했다. 우리는 가능하다면 NYT를 가족 기업으로 유지하고자 했다. 숙고 끝에 우리는 도박(gamble)하는 심정으로 아들을 새 발행인으로 지명했다"고 밝혔다.[9]

펀치 설즈버거도 언론사 운영과 인물에 관한 기본 교육은 받고 있었다. 그를 가르친 스승은 나중에 NYT의 초대 편집인(executive editor)이 된 미시시피주 출신의 터너 캐틀리지(Tuner Catledge) 당시 편집국장이었다. 캐틀리지는 펀치에게 편집국 운용과 뉴스 취재, 편집, 인물 등에 대한 의견과 정보를 공유했다. 펀치는 캐틀리지를 '두 번째 아버지' 또는 '교수'라 부르며 따랐다.[10]

펀치는 군 장교 출신답게 정리정돈을 잘했고, 줄과 각이 서 있는 옷차림을 했다. 은행원들처럼 회색 또는 진한 감색의 보수적인 정장을 즐겨 입었고, 넥타이는 튀지 않는 색깔을, 구두는 확실하게 광을 낸 검은색을 주로 착용했다.[11]

하지만 펀치가 발행인에 취임했을 무렵, 주변 상황은 최악이었다. 미국 국내에서는 베트남 전쟁 반대 시위와 인종 차별 관련 폭력 사태가 난무했고, 회사 내부는 1962년 12월부터 이듬해 3월까지 114일간 계속된 최장기 파업 후유증으로 사기(士氣)가 가라앉아 있었다. 장기 파업이 끝난 지 두 달 조금 지난 1963년 6월 20일 발행인에 취임한 펀치는 취임과 거의 동시에 14층 발행인실에서 3층 편집국으로 내려와 인사를 나누었다. 기자들과 에디터들은 그의 갑작스런 방문에 놀라면서도 반가워했다.[12]

펀치 설즈버거는 대다수 미디어 기업 경영자들과 달랐다. 어렸을 때부터 부자, 유명인, 권력자들 사이에서 성장한 펀치는 그들을 아이콘(icon)이 아니라 평범한 사람들로 봤다. 실제로 부모와 함께 살던 그의 집에는 소년 시절부터 각국의 총리와 기업 최고 경영자, 군장성, NYT의 고위 임원, 탐험가 같은 유명인들로 붐볐다. 아침·저녁 식사 자리에선 NYT의 과거와 현재 얘기를 수시로 들었다. 그렇기에 펀치는 'NYT 발행인'이라는 자리의 중압감에 짓눌리지 않았다. 부자와 권력자들에 대한 언론인 특유의 편견도 없었다.

뉴욕 맨해튼에 있는 지상 52층 규모의 뉴욕타임스 본사 건물. 10억달러(약1조3000억원) 넘는 건설비를 들여 2007년 완공됐다. / Wikimedia Commons

취임 초부터 성과 내

취임 직후부터 펀치 설즈버거는 리더다운 과단성을 보였다. NYT의 미국 서부 지역판 인쇄와 뉴욕 헤럴드 트리뷴과의 유럽 지역판 합병 협상 같은 두 가지 난제를 모두 해결한 것이다. 캘리포니아주에서 NYT를 별도 인쇄·배포하려는 전자(前者)의 계획은 수익성 부족을 이유로 중단했다. 이 계획은 인공위성 전송을 이용한 동시인쇄 기술이 실용화된 1982년에 현실화됐다. 뉴욕 헤럴드 트리뷴과의 협상은 단독 합병 대신 워싱턴포스트(WP)를 끌어들여 3자 합작의 인터내셔널 헤럴드 트리뷴(IHT) 설립으로 마무리했다.

주변의 예상과 거꾸로 펀치는 NYT를 의외로 잘 이끌었다. 제임스 레스턴은 펀치 설즈버거를 이렇게 평가했다.

"펀치는 NYT의 해리 트루먼(Truman·미국 부통령에 당선됐다가 취임 3개월 만에 프랭클린 루즈벨트 대통령의 갑작스러운 사망으로 대통령이 됨)이었다. 그는 사안(事案)을 걱정만 하지 않고 결정을 내려갔다. 트루먼과 마찬가지로 펀치는 스스로 필요 불가결하다고 판단하면 임직원들을 과감하게 교체했고, 돈을 갉아먹고 있는 적자(赤字) 사업을 방치하지 않았다. 그는 분명하게 해결해 나갔다."[13]

이런 성과는 그가 취임 초부터 솔직함과 당당함으로 회사를 경영한 것과 관계가 많다. 무엇보다도 그는 자기 자신과 그의 주변 사람들에게 정직했다. 펀치는 처음부터 사내(社內) 뉴스레터에서 "나는 재무제표를 제대로 읽지 못한다"고 솔직하게 털어놓았다. 회사 안팎에서 담배 광고를 중단하라는 압박이 쏟아졌을 때, 그는 "나와 NYT는 담배산업에 재무적으로 코가 꿰어 있다"고 말했다.

그는 자신이 무엇을 모르고 있는지 잘 알고 있었으며, 자신이 모른다는 사실에 부끄러워하지 않았다. 그리고 뚱딴지같은 질문을 하는 것에 창피해 하지도 않았다. 예를 들어, 정부 고위 관리들에게 일본산 수입품을 항구에 쌓아두면서 일본의 불공정 무역관행을 왜 보복하지 못하는지 그는 물었다. 또 상식(常識)에 입각해 예전부터 당연시돼온 것에 의심을 품고 새로운 해결책을 내놓으려 했다.[14]

그럼에도 불구하고 펀치 설즈버거의 리더십이 저평가된 데는, 그가 발행인이라고 뽐내기는커녕 격식 없는 모습(informality)으로 일관한 요인이 크다. 주말에 그는 차를 직접 운전했고, 스테이크를 스스로 구웠고, 방문객들의 음식 접시를 닦았다. 그러면서도 그는 회사의 중요 현안을 신속하게 결정했고, 자신의 지위를 위협하는 충성심 없는 고참 임원은 물러나도록 조치했다.[15]

발행인 역할에 대한 명확한 인식

펀치 설즈버거는 그러나 주견(主見)이 강한 지식인이 아니었고, 정치인들과 어울리는 재주도 없었다. 워싱턴 DC에서 널리 알려진 유명인사는 더더욱 아니었다. 그럼에도 그가 성공한 경영자가 된 데는 인간적 특질이 더 크게 작용했다는 분석이 많다. 'NYT의 기둥'으로 불린 제임스 레스턴은 이렇게 말했다.

"펀치 설즈버거에게는 발행인에게 통상 요구되는 자질이 거의 없었다. 그렇지만 그는 자신이 대통령보다 국가 경영에 더 많이 알고 있다는 생각을 하지 않았다. 그는 상식(常識)과 인간적 접근이 오래가며, 다른 사람의 말을 언제 어떻게 경청해야 하는지를 잘 알고 있었다."[16]

펀치는 발행인의 역할은 돈을 벌고, 안팎에서 나오는 불평들을 해결하고 공적인 자리에서 회사를 대표하는 것이라 판단했다. 그는 대통령 선거에서 후보 공개 지지 표명을 제외한 신문사의 모든 권위는 편집인과 논설실장에게 넘겨야 한다고 믿었다. 자신에게 주어진 역할과 분수를 정확하게 인식한 그는 발행인으로서 보도와 사설(社說) 등을 둘러싼 압력과 유혹을 막는데 최선을 다했다. 1977년부터 1986년까지 논설실장을 지낸 막스 프랑켈(Max Frankel)의 회고이다.

"1977년에 내가 논설실장(editor of the editorial page)을 맡은 직후 어느 날, 원자력 플루토늄 처리를 하는 한 회사가 4만 달러짜리 광고게재를 제의해왔다. 플루토늄 처리에 반대하는 NYT 사설을 반박하는 의견형 광고였다. 나는 '우리 사설이 거액의 광고를 따왔다'고 은근히 펀치 설즈버거에게 자랑했지만, 그는 '이런 광고는 절대 받아들일 수 없다'고 거절했다. 경영이 아무리 힘들 때에도 펀치는 우리의 저널리즘을 상업적 압박(commercial pressure)으로부터 보호하는 것을 멈추지 않았다."[17]

인간적 접근으로 사람들 움직여

펀치의 어릴 적 친구로 1944년 NYT에 입사해 1986년 이사회 부회장으로 퇴임한 시드니 그루슨(Sydney Gruson)은 이렇게 말했다.

"펀치는 회사 안에서 큰 곤경이나 해법을 못 찾는 일이 생길 때에만 관여했다. 그는 놀라울 정도로 무엇이 옳고 그른지에 대한 감각을 갖고 있었다. 여러 사람과 어울리기 좋아한 펀치는 뛰어난 조정자(a great conciliator)였다. 그는 함께 여행하고, 함께 점심 먹고, 함께 술 마시면 모든 문제가 풀린다(a trip together, a lunch together, a drink together will solve all problems)고 생각했다."[18]

설즈버거 가문의 외동아들인 펀치 설즈버거는 금수저 중에서도 금수저를 물고 태어난 인물이다. 하지만 그가 시종일관 낮은 자세로 겸손함을 잃지 않았다는 점이 눈길을 끈다. 막스 프랑켈은 "펀치를 위해 일한 다는 것은 엄청난, 엄청난 즐거움이었다(To work for him is an enormous, enormous pleasure)"며 이렇게 말했다.

"펀치를 불쾌하게 하거나 화나게 했을 때에도 우리가 듣는 말은 '당신으로 하여금 그렇게 하도록 만든 것은 무엇인가요?'라는 식의 질문이었다. 어떤 때 그가 전화를 걸어 '잠깐 상의할 일이 있는데 몇 분만 시간을 내줄 수 있는가'라고 물어 '곧 올라가겠다'고 답하면 그는 언제나 '아니, 내가 내려가겠소'라고 했다. 이것은 단순한 태도가 아니라 그의 사람됨을 나타낸다."[19]

회사의 오너였지만 펀치 설즈버거는 기사에 대해 개입한 적이 거의 없었다. 아주 드물게 사설(社說)에 대해서만 의견을 피력했다. 그의 생각에 맞지 않는 기사를 간혹 읽을 경우, 펀치는 편집국장이나 편집인에게만 얘기했지 개별 기자에게 말하지 않았다. 막스 프랑켈의 또 다른 증언이다.

"펀치는 회장실이 있는 본사 건물 14층에서 내가 있는 11층으로 내려와 다른 방문객처럼 순번(順番)을 기다렸다가 내 사무실에 들어와 주요 광고주의 딸 결혼식을 안내 기사로 다룰 수 있겠느냐고 부탁했다. 펀치는 한 번도 나를 자기 방에 불러올려 '이 기사나 칼럼을 실어라' 또는 '싣지 말라'고 지시한 일이 없었다."[20]

이렇게 하는 것이 펀치는 발행인으로서의 권위와 품격을 유지하는 길이라고 생각했다. 금덩어리들을 손대지 않고 잘 보관하는 것처럼 말이다.

그래서 NYT에서는 펀치를 '오즈의 마법사(Wizard of Oz)'에 비유했다. 보이지 않지만 막강한 권력과 권위를 행사한다는 이유에서였다.[21]

그는 NYT라는 공적인 기관에 자신의 사적인 감정이나 욕심을 투영시키지 않았다. 미국 행정부의 베트남 전쟁 개입·확전을 비판하는 수많은 현지발(發) 기사와 칼럼, 사설(社說)에 제동을 걸지 않은 게 이를 증명한다. 펀치 설즈버거 본인은 해병대에 복무하고 한국전쟁에도 참전해 미국 애국주의에 충만했고 인도차이나 지역의 공산화를 막는 미국의 역할에 매우 동조적이었다. 하지만 자신의 개인적 신념과는 별개로 베트남 전쟁의 문제점을 비판하는 기자와 칼럼니스트들의 글에 어떠한 이의도 제기하지 않았다.

매일 오후 5시 편집회의 참석

그 대신 펀치는 "자신이 뽑고 선택한 종업원들이 편하게 일할 수 있도록 했고, 그들이 내린 결정을 존중하고 믿어주며 '뒷배'와 같은 역할"에 충실했다. 논설실장에 이어 1986년부터 1994년까지는 NYT 편집인으로 일한 막스 프랑켈은 이렇게 지적했다.

"펀치 설즈버거는 그의 가족과 동료, 주식시장에 다른 뉴욕 일간지들의 붕괴와 뉴욕 경제의 쇠퇴, 그리고 독자와 광고주들의 감소에도 불구하고 그 자신이 NYT의 수익성을 회복시킬 수 있음을 증명해 보여야 했다. 그는 관리자이자 기업가로서 평판에 신경써야 했다. 그는 언론인보다 기업가들과 더 많은 시간을 보내면서 한 번도 품위와 목적의식을 잃지 않았다. NYT는 위대한 저널리즘을 실천하기 위해 존재하며, 회사의 이익은 NYT의 독립과 생존, 정직함을 보장하는 장치라는 사실을. 우리 언론인들이 실수하거나 회삿돈을 낭비하거나 광고주들을 불편하게 했을 때조차, 펀치는 자신이 비난과 책임을 졌다."[22]

발행인 재임 기간 중 다음날 A1면 기사를 정하는 오후 5시 '페이지 원 미팅(Page One Meeting)'에 참석한 것도 그의 독특한 측면이다. 해외 출장이나 국내에 긴급한 일이 생기지 않는 한 그는 매일 오후 4시 45분쯤 회장실이 있는 14층에서 엘리베이터를 타고 편집국으로 내려와 14~15명이 참석하는 회의실 한 쪽 구석에 앉아 끝까지 회의를 지켜봤다.

펀치의 아버지와 그의 아들이나 손자는 물론 20세기 신문사 오너 발행인을 통틀어도 편집회의에 매일 참석하는 경우는 그가 유일했다. 회의장에서 누군가 자신의 의견을 직접 묻지 않는 한 그는 말하지 않고 듣기만 했다. 그는 매번 편집회의에 참석하는 이유에 대해 "듣고 배우는 게 많고, 기자들의 생각을 알 수 있기 때문"이라고 했다.[23]

그는 매일 출근 때마다 자신의 출입 신분증 카드를 꺼내 댄 뒤 출입구를 통과했다. 경비원이 그를 알아봐 신분증 없이 출입구를 지날 수 있었지만, 펀치는 "회사에 여러 규칙들이 있는데 내 자신부터 그 규칙들을 지켜야 한다"고 했다.[24]

펀치는 발행인을 거쳐 회장으로 재임하는 동안에도 아침 6시 30분 맥그로힐(McGraw-Hill) 빌딩에 있는 헬스클럽에 도착해 운동한 다음 오전 7시 45분까지 출근했다. 그는 "아내가 나에게 좀 늦게 나가라고 하지만 나는 아침에 항상 일찍 일어나 출근한다. 헬스클럽의 내 락커는 뉴욕 최고 부자인 데이비드 록펠러 바로 옆에 있다"고 했다. 운동 후 카페테리아에서 도넛을 사와 사무실에서 커피를 직접 끓여 마시며 아침식사를 했다.[25]

'펜타곤 페이퍼' 보도로 독립 언론 명성

편집 보도 분야에서 펀치 설즈버거가 남긴 공적은 '펜타곤 페이퍼(Pentagon Papers)[26] 특종 보도로 '독립 언론'의 금자탑(金字塔)을 쌓았다는 사실이다. 일요일인 1971년 6월 13일자 1면부터 6개 면에 걸쳐 처음 게재된 이 보도는 1960년대 미국 행정부가 베트남 전쟁을 의도적으로 확전하려 해왔다는 내용을 담은 국방부 기밀문서를 폭로한 것이다.

펀치 설즈버거는 이 보도를 놓고 어머니를 포함한 가족이나 친구들과 상의하지 않았다. 그는 심리적으로 동요하지도 않았다. 펀치는 A. M. 로젠탈 편집국장에게 "이 보도에 대한 판단은 독자들만이 할 수 있다. 그러나 이 보도를 할지에 대한 최종 결정권은 나에게 있다"고 밝혔다. 그는 회사의 정기 이사회 개최 직전인 6월 9일 세 명의 누이들에게만 보도 예정 사실을 알렸다.[27] 이에 대한 누이들의 반응은 각기 달랐다. 상식적으로 보면 국가 기밀문서를 신문에 크게 보도하는 행위는 회사의 생존을 위협하는 위험한 일이었다.

로젠탈 국장은 펀치 설즈버거에게 "만약 우리가 보도하지 않겠다고 결정하면, 우리는 더 이상 기자들에게 진실을 찾아 나가라고 말할 수 없을 것"이라고 말했다. 펀치는 6월 11일 오전회의에서 이들의 요구를 수용해 "문서 그대로 보도한다"는 내부 방침을 정하고 이를 발행인의 공식 메모로 만들어 확인했다.[28]

이 보도는 분량이 길고 지루했다. AP 통신은 하루 후 월요일인 6월 14일 오후가 돼서야 NYT 기사를 처음 인용 보도했다. 닉슨 행정부도 일요일과 월요일 오전까지 첫 보도에 대해 무반응으로 침묵했다. 리처드 닉슨 대통령이 "NYT 보도가 미군의 베트남 전쟁 수행에 큰 타격이 된다"

'펜타곤 페이퍼'를 심리하고 있는 법원 사무실 모습을 그린 삽화 / Wikimedia Commons

며 격분하자, 월요일인 6월 14일 저녁 7시 30분쯤 존 미첼(John Mitchell) 법무장관 명의로 NYT에 기사를 중지할 것과 문서 반환을 요구하는 공문을 보냈다.

　그날 밤 9시쯤 영국 런던에 출장가 있던 펀치 설즈버거는 편집국과의 스피커폰 통화 회의에서 "계속 기사를 내보내라(Go Ahead)"고 말했다. 모여 있던 150여 명의 기자들은 환호성을 질렀다.[29] 펀치의 결정을 따라 NYT는 존 미첼 장관의 요청을 정중하게 거절하는 답신을 보냈다.

　화요일인 6월 15일 닉슨 행정부는 이에 맞서 미국 헌정사상 최초로 언론사를 상대로 기사 게재 금지 가처분 신청을 연방 제1심 법원에 냈다. 법원은 "이 보도가 미국의 국가 이익을 해친다"는 임시 명령(temporary court order)을 내려 NYT에 보도정지를 판결했다.[30]

그러나 경쟁지인 NYT에 특종을 빼앗긴 워싱턴포스트(WP)와 보스턴 글로브(Boston Globe) 등이 동일한 '펜타곤 페이퍼'를 입수해 보도를 시작하자, 닉슨 행정부는 또 다시 소송을 냈다. NYT와 WP는 정부를 상대로 연대(連帶)해 법정 투쟁을 벌였다. 6월 30일 미국 연방 대법원은 언론의 자유를 보장한 수정헌법 제1조에 근거해 "문서를 공표할 권리가 신문사에 있다"며 9명의 대법관 가운데 6대 3의 판결로 NYT와 WP 등 언론사의 손을 들어줬다.[31] 이로써 NYT 기자들을 믿고 뚝심있게 나아간 펀치 설즈버거의 위상도 높아졌다.

정치 권력의 압박·회유 물리쳐

이 보도로 NYT는 권력에의 의존과 유착에 종지부를 찍고 '독립 언론'의 깃발을 들었다. 이는 제2차 세계대전과 냉전 등의 영향으로 1950~60년대 내내 계속된 정부 권력자들과의 밀접한 관계를 통해 문서를 입수해 실어온 보도관행과의 결별이기도 했다. 동시에 세계 각국 정부 수반과 외교관, 지식인들이 반드시 읽어야 하는 권위지로서 NYT의 평판도 크게 올라갔다.[32] 펀치 설즈버거가 백악관과 행정부에 굴복 않고 강단 있게 끝까지 보도를 한 것은 '언론계의 혁명'으로 꼽혔다.[33] 이로써 NYT는 행정부를 견제·감시하는 제4부의 대표 주자로 거듭났다.[34]

펀치 설즈버거는 1997년 10월 16일 NYT 회장 퇴임 자리에서 "펜타곤 페이퍼를 보도하지 않았더라면 NYT에서 용기와 자유언론의 정신은 사라졌을 것"이라며 "수많은 결정들 가운데 그때만큼 어려웠던 적은 없었다. 가장 자랑스런(the proudest) 결정이었다. 그 보도 이후 우리는 바위처럼 단단한 기초 위에서 하나의 조직을 건설했다"고 말했다.[35]

그는 취임 초부터 권력으로부터 압박을 겪었다. 발행인 취임 4개월 만인 1963년 10월 22일 펀치는 존 F. 케네디 대통령의 긴급 호출로 백악관을 찾았다. 그 이전에 현직 대통령을 한 번도 만난 적이 없었던 펀치는 긴장했다. 이날 펀치를 수행했던 제임스 레스턴도 펀치가 실수하거나 당황하는 사태를 걱정했다.

케네디는 이날 만남에서 NYT의 베트남 전쟁 보도에 불평을 쏟아냈다. 특히 고딘 디엠(Ngo Dinh Diem) 베트남 대통령을 비판하며 줄기차게 반전(反戰) 기사를 현지에서 내보내고 있는 28세의 젊은 기자 데이비드 핼버스탬(David Halberstam)을 전출시키고 온건한 기자로 교체하라고 압박했다. 펀치는 그 자리에서 "나는 그럴 생각이 없다"며 맞받아치고 백악관을 나왔다. 그는 예정됐던 핼버스탬 기자의 휴가를 취소시키고 "베트남에서 더 열심히 일하라"고 했다.[36] 펀치의 모습은 대통령과 면담 자리에서의 요구를 대부분 수용해온 역대 발행인들과 대비됐다.[37]

증시 상장과 최대 규모 M&A로 회사 현대화

경영 측면에서 펀치 설즈버거는 NYT를 현대적인 혁신 기업으로 탈바꿈시켰다. 그가 취임한 1963년 NYT는 적자를 냈고, 보유 현금도 거의 바닥난 상태였다. 신문사 외에는 합작 제지회사 하나뿐이었다. 노조가 다시 장기 파업을 벌이면 신문사와 제지공장이 문닫아 회사 전체가 무너지는 구조였다. 이런 상황에서 펀치는 "돈을 벌어야 좋은 신문도 낼 수 있다"며 언론기업으로서 생존과 체질개선을 최고 목표로 정했다.[38]

그때까지만 해도 작은 가족 기업이던 NYT는 많은 이익을 내야 한다는 의지가 희박했다. "거르지 않고 매일 신문을 발행하고 적자(赤字)만 면

하면 다행이다"는 식으로 운영됐다. 펀치는 소극적이고 주먹구구식인 전(前)근대적 경영으로는 미래가 없다고 판단했다.

첫 번째 돌파구로 그는 증권시장 상장(上場)을 선택했다. 증시에서 주식이 거래되면 기업 실적이 매 분기마다 공개되고 투자자들의 감시를 받게 된다. 이렇게 되면 경영자들이 더 열심히 경영하게 돼 회사 성장에 도움이 된다고 본 것이다. 기업공개로 자본시장에서 많은 돈을 조달해 유망기업 인수도 꾀할 수 있었다. NYT는 1968년 9월 '적절한 시기'에 증권시장에 상장하겠다는 계획을 밝혔고, 이듬해인 1969년 1월 14일 뉴욕증권거래소(NYSE)에 상장해 주식 거래를 시작했다.

펀치 설즈버거는 주식공개로 마련한 자금으로 출판 기업 '아노 프레스'와 '골프 다이제스트', '쿼드랭글 북스(Quadrangle Books)' 등을 사들였다. 1971년에는 카울스 커뮤니케이션스(Cowles Communications)를 인수해 이 회사가 소유하고 있던 플로리다주 소재 신문사들과 멤피스의 CBSTV 제휴 방송사, 의학 잡지 등을 손에 넣었다. NYT 창립 이후 역사상 최대 규모의 인수합병(M&A)이었다.

이 인수는 NYT가 현대적 기업으로 도약하는 디딤돌이 됐다. 제임스 굿데일(James Goodale) 법무실장은 "카울스 인수가 회사를 구해주었다. 만약 기업공개를 하지 않았다면 카울스 인수는 불가능했을 것"이라고 말했다.[39]

회사 조직도 바꿨다. 펀치 설즈버거는 취임 1년 후인 1964년 발행인에게 업무보고를 하는 부서를 기존 15개에서 6개로 줄였다. 결재 라인을 단순화하는 대신 부서 간의 횡적(橫的)인 소통을 활성화했다. 편집국장 상위 직책으로 임원급의 편집인(executive editor) 자리를 신설하고, 14년째 편집국장으로 근무하고 있던 터너 캐틀리지(Tuner Catledge)를 초대 편집인에 임명했다.

경영 혁신의 속도를 높이기 위해 그는 월터 맷슨(Walter Mattson)을 1974년 총괄전무에 임명했다. 38세에 NYT 이사가 됐고, 40세이던 1972년에 수석 이사로 승진한 맷슨은 회계학·엔지니어링·고급 경영학 등 3개 분야에 학위를 갖고 있었으며 치밀한 업무 수행과 넘치는 에너지로 '만능 관리자'로 불렸다.[40] 맷슨은 회사 경영의 잠재적 위협인 노동조합 측과 산업평화 협약을 맺고 취임 1년 만에 광고, 판매, 인쇄 등 관련 국장들을 모두 교체했다.

컴퓨터화·전국 동시 인쇄 단행

1978년 NYT와 뉴욕포스트(New York Post), 더 뉴스(The News) 등 뉴욕 시내 3개 신문사 노조는 총 88일간에 걸친 파업을 벌였다. 그러나 NYT에선 5일 만에 끝났고, 회사는 하루도 쉬지 않고 신문을 발행했다.

월터 맷슨의 현장 협상 노력과 더불어 펀치 설즈버거가 인쇄 공정 자동화와 M&A, 증시 상장 같은 안전장치를 꾸준히 마련한 결과였다. 펀치는 맷슨과 함께 숙원(宿願)이던 미국 전역 동시 인쇄를 1980년대에 완성했다. 1980년부터 뉴욕 본사에서 제작한 신문을 인공위성을 이용해 시카고에서 인쇄해 중서부 지역에 배달하기 시작했다. 1982년부터는 캘리포니아를 포함한 13개 서부 주의 주요 도시에 동일 인쇄 배달되는 전국판(national edition) 신문을 개시했다. 전국판은 NYT 전체 신문 발행부수의 절반 이상을 차지하는 회사의 안정적인 수익원이 됐다.[41]

1979년 7월 펀치 설즈버거는 뉴욕타임스 사장(CEO) 자리를 월터 맷슨에게 물려줬다.[42] 맷슨은 1992년까지 NYT 사장 겸 최고운영책임자(COO)로 재임했다. 뉴스 편집제작 분야의 A. M. 로젠탈 편집인이 펀치 설즈버거의 '왼팔'이라면, 맷슨은 그의 '오른팔'이었다.[43]

펀치 설즈버거는 조직 효율성을 높이기 위해 임원 워크숍을 수시로 개최하고 최신 경영 기법을 적극 도입했다. 이를 위해 크리스 아기리스(Chris Argyris) 하버드대 교수를 영입해 그에게 NYT 본사 안에 사무실과 비서를 붙여주고 간부들에 대한 무제한 면담과 임원회의 참석을 허용했다. 아기리스 교수는 '임원 능력개발 프로그램'과 대내외 커뮤니케이션 및 소통 교육을 진행했다.

'목표에 의한 경영관리(Management by Objective) 프로그램'과 신문 독자, 신문의 미래, 컬러 인쇄, 사진, 새로운 섹션 발행 같은 주제로 6개의 위원회를 신문사 안에 펀치는 만들었다. 이 위원회들은 독자와 비(非)독자들에 대한 심층 설문조사와 포커스 그룹(focus group) 인터뷰 등을 실시했다.[44]

펀치는 1973년 말부터 월터 맷슨(광고·판매·공무), 제임스 굿데일(법무·재무), 시드니 그루슨(자회사) 등 전문경영인 부사장들로 '3두(頭) 체제'를 구축해 빈틈없는 경영을 했다. 펀치 설즈버거가 발행인 겸 CEO가 된 지 8년 만인 1971년, 미국 격주간 경제전문지인 '포춘(Fortune)'은 미국 500대 기업 순위에서 NYT를 407번째로 평가했다. 그 해 일요일판 신문 발행부수는 104만6,000부, 월요일부터 토요일까지 주중판(週中版)은 85만 부에 달했다.

세계 최초 요일별 섹션 발행

1970년대 초부터 미국 내 뉴스 소비가 신문에서 TV 방송으로 이동했다. 오락과 쇼 위주이던 TV가 뉴스 방송을 본격화하면서 대중들을 흡인해서다. 이로 인한 신문 구독 정체와 광고 수입 감소 문제가 현안이 됐다. 월터 맷슨 총괄전무는 1976년 초 "대도시의 교외에 있는 독자들이 이탈하고 있다. 이들을 붙잡아두기 위해 신문에 재미있는 내용을 풍부하게 담아야 한다"고 건의했다.[45]

이를 해결하기 위해 뉴스 제작을 총괄(1969~76년에는 편집인 공석)하던 A. M. 로젠탈 편집국장은 국장 직속으로 상품위원회(Product Committee)를 만들었다. 그는 정치·안보·국제·비즈니스 같은 경성(硬性) 뉴스 외에 생활·문화·엔터테인먼트 같은 연성(軟性) 뉴스로 확장을 시도했다. 그는 구체적으로 요일별 별도 섹션(section) 발행을 추진했다.

그러나 존 오크스(John Oakes) 논설실장 같은 간부들은 '일탈 행위'로 간주하고 이에 반대했다. 양측이 대립하는 가운데 펀치 설즈버거 발행인은 연성 뉴스 위주 섹션 발행을 승인했다. 기사의 대상을 확대하고 소비자들의 다양해지는 취향과 구매력을 감안해 요일마다 매일 다른 섹션을 추가 발행하기로 결정한 것이다.

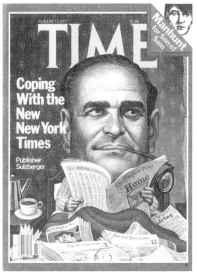

펀치 설즈버거를 표지 인물로 다룬 미국 '타임'지
1977년 8월 15일자 / TIME

NYT의 요일(曜日)별 섹션은 1976년 1월부터 1978년 하반기까지 단계적으로 신설됐다. 월요일 스포츠(Sports Monday)를 시작으로 화요일엔 사이언스(Science Times), 수요일에 리빙(Living), 목요일에 홈(Home), 금요일 위켄드(Weekend) 섹션을 발행하는 '섹션 혁명(sectional revolution)'이었다. 워싱턴포스트 같은 매체들은 NYT의 시도를 금세 따라왔고, 한국을 포함한 각국 매체들도 2000년대 들어 요일별 섹션을 시작했다.

펀치 설즈버거는 "새로 시작한 섹션들이 확실히 NYT를 새롭고 강하게 다시 만들었다"고 했다. 개인적으로 그는 '홈(Home)'과 '리빙(Living)' 섹션에 많은 관심을 가졌다.[46]

이와 함께 그는 월터 맷슨 총괄전무의 아이디어를 수용해 1개 면당 8개 칼럼으로 만들던 지면 구성을 6개 칼럼 체제로 바꾸고 각 면마다 사진 비중을 늘렸다. 또 미국 종합일간지 가운데 최초로 매일 경제 섹션인 B(Business)면 발행을 시작했다. 경제 섹션에서 1면당 기사 수를 종전의 평균 12개에서 5~6개로 줄이고, 각종 안내정보를 인덱스(index)로 정리했다. 기업인에 관한 피처 스토리(feature story), 대담, 프로필, 특정 산업 칼럼 등을 강화해 독자들의 욕구에 부응했다.

NYT는 이로써 매일 정치·국제 뉴스를 다루는 A섹션과 비즈니스(B) 섹션, 뉴욕을 중심으로 한 메트로폴리탄 소식을 전하는 C섹션, 각 요일별로 주제를 달리하는 D섹션 등 총 4개 섹션 체제를 갖추었다. 1976년부터 시작된 지면 혁신으로 경영개선 효과는 뚜렷해졌다. 1969년부터 1975년까지 신문의 광고매출과 판매부수는 각기 두 자릿수 감소했으나, 1976년부터 1982년까지 광고매출은 38%, 판매부수는 12% 늘었다.[47]

보수 성향 칼럼니스트 영입

대도시 외곽 거주자들과 청년들이 신규 독자로 유입됨에 따라 NYT는 1980년대 들어 판매와 광고 수입 증가세를 보였다.[48] 1980년부터 1984년까지 2년 만에 5만부, 다시 그 해부터 1986년까지 5만부 판매가 늘었다. 1980년대 후반에는 매년 2억 달러의 영업이익을 냈다.

오피니언 면도 개편했다. 펀치 설즈버거는 리처드 닉슨 대통령의 연설문 담당 참모이던 보수 성향의 윌리엄 새파이어(William Safire)를 직접 접촉해 1973년 오피니언 칼럼니스트로 영입했다. 앞서 1970년 9월 21일자부터 A섹션 마지막 면의 사설면 맞은편에 옵-에드(Op-Ed) 면을 신설했다. 이 면은 '사설면의 반대 면에 있다(Opposite to the Editorial Page)'는 뜻으로, 공간적으로나 내용 측면에서 NYT의 입장과 다른 글들도 적극 싣겠다는 취지로 시작됐다.[49]

1986년 편집인이 된 막스 프랑켈은 독자 친화적인 콘텐츠 제작에 더 힘썼다. 'USA Today'처럼 가볍고 컬러 사진을 많이 쓰며 전국 뉴스를 선호하는 대중의 취향을 감안한 조치였다. 프랑켈은 기사 작성 스타일을 부드럽게 바꾸고 취재 대상을 더 확대했다. 이런 변화로 NYT는 내용 면에서 더 소프트하고, 더 개인주의적이며, 더 주관이 뚜렷한 신문으로 업그레이드했다. 동시에 더 이상 뉴욕 시내만을 다루는 로컬 신문이 아니라 미국 전역을 대상으로 하는 고급지로 발돋움했다.

NYT를 선진 경영·흑자 기업으로

1990년대 들어 NYT는 영향력과 능력있는 미국인들이 가장 즐겨보는 권위지가 됐다. 진지한 미국인들의 지성적(知性的), 감성적(感性的)인 어젠

다를 결정한 NYT는 세계 각국의 주요 정책 결정자들이 정독하는 미디어로 자리잡았다.

펀치 설즈버거가 발행인에 취임한 첫해인 1963년 회사의 총매출은 1,000만 달러 정도였다. 그러나 7년 후인 1970년에 2억9,300만 달러로 늘었고, 1980년 7억3,100만 달러를 기록했다. 순이익은 1970년 1,400만 달러에서 10년 후 4,100만 달러로 늘었다. 1984년에는 매출액 12억 달러, 이익 1억 달러를 각각 달성했다.

1985년부터는 인공위성으로 기사 텍스트를 전송해 6개 지역에서 전국판을 동시 발행했다. 이에 따라 가족이 경영하는 지역신문이던 NYT는 대기업 형태의 전국신문이 됐다. "NYT는 신문으로서는 최고라는 자부심을 가졌어도 경영학자들이 감탄할 만한 조직은 아니었다"는 말이 나돌만큼 NYT는 후진적인 회사였다. 펀치 설즈버거는 유능한 인재와 팀을 적절하게 배치하고 과감한 경영 혁신과 신문 제작 혁명으로 이런 오명을 씻어냈다.

그가 발행인에서 물러난 1992년 당시 회사 매출액은 17억 달러에 달해 29년 만에 170배 가까이 성장했다.[50] 라디오방송국 1개와 제지회사뿐이던 계열사는 NYT 외에 일간지 20여 개와 방송사, 잡지사 등으로 늘었다. 직원 수는 1987년에 1만 명(1만500명)을 돌파했다.

미국 경제 주간지인 '비즈니스 위크(Business Week)'는 1986년 4월 26일자 기사에서 "NYT가 기록적인 영업이익(flush with record profits)을 내고 있다. 1985년 한 해에만 새로운 기업 인수합병(M&A)에 4억 달러를 지출했다. 펀치 설즈버거가 놀라울 정도로 회사를 부자 기업으로 만들었다"고 호평했다.[51] TV의 급성장 등으로 비관론이 드리워지던 NYT로선 믿을 수 없는 대반전이었다.

펀치 설즈버거가 발행인으로 재임한 29년 동안 NYT 기자들은 총 31개의 퓰리처상을 받았다. 매년 1개 이상씩을 수상한 셈이다. 시드니 그루슨 전 NYT 컴퍼니 부회장은 "뉴욕타임스는 펀치 설즈버거 아래에서 큰 성공을 이루었다. 그는 미국 역대 신문사 발행인들 중 최고의 발행인이다"며 "펀치가 조직을 얼마나 잘 운영하고 다독거렸는지는 놀라울 정도"라고 말했다. 1980년대 후반 그는 NYT 역사상 처음 편집국 예산 관리를 위해 공인회계사를 편집국에 상주시키고, 편집국은 별도 예산을 편성해 운영하는 시스템을 도입했다.[52]

견제와 균형의 절묘한 용인술

이를 위해 펀치 설즈버거는 적절한 리더십과 용인술을 구사했다. 신문사의 3대 기둥인 편집과 광고, 인쇄 부문 가운데 어느 한 쪽을 편들거나 다른 쪽을 무시하는 정책을 펴지 않고 균형과 조화를 꾀했다. 그러면서 그는 사설이나 기사에 영향을 미치는 행위를 하지 않았고 전문 저널리스트들을 존중했다. 오히려 출판 부문이나 약학(藥學) 관련 잡지가 NYT의 가치를 혼동스럽게 할 경우, 이들이 돈을 벌고 있더라도 망설이지 않고 과감하게 정리했다.[53]

그는 간부들과 주말에 부부동반 만찬을 종종 했고 동반 해외여행 등으로 유망 사원의 됨됨이를 매겼다. 주말인 1979년 7월 4일, 펀치 설즈버거는 월터 맷슨 부사장 집을 찾아가 오후 내내 그와 함께 시간을 보냈다. 경영담당 사장 자리를 사양하는 맷슨을 설득하기 위해서였다. 맷슨은 펀치의 간곡한 요청 끝에 같은 달 23일 사장에 취임했다.[54]

1968년 1월 말, 톰 위커(Tom Wicker) 워싱턴 지국장의 후임으로 제임스 그린필드(James Greenfield)가 내정되자, 워싱턴 지국의 막스 프랑켈(Max Frankel) 수석기자가 항의차 예고 없이 펀치 설즈버거의 집을 찾아왔다. 마침 펀치의 42세 생일 저녁이었지만 그는 내색않고 보드카를 함께 마시며 환대했다. 며칠 후 펀치는 최근 인사 소동이 워싱턴 지국과 뉴욕 본사 간의 힘겨루기인 것을 파악하고 그린필드의 발령을 취소했다.[55]

펀치는 맷슨에게 매일의 일상적인 재무·판매·영업 등 경영 부문을 맡기는 한편, 유사시에 대비한 안전판도 만들어 놓고 있었다. 법무실장인 제임스 굿데일을 그의 경쟁자로 중용한 것이다. 펀치는 신문제작 분야에서는 A. M. 로젠탈과 막스 프랑켈 간의 경쟁을 십이분 활용했다.

열정적인 비(非)워싱턴 지국 출신의 A. M. 로젠탈이 독단적인 업무 수행으로 편집국 분위기가 침체되자, 펀치는 65세 퇴임을 1년 앞둔 1986년 7월 로젠탈을 해임하고 막스 프랑켈을 후임 편집인으로 전격 임명했다. 1977년부터 9년째 편집인(executive editor)으로 일하던 로젠탈로선 불명예스런 일이었다. 펀치는 로젠탈과 정반대로 합리적이고 차분한 성격의 막스 프랑켈을 8년 동안 편집인으로 기용했다.

그는 월터 맷슨과 A. M. 로젠탈에게 거의 전적으로 일상 업무를 맡기면서도 자신의 절친한 친구인 시드니 그루슨으로 하여금 두 사람을 감시하도록 했다. 이처럼 견제와 균형의 제어장치를 해놓고 펀치 설즈버거 자신은 더 중요한 전략적 의사결정에 전념함으로써 NYT의 황금시대를 열수 있었다.

투철한 NYT 최우선 정신

펀치 설즈버거에게 불변(不變)의 사실은 그가 '개인이나 가족보다 뉴욕 타임스 최우선 정신'에 투철했다는 점이다. 이는 '옥스–설즈버거 가문'의 시조(始祖)인 아돌프 옥스(Adolph Ochs) 이래로 이어져온 "NYT는 책임 있는 공적기관(public institution)"이라는 신념에 기초한 것이다.

펀치 설즈버거는 가문 안에서의 균열과 갈등을 막고 단합 유지에 최선을 다했다. 그에게는 메리언(Marian), 루스(Ruth), 주디스(Judith) 등 세 명의 누이와 조카들이 있었다. 펀치의 후임 경영자를 선정하는 과정에서 자신의 자녀만을 편들었다가는 큰 분란이 벌어질 수 있었다. 그래서 그는 누이와 그 자녀들에게 공평한 기회를 주었다.

펀치 설즈버거는 자신의 외동아들인 아서 옥스 설즈버거 주니어(Arthur Ochs Sulzberger Jr.)를 포함해 댄 코헌, 수잔 드라이푸스, 스테픈 골드먼, 마이클 골드먼 등 5명의 사촌들을 사내 이사회와 임원회의에 돌아가며 참석토록 했다.[56] 그는 누이들에게 "회사에 근무하는 자녀들 가운데 누구에게라도 내가 부당하게 대우한다고 생각한다면 언제든 나에게 얘기해달라"고 말했다. 그는 아들과 조카들을 회의에 배석시켜 그들이 회사 상황을 파악하고 경영자 훈련을 받도록 했다.

펀치 설즈버거는 월터 맷슨 사장에게 지시해 3명의 누이를 정기적으로 오찬에 초대해 NYT에서 각 자녀들의 활동과 발전 상태를 자세하게 보고하도록 했다. 이와 함께 그는 가문과 관련된 결정을 외부에 공개하기 전에 3명의 누이와 사촌들에게 일일이 전화를 걸어 생각과 계획을 설명했다.

1992년 1월 이사회에서 아서 옥스 펀치 설즈버거 주니어를 발행인으로 발표하기에 앞서 누나와 사촌들에게 사전(事前)에 서류를 보내 양해와 협조를 요청했다.[57] 가문 내부의 반목(反目)을 막기 위한 세심한 노력이다.

전제정이여, 오래 계속되라!

이는 펀치 설즈버거 자신이 어렸을 때부터 "가문의 단합이 중요하다"는 훈련을 받으며 성장한 것과 관계가 깊다. 그는 11세 때부터 3명의 누이들과 함께 가문 전담 변호사인 에디 그린바움(Eddie Greenbaum)으로부터 매년 1~2회씩 'NYT와 설즈버거 가문'을 주제로 세미나식 교육을 받았다. 당시 교육의 핵심 메시지는 "NYT는 성(聖)스러운 존재이며, 가족 구성원들은 NYT의 저널리즘 정신을 지키는 파수꾼이자, 조타수(操舵手)라는 소명의식을 가져야 한다"는 것이었다.

이들은 NYT가 좋은 경영 성과를 내려는 목적은 가족이나 주주(株主)들이 부자가 되려는 게 아니라 신문의 독립과 품위를 지키기 위함이라는 가르침을 들었다. 1987년 미국 증시 대폭락 여파로 광고 매출이 40% 정도 급감하는 상황에서, 펀치 설즈버거가 편집국 내부 낡은 카펫과 바닥 교체를 위해 30만 달러의 사비(私費)를 쓴 것은 소년기 때부터 들으며 형성된 가치관에 따른 행동이었다.

펀치 설즈버거는 "자신의 의무이자 영광인 NYT를 위해서라면 야심(野心)은 물론 부(富)도 희생한다"는 가문의 정신을 행동으로 옮겼다.[58] 1992년 1월 펀치의 아들인 설즈버거 주니어의 발행인 취임식 날, 막스 프랭켈 편집인은 설즈버거 부자(父子)가 지켜보는 가운데 샴페인 잔을 들고 책상 위로 올라가 모든 편집국원들을 향해 "나는 (옥스-설즈버거 가문이라는) 전제정을 믿는다(I believe in the monarchy)"고 외쳤다.[59] 그는 자서전에서 한

장(章)의 제목을 '전제정이여 오래 계속되라(Long live the monarchy!)'고 달았다.[60]

펀치 설즈버거는 가문의 가치관과 전통, 신념을 현장에서 실천했다. 그의 유연하면서도 넉넉하고 진정성 있는 리더십에 임직원들은 그와 일심동체가 됐다.[61] 발행인 취임 때만 해도 '회사의 에어컨 시설 관리가 주 임무'라는 말을 듣던 그가 미국 언론계 역사상 최고의 발행인이라는 칭호를 얻은 것은 놀라운 성취이다. 이는 그가 자잘한 업무보다 크고 장기적 이슈에 집중해 회사를 현대적 기업으로 도약시킨 덕분이 크다.

펀치 설즈버거는 훌륭한 사람들을 적기(適期)에 만나 함께 했다는 점에서 '행운아'이다. 그러나 그에게 올바른 자세와 헌신을 향한 사명감(使命感), 실행력이 없었다면 제대로 열매를 맺을 수 없었을 것이다. NYT의 생존과 번영은 펀치 설즈버거의 생애를 관통하는 최고의 관심사(overriding concern of his life)였다.

제임스 레스턴

James Reston·1909~1995

영국 스코틀랜드 출생

일리노이대 학사(신문학)

1939년 뉴욕타임스(NYT) 입사

워싱턴지국장, 편집인, 부사장

'전화 취재의 달인'

대학 시절 학점은 대부분 C~D. 대학 졸업 후에는 직장을 못 구해 홍보사원 생활을 하다가 10달러 주급(週給)을 받는 스포츠 기자로 시작해 30세가 될 때까지 세계지도에서 독일의 위치도 몰랐던 사람.

그러다가 AP 통신 스포츠 기자로 언론계에 입문한 그는 뉴욕타임스(NYT)에 근무한 50년을 합쳐 57년 동안 기자, 워싱턴 지국장, 편집인, 부사장, 칼럼니스트로 활동했다. 퓰리처상을 두 차례 받았고 한 세대 이상 미국 언론인들의 멘토로서 '미국 저널리즘의 단장(Dean of American Journalism)'으로 불렸다.[1] 그는 프랑스 정부가 수여한 레종 도뇌르(Legion d'Honneur) 훈장을 비롯해 노르웨이·벨기에·칠레 등 각국의 훈·포장과 28개 대학으로부터 명예 박사학위를 받았다.

20세기 저널리즘의 거인

대학 졸업 때만 해도 범재(凡才)보다 못했지만 눈부신 성공으로 영화보다 더 드라마 같은 인생을 산 주인공은 제임스 레스턴(James Barrett Reston·1909~1995)이다. 미국 언론들은 그를 '뉴욕타임스(NYT)의 기둥(pillar)', '저널리즘의 거인(Giant of Journalism)'이라 명명하고 있다.[2] 1950~70년대에 레스턴은 당대에 가장 존경받는 신문인이었고, TV 앵커의 시대(Age of Anchors)가 열리기 전 종이신문에서 진정한 유명인사(true celebrity in print)였다. 1995년 12월 7일 그가 86세로 세상을 뜨자 NYT는 A1면 부고에서 이렇게 적었다.[3]

"레스턴은 우리 세대에서 가장 영향력 있는 언론인이었다. 워싱턴 DC는 물론 다른 나라 수도(首都)에서도 그는 고위층 취재에 압도적일 정도로 탁월했다. 하지만 그는 항상 겸손했고 복잡한 정치 현상을 쉬운 언어로 표현했다. 레스턴은 '내가 하는 일은 워싱턴 DC에서 벌어지는 일을 확인하러 올 시간이 없는 친구에게 편지를 쓰는 것'이라고 했다."[4]

그가 1953년부터 1964년까지 NYT 워싱턴 지국장으로 있는 동안, 미국 언론계에는 '레스턴 따라하기'가 유행이었다. 그의 파이프 담배와 보우타이, 버튼다운 셔츠, 저음(低音)의 목소리와 독특한 걸음걸이, 신중한 단어 선택, 느린 말투 등…. 레스턴은 젊은 기자들에게 최고의 언론계 우상(偶像)이었다. 데이비드 핼버스탬(David Halberstam)은 이렇게 적었다.

"50대 초반 나이의 레스턴은 미국의 모든 젊은 기자들이 존경하고 함께 일하고 싶은 언론인이 됐다. 그는 과거 저널리즘뿐 아니라 미래의 새로운 저널리즘의 상징이었다. 그러면서 레스턴 자신은 매일 취재하고 기사 쓰는 실천자(practitioner of daily reporting)의 롤 모델이었다. 그 역시 다른 기자들처럼 살인적인 마감시간에 쫓기면서 최고의 작품들을 썼다."[5]

경쟁지인 워싱턴포스트(WP)는 제임스 레스턴이 마지막 정기 칼럼을 게재한 다음날 이렇게 평가했다.

"레스턴은 언론을 항상 걱정하고 옹호하는 챔피언이다. 그는 언론의 표준과 의무, 성과에 대해 걱정하고 있다. 그는 언론의 역할과 권리를 옹호한다. 레스턴은 동시에 언론계 내부에 있는 게으르고, 자기 과시적이고, 화려함을 좇는 이들을 경계하고 의심한다."[6]

레스턴의 시선이 혼자만의 성공을 넘어 미국 언론계 전체의 성숙과 발전을 향하고 있었다는 말이다. 이를 위해 그는 자신부터 책임감을 갖고 솔선수범했다.

신앙심 깊은 가정에서 성장

레스턴은 1909년 11월 영국 스코틀랜드에서 태어났다. 기계공장 공원인 그의 아버지는 레스턴의 생후 18개월만인 1911년 가족을 데리고 미국으로 건너왔으나 몇 달 만에 스코틀랜드로 되돌아갔다.[7] 레스턴이 11세 때인 1920년 9월, 이들은 미국으로 다시 이민 와 오하이오주 데이튼(Dayton)에 정착했다.

스코틀랜드에서 네 살 위 누이를 포함한 그의 가족은 4명이 한 방을 같이 써야 했을 정도로 가난했다. 그의 부모는 스코틀랜드 장로교 신자로 신앙심이 깊었다. 일요일에는 예배를 보기 위해 네 식구가 왕복 4마일(약 6.4km) 거리를 이동했다. 같은 날 저녁 기도회 참석차 한 번 더 왕복해 이들은 매주 일요일마다 도합 8마일(약 13km)씩 걸었다.

그의 가족은 일요일 안식을 위해 토요일에 준비해 놓은 찬 음식만 먹으면서 성경과 관련 시(詩)를 읽고 공부했다. 집안에서는 카드놀이 같은 행위가 일절 금지됐다. 어머니 요한나(Johanna)는 15센트를 아끼기 위해 1

마일 정도를 걸어가 값싼 식품가게에 갈 정도로 검소했다. 어머니는 "가난한 것은 죄가 아니다. 그러나 계속 가난한 상태로 있는 것은 죄이다"라며 레스턴에게 "노력해 성공한 사람이 되라"고 강조했다.

심성이 강하고 엄격한 도덕주의자인 어머니는 레스턴에게 많은 영향을 미쳤다.[8] 특히 종교적 양심과 책임감·의무감을 가져야 한다고 주문했다. 레스턴은 어머니로부터 항상 '열심히 일하라', '사욕(私慾)을 뛰어넘는 큰 목적을 가져라', '다른 사람과 협력하고 겸손한 사람이 되라'는 말을 들었다.[9] 그의 어머니는 레스턴이 목사 일을 하기를 바랐다.

레스턴은 목사가 되지는 않았으나 어머니의 바람대로 평생 캘빈주의자(Calvinist)의 삶을 살았다. 일례로, 그는 1940~60년대 미국 신문기자들과 달리 밤 생활을 즐기지 않았고 음주도 좋아하지 않았다.[10] 부인 아닌 다른 여자와 만나는 것도 그는 꺼려했다.

음주 등 멀리하고 모범생 삶

그는 일찍 취침하고 매일 오전 6시에 일어나 4종류의 조간신문을 메모하면서 읽었다. 신문은 NYT와 뉴욕 헤럴드 트리뷴(New York Herald Tribune), 워싱턴포스트(WP), 월스트리트 저널(Wall Street Journal)이었다. 그는 오전 8시 라디오 뉴스를 들은 뒤, 부인이 운전하는 차를 타고 9시 전에 워싱턴 지국 사무실에 도착하는 규칙적인 생활을 했다.[11]

이혼(離婚)하는 상당수 유명인들과 달리 레스턴은 평생 한 여성과 결혼 생활을 했다. 3명의 아들 중 한 명은 공무원(국무부 차관보)으로, 다른 한 명은 언론인으로 키웠다. WP의 사주(社主) 필 그레이엄(Phil Graham)은 신앙심 두터운 레스턴을 '우리의 스코틀랜드 교황(Our Scottish Pope)'이라고 불렀다.[12] 그만큼 경건하고 흠 없는 생활을 했다는 얘기이다.

레스턴은 직업적으로 만난 많은 정치인, 군인, 언론인, 심지어 자신을 비판하는 사람들에게도 목소리를 높이거나 그들의 단점을 지적하지 않고 관대했다. 이는 소년 및 청소년기에 형성된 가정교육 영향이 컸다. 그래서 레스턴은 '냉소주의자들의 세상에서 이상주의자(an idealist in a world of cynics)'로 불렸다.[13] NYT는 1995년 12월 7일자 레스턴 부고 사설(社說)에서 이렇게 적었다.[14]

"그는 스스로를 스코틀랜드 캘빈주의자(Scotch Calvinist)라고 했다. 그는 많은 역경과 부침(浮沈)을 겪었지만 비참함에 굴복하지 않았고 이를 좋아하지도 않았다. 레스턴의 인생과 글을 적신 것은 사랑과 희망이었다. 그가 선택한 직업, 그리고 이민 후 새로운 조국이 된 미국에 대한 사랑이었다."[15]

골프만 잘 치던 청년

오하이오주 데이튼에서 보낸 학창생활 중 레스턴은 학교 공부보다 골프에서 뛰어났다. 토너먼트 대회에서 연전연승했고, 유력자의 캐디로도 활동했다. 18세 때인 1927년 오하이오주 고교 골프대회에서 우승할 정도로 최고의 아마추어 학생 선수였다. 고교 시절 그는 '데이튼 데일리 뉴스(Dayton Daily News)'에 아르바이트로 지역 농구 시합 내용과 결과를 취재해 기사화하곤 했다. 레스턴은 이런 일로 저널리즘과 인연을 맺었다.[16]

골프에 뛰어났던 레스턴은 프로 입문을 진지하게 고려했다. 그러나 어머니가 "너 자신을 발전시켜야 한다(Make something of yourself!)"며 극력 반대했다. 어머니의 기도(祈禱)와 성화 때문에 레스턴은 '델코 공장'의 사보(社報)인 'Delco Doings'의 편집자 보조 일을 1년간 하다가 일리노이 대학에 들어갔다.

입학 후 그는 대학본부의 체육 홍보부에 파트타임으로 일하면서 골프부 주장(主將)을 맡았고, 두 차례 오하이오주 퍼블릭 골프 대회 챔피언이 됐다. 학교 공부 성적은 형편없었다. 대다수 과목에서 C학점을 받았고, 3학년 철학 과목에선 낙제했다. 저널리즘에선 D학점을 받았다. 스포츠 작문 수업에서만 A학점을 땄다.

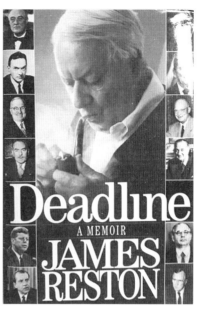

제임스 레스턴이 1991년에 낸 자서전/Amazon

미시간 주립대 저널리즘스쿨 학장을 지낸 프레드 시버트(Fred Siebert) 당시 일리노이 대학 강사는 "레스턴은 단어를 선택하고 거기에 의미를 부여하는 일은 아주 쉽고 재미있어 하며 잘했다"고 말했다.[17] 하지만 당시 어느 누구도 레스턴이 30년 후 미국에서 가장 영향력 있는 언론인이 되리라곤 상상하지 않았다.[18]

그는 대학 4학년 때 새러 제인 풀턴(Sarah Jane Fulton·약칭 샐리 Sally)을 만나면서 다른 사람이 됐다. 샐리는 레스턴과의 2대2 미팅에서 상대방 남자 파트너였으나, 천생연분처럼 레스턴의 연인이 됐다. 레스턴보다 나이는 3살, 학년은 2년 낮은 샐리는 거의 모든 과목에서 A학점을 받는 최우등생으로 지성과 미모를 갖췄다. 그녀의 아버지는 일리노이주 대법원장을 두 번 지냈다.

인생을 바꾼 부인 샐리

레스턴과 1935년 12월 뉴욕에서 성탄절 이브에 결혼식을 올린 샐리는 "남편이 언젠가 큰 인물이 될 사람으로 예정돼 있다고 믿었다"고 했다. 레스턴은 자서전에서 이렇게 말했다.

"샐리는 나와 결혼했을 뿐 아니라 나를 교육시켰다. 그녀는 젊은 시절 내게 있던 고독감과 이방인이 될지 모른다는 두려움을 쫓아냈다. 대학에서 철학과 문학 전공 최우등생이었던 샐리는 졸업 이후 삶을 두 과목 대학원 과정처럼 여기며 살았다. 그녀는 끊임없이 뉴스를 챙겼고, 사안을 다른 각도에서 볼 수 있도록 했다. 그녀는 나에게 많은 도움을 주었다."[19]

샐리와의 결혼 이후 레스턴은 안정감과 중심을 얻었고, 열심히 일하겠다는 가치로운 결심을 했다. 부인 샐리가 레스턴을 북돋운 덕분이다.[20] 한 예로, 레스턴은 취재원을 비롯한 다른 사람들의 말을 아주 잘 귀담아 들었다. "어떻게 그런 기술을 익혔느냐"고 누가 물었을 때, 레스턴은 웃으면서 이렇게 말했다.

"글쎄, 무엇보다도 나는 좋은 여성과 결혼했다. 그녀는 항상 나에게 '당신은 너무 말을 많이 한다. 상대방이 당신에게 무엇인가 말하려고 할 때 당신은 말을 끊어버린다. 그러지 말고 항상 끝까지 경청하라'고 주문했다."[21]

대학 시절 겨울 방학 때마다 레스턴은 오하이오주에서 발행되는 '데이튼 데일리 뉴스'에서 근무했다. 주로 외근 기자들이 보내오는 전화를 받고, 농구·아이스하키 같은 실내 스포츠 경기의 기사를 작성했다. 레스턴은 "이때부터 신문기자 일을 해야겠다고 마음먹었다. 다른 직업은 생각도 하지 않았다"고 했다.

1932년 대학 졸업 후 레스턴은 오하이오주 스프링필드에 있는 '스프링필드 데일리 뉴스(Springfield Daily News)'지에 주급(週給) 10달러를 받는 체육 기자가 됐다. 그를 채용한 제임스 콕스(James Cox)는 학생시절 레스턴을 골프장에서 캐디로 부린 부호로 나중에 오하이오 주지사를 지냈다.

1년 후 레스턴은 프로야구팀 신시내티 레즈(Cincinnati Reds)의 홍보팀 직원이 됐다. 야구장 입구에서 입장권 검사를 하고, 원정 경기에서 팀이 돌아올 때 고참 선수들을 달래주는 게 주 임무였다. 순회 홍보사원 역할도 한 그는 대도시를 갈 때마다 언론사 일자리를 알아봤다.

7년 노력 끝에 NYT 입사

마침내 레스턴은 고교 친구의 소개로 1934년 뉴욕의 AP 통신 피처 서비스(Feature Service) 부문 스포츠 기자로 취업했다. 월급은 175달러였다.[22] 레스턴은 운 좋게 1937년 AP 통신 런던 지국에 일자리를 구했다. 다만 1년의 절반은 스포츠를 취재하고, 스포츠 경기가 없는 겨울철 등 나머지 절반은 영국 외무부를 출입하면서 외교 기사를 쓰는 일이었다.[23] 레스턴은 "당시에 나는 독일이 지도상에 어디에 있는지도 몰랐다"고 했다. 그는 런던에 상주하는 각국 대사관 취재도 했다.

이때 만난 캐나다 대사관의 레스터 피어슨(Lester Pearson) 1등서기관은 이후 캐나다 자유당 당수(黨首)가 됐고, 프랑스 대사관의 장 모네(Jean Monnet)는 '유럽 통합의 아버지'가 됐다. 이들은 레스턴의 친구이면서 유용한 취재원이었다. 레스턴은 AP 통신 런던 지국에 근무하면서 뉴욕타임스 입사를 두 차례 시도했으나 모두 거절당했다.

그러다가 아돌프 히틀러(Adolf Hitler)가 폴란드를 침공한 1939년 9월 1일, 그는 NYT 런던 지국에 입사했다. 그의 주급(週給)은 85달러였다. 그는 오하이오 주립대 스포츠 홍보팀장→신시내티 레즈팀 출장 홍보사원(주급 75달러)→AP 통신 뉴욕 지국(월급 175달러)→AP 통신 런던 지국 기자를 거쳐 꿈에 그리던 NYT 기자가 됐다. 그러나 NYT에서 레스턴을 알아보는 이는 거의 없었고, 그의 존재감은 미미했다. NYT에 실린 그의 첫 번째 기명 기사에서 기자 이름을 '존(John) 레스턴'으로 인쇄해 배달할 정도였다.[24]

NYT 입사는 하지만 레스턴의 삶에 큰 변화를 주었다. 특히 런던 근무는 그에게 행운이었다. 나치 독일의 런던 시내 공습(空襲)이 일상이 된 전시(戰時) 상황에서 레스턴은 민주주의에 대한 신념과 앵글로색슨(AngloSaxon) 문명의 가치를 새롭게 인식했다. 동시에 그는 기자로서 자신의 세계관을 구축해 갔다.

레스턴은 "제2차 세계대전은 성스러운 전쟁(a holy crusade)"이라고 확신하게 됐다. 1년 4개월만인 1940년 연말, 그는 신병 치료차 뉴욕 본사로 돌아와 잠시 근무했다.[25]

런던 근무와 저서로 존재감 드러내

1942년 여름 발간한 첫 저서 〈Prelude to Victory〉에서 레스턴은 공포

| 제임스 레스턴의 저서 |

제목	출간 연도	내용
Prelude to Victory	1942	2차 세계대전 상황과 대응 자세 등 설파
The Artillery of the Press	1967	미국 외교협회(CFR)에서 연설문 등 모음집
Sketches in the Sand	1967	레스턴이 쓴 칼럼 모음집
Deadline	1991	개인 자서전

에 사로잡힌 런던의 모습을 자세히 묘사하면서 "우리가 개인적인 목표와 물질적인 것을 위해서가 아니라 진정으로 미국과 아메리칸 드림을 위한 국민적 성전(聖戰)으로 싸울 때 승리할 수 있다"고 역설했다.

이 책으로 레스턴은 명성(名聲)을 얻었다. 미국과 영국에서 책에 대한 호평이 쏟아졌고, 감동한 영화 감독 월터 왱거(Walter Wanger)는 자발적으로 책 판매·홍보에 나섰다.[26] 그 해 연말 레스턴은 3개월 휴직 허가를 받아 미국 전쟁정보국(Office of War Information)의 런던지부 창설 요원으로 일했다.

그의 일처리를 유심히 지켜본 존 위난트(John Winant) 영국 주재 미국 대사는 행정비서로 일할 기자를 찾던 아서 헤이즈 설즈버거(Arthur Hays Sulzberger·약칭 AHS) NYT 발행인에게 레스턴을 추천했다. 레스턴은 9개월 동안 AHS 비서로 일하면서 근면성실함과 청교도적인 자세로 좋은 평판을 얻었다.[27]

레스턴은 1950년대 들어 AHS 부부는 물론 그들의 사위인 오빌 드라이푸스(Orvil Dryfoos) 후임 NYT 발행인과도 가까운 친구가 됐다. AHS와 드라이푸스가 사망했을 때, 레스턴은 두 사람을 추모하는 대표 조사(弔辭)를 모두 읽었다.[28] 제임스 레스턴은 AHS의 자랑이었다. AHS의 부인인

이피진 옥스 설즈버거의 절대적인 신뢰를 받았으며, 오빌 드라이푸스와는 둘도 없이 가까운 친구였다.[29]

이는 '진지한 신문'인 NYT와 사려 깊은 성격의 레스턴의 가치관과 신념, 논조가 정확하게 일치했기 때문이다. "제임스 레스턴에게 좋은 것은 NYT에도 좋다"는 말은 진실이었다.[30]

UN 창설 외교문서 특종으로 퓰리처상

레스턴은 AHS의 비서 근무를 마치고 런던 지국에 복귀해 잠시 근무하다가 1944년 초 워싱턴 지국으로 배속됐다. 그는 워싱턴 DC에서 외국 대사관 취재를 맡으면서 경쟁자들을 당혹시켰다. 그 해 8월 워싱턴 DC 조지타운 인근 덤바턴 오크스(Dumbarton Oaks)에서 열린 미국·영국·중국·소련 연합국 4개국의 국제연합(UN) 창설 논의 국제회의에서 각국의 입장 문서(position paper) 전문(全文)을 입수해 게재한 것이다.

레스턴은 1944년 8월 23일자 조간신문 A1면부터 여러 면에 걸쳐 덤바턴 오크스 회의에서 발표·교환된 3개국 계획 요약본을 총 50인치(약 127cm) 길이의 분량으로 상세하게 보도했다. 미국과 다른 나라들의 입장도 비교분석했다. 그는 하루에 한 건의 새로운 정보를 담은 특종 기사를 연이어 게재해 경쟁사들의 애간장을 태웠다.[31]

당시 소련은 정보 누출자로 미국을 의심했고, 미국 정부는 레스턴과 가까웠던 영국 외무부를 주범(主犯)이라고 추측했다. FBI가 레스턴에 특별 감찰을 실시했으나 소용없었다. 레스턴은 이 보도로 1945년 생애 첫 번째 퓰리처상을 받았다. 수십 년 후에 그는 "첸이(Chen-Yi)라는 NYT 인턴 출신의 중국(당시는 자유중국) 대표단 대표가 비밀 취재원이었다"고 털

어놓았다.[32]

이 기사로 35세의 레스턴은 워
싱턴에서 가장 유명하고, 가장
주목받는 스타 기자로 발돋움
했다. 1948년 대통령 선거 출마
를 꿈꾸던 아서 반덴버그(Arthur
Vandenburg) 연방 상원의원은
1945년 1월 미국의 대외정책에
관한 연설문 초안을 레스턴에게
보여준 뒤 그의 조언을 요청했다.

레스턴은 이에 대해 "소련의 팽

제임스 레스턴은 표지 인물로 다룬 미국 '타임'지
1960년 2월 15일자 / TIME

창에 맞서 미국과 서유럽이 조약을 맺어야 한다"는 내용을 추가하자고
제안했다. 이를 수용한 연설문 덕분에 반덴버그는 공화당 내 유력 정치
인으로 부상했고, 레스턴에 대한 평판도 더 높아졌다.[33] 1940년대 말부터
50년대 초까지 레스턴은 각사가 탐내는 일류 언론인이 됐다. 기자들을
'교양 없고 거친 남자(plebeian roughneck)'로 경멸하던 국무부 고위 관리들
도 "레스턴은 제대로 된 기자"라며 인정하고 호평했다.

매주 2건씩 특종… 워싱턴 내막에 가장 정통한 기자

여기에다 레스턴은 다른 기자들이 접근도 잘 못하는 정보를 얻어내는
'특종 제조기(a scoop artist)'였다. 1950년대 초반에 그는 매주 평균 2건의
특종 기사를 썼다. 당시 그의 직속 상관이넌 아서 크록(Arthur Krock) 워
싱턴 지국장은 레스턴에 대해 "그는 믿을 수 없을 정도로 부지런하다(He

is industrious beyond belief)"고 말했다.[34]

워싱턴포스트(WP)의 사주 필립 그레이엄은 가까운 골프 친구인 레스턴에게 1953년 2~3차례 "WP에 와서 일해달라"고 정식 제의했다. 그는 레스턴을 논설실 책임자로 영입한 뒤 WP 전체의 편집제작 총책임자로 기용하겠다고 약속했다.[35] 레스턴이 이 사실을 크록 지국장에게 보고하자, 크록은 본사와 협의도 하지 않고 "내 자리를 내줄테니 계속 NYT에서 일하게"라고 했다.[36]

1953년 10월 1일 워싱턴 지국장이 된 레스턴은 1964년 9월 2일 물러날 때까지 11년 가까이 워싱턴 지국을 총지휘하면서 '워싱턴의 내막(內幕)에 가장 정통한 사람(the quintessential Washington insider)'으로 불렸다.[37] 레스턴은 은퇴한 뒤에도 워싱턴 DC 북서쪽 우들리 로드(Woodley Road)의 붉은 벽돌집에서 여생을 보낼 만큼 워싱턴 DC를 사랑했다.

그는 프랭클린 D. 루스벨트 이래 10명의 미국 대통령들과 각국 국왕, 총리, 귀족, 고위 정치인, 외무장관 등과 긴밀한 관계를 유지했다. 1953년부터 1987년까지 34년 가까이 그가 연재한 '워싱턴(Washington)' 칼럼은 세계 각국 외교관과 지식인, 언론인들의 필독(必讀) 코너였다.[38]

레스턴은 월터 리프먼(Walter Lippmann)의 계보를 이어 워싱턴 DC에서 가장 빛나는 언론인이었다. 레스턴이 가진 글로벌 시각은 리프먼의 영향을 많이 받았다. 레스턴도 자신의 관점을 동료 및 후배 기자들에게 물려주며 영향을 끼쳤다. 리프먼은 레스턴에게, 레스턴은 다른 데스크와 후배 기자들에게, 그것은 다시 방송계와 워싱턴 전체로 파장을 던지는 일종의 '물결 효과(ripple effect)'였다.[39]

나는 읽고, 읽고, 또 읽었다

무명의 존재였던 레스턴이 최고 기자가 된 비결은 무엇일까? 빼놓을 수 없는 것이 부단한 노력과 겸손한 자세이다. 그는 워싱턴 지국장이 된 뒤에도 후배들을 지휘하지만 않고 직접 취재하면서 기사와 칼럼을 쓰는 '현장 기자'였다.

그는 "기자가 된 후 20년 동안 소설책은 한 권도 읽지 않았다. 그러나 업무에 도움된다고 생각되는 논픽션 책들은 빼놓지 않고 다 읽었다. 나는 읽고, 읽고, 또 읽었다(I had read, read, read)"고 했다.[40] 부단한 자기 연마로 레스턴은 엘비스 프레슬리(Elvis Presley)의 대중적 인기부터 현대 미국의 혼란을 로마제국의 흥망성쇠와 연결시키는 내용까지 기사와 칼럼을 자유자재로 쓸 수 있게 됐다.

터너 캐틀리지 NYT 편집국장은 미국 시사주간지 'TIME'과의 인터뷰에서 "만약 레스턴이 나에게 전화를 걸어와 토스카 오페라가 워싱턴에 오는데 내가 취재하고 싶다고 얘기한다면, 나는 그가 훌륭한 기사를 보내올 것이라고 의심치 않는다"고 말했다.[41]

기자로서 늦게 출발한 레스턴은 겸손을 몸에 익혔다. 자신은 어느 누구에게도 배울 게 있다고 생각하면서 보통 하루 12~15시간씩 일했다. 후배 기자들이 출근하기 전, 레스턴은 워싱턴 지국 사무실에 나와 주요 취재원들에게 한 바퀴 전화를 걸어 상황을 파악했다. 데이비드 핼버스탬은 레스턴의 취재 방식을 이렇게 표현했다.

"그는 소탈하고 편안하게 접근하며 취재했다. 그는 예상 못할 정도로 엉뚱했고, 공격적이지 않으면서도 공격적이었다. 그가 자주 쓴 변칙(變則) 중 하나는 취재원에게 전화를 걸어 질문해 놓고 한참 동안 침묵하는 것이었다. 그의 목소리는 결코 기사거리를 달라는 애원조가 아니었다. 그는 급하지 않고 항상 여유 있는 척했다. 동시에 그는 믿을 수 있는 존재이며 무엇인가 많이 알고 있다는 인상을 주며 내숭을 떨었다."[42]

세 가지 취재 노하우

그는 정보를 모으고 취재하는 나름의 노하우를 갖고 있었다. 첫 번째는 '모르는 사안을 아는 척하지 않고 말하기보다 잘 듣는다'는 것이다. 레스턴의 말이다.

"해답을 얻을 때까지 나는 계속 질문했고, 취재원의 말을 열심히 듣고 또 들었다. 당신(기자)이 상대방(취재원)을 당신(기자)보다 똑똑한 사람으로 만든다면, 그는 자신이 아는 모든 것을 당신에게 말할 것이다."

두 번째는 "불만을 품고 있는 사람들을 눈여겨보라(Seek out the disgruntled party)"이다. 그는 덤바턴 오크스 회의에서 찬밥 신세로 따돌림당하던 자유중국 대표단을 설득해 다른 나라들의 입장 문서까지 모두 건네받았다.

세 번째는 '예상적 분석(projective analysis)'이다. 그는 후배 기자들에게 "신문을 유심히 읽고 의문을 품어라. 그러면 정부가 앞으로 무엇을 할 것인지 예상할 수 있다. 그 바탕 위에서 추적하고 취재하라"고 주문했다.

NYT의 영향력도 힘이 됐다. 그가 쓴 특종 기사들 중 일부는 취재원들이 NYT에 고의로 흘린 것들이었다. 레스턴은 한 이슈의 주변부를 열심히 취재해 기사 얼개를 갖춰놓은 다음, 핵심 취재원에게 전화를 걸어 장문(長文)의 기사를 쓰겠다고 엄포를 놓았다. 그는 그래서 '워싱턴 DC에서 가장 멋진 엄포장이(the finest bluffer in Washington)', '전화 취재의 달인(A Great Phone Man)'이라는 별명을 얻었다.[43]

그는 이 과정에서 연방 의원들과 행정부 고위 관리들의 비위를 잘 맞추었다. 그럼으로써 그들이 갖고 있는 근심거리나 현안을 털어놓도록 하는 솜씨가 뛰어났다. 레스턴은 자신이 무엇을 모르고 있는지 잘 알고 있었고, 취재원들이 그에게 얘기하도록 하는 방법을 터득하고 있었다. 그는 정원에서 꽃을 옮겨 다니는 꿀벌처럼 워싱턴 DC 내 국무부에서 연방 의회로, 각국 대사관에서 백악관으로 아이디어와 가십(gossip)을 전달했다.[44]

특종보다 국익을 우선하는 자세

워싱턴 지국장 시절 레스턴은 국가 안보 관련 보도에서 합리적인 판단으로 호평받았다. 1961년 4월 '미국 정부의 쿠바 피그스만(Bay of Pigs) 공격 임박'이란 특종 기사를 대폭 줄여 게재한 게 한 예이다.[45] 당초 NYT는 태드 슐크(Tad Szulc) 기자가 송고한 기사를 그 해 4월 7일자 A1면에 4칼럼 크기의 머리기사로 실을 예정이었다.

"5,000~6,000명의 쿠바 망명인들이 미국과 중남미에서 카스트로 정부 타도를 목표로 쿠바 침공 군사훈련을 받고 있으며 공격이 임박했다"는 내용이었다. 오빌 드라이푸스 발행인은 기사 게재로 인해 미국의 대(對)쿠바 군사직전이 실패할 경우, NYT에 쏟아질 비난을 우려해 레스턴 지국장에게 전화를 걸었다.

레스턴은 "'공격이 임박했다'는 표현은 삭제하고 크기를 줄여서 싣자"는 의견을 냈고, 기사는 A1면 아래쪽에 1칼럼 크기로 게재됐다. 10일 후 이뤄진 미국의 피그스만 침공 작전은 실패로 끝났다. 존 F. 케네디 대통령은 "NYT가 침공 작전에 대해 더 상세하게 보도했더라면 행정부가 큰 실수를 하지 않았을 것"이라고 했다. 레스턴은 그러나 "다시 결정한다 해도 똑같았을 것"이라며 "'공격 임박' 사실을 보도했더라면 참사를 막았을 것이라고 생각하는 것 자체가 어리석은 일"이라고 반박했다.[46]

1962년에 레스턴은 플로리다주에서 90마일(약 144km) 떨어진 쿠바에 소련이 핵 미사일을 설치하려 한다는 정보를 단독 입수했다. 이 사실을 파악한 케네디 대통령은 레스턴에게 전화를 걸어 "내가 월요일 저녁에 TV 방송에 나가 국민들에게 보고할 예정"이라며 "NYT가 기사를 싣는다면 방송이 나가기 전에 후루시초프가 최후통첩을 보낼 수 있다"며 협조를 요청했다.

레스턴은 "뉴욕 본사에 보고할 것이며, 본사가 나에게 의견을 묻는다면 '쿠바 미사일 건을 기사화하지 않는 게 좋겠다'고 건의할 것"이라고 답했다. 결국 쿠바에 대한 언급 없이 '중대 위기 발생'이라는 내용만 기사에 실렸다.

1971년의 국방부 비밀문서, 이른바 '펜타곤 페이퍼(Pentagon Papers)' 보도는 달랐다. 레스턴은 "이 문서는 그 자체가 역사이며 한 세기에 한 번 나올 만한 기사(the story of century)"임을 직감했다. 당시 부사장 겸 칼럼니스트이던 그는 "펜타곤 페이퍼는 반드시 보도해야 한다"고 주장했다.[47]

레스턴은 행정부의 외교안보 관련 정책을 최대한 빨리 취재해 보도함으로써 대중의 반응을 듣도록 하는 게 기자의 중요한 역할이라고 봤다.[48]

행정부의 정책이 확정된 다음에는 시민들에게 항의 또는 시위할 수 있는 권리만 남는 만큼, 기자들은 정책이 확정되기 전에 검토 중인 단계라도 그 내용을 보도해야 한다는 것이다.[49]

사안에 대한 '분석적 보도'

1975년 말 유명 칼럼니스트인 마르퀴스 차일즈(Marquis Childs)는 "레스턴 한 사람이 대략 미국 연방 상원의원 세 사람 몫의 힘을 갖고 있다"고 말했다.[50] 이는 레스턴이 워싱턴 정가에서 상당한 영향력을 행사한 것을 가리킨 표현이다.

레스턴은 기자로서 '혁신가'였다. 1930~40년대에 미국 언론계는 맥락 설명이나 분석 없이 객관적인 사실(事實·fact) 전달에 치중했다. 과학·경제·교육 같은 20세기적 현상은 신문의 주요 취재 대상이나 관심사가 아니었다.[51] 하지만 레스턴은 TV·라디오 같은 첨단 매체가 인기를 끄는 상황에서 구태의연한 신문 제작 방식은 통하지 않는다고 봤다. 그는 대안으로 사안과 상황에 대한 분석적 보도(interpretive reporting)가 필요하다고 확신했다.[52]

그러면서 스스로 해석과 분석을 많이 담은 기사를 썼다. 예컨대 그는 기사의 취재원(source)을 밝히지 않으면서 과거의 신문기사 작법. 스타일과 크게 다른 기사들을 자주 송고했다. 이로 인해 아서 크록 워싱턴 지국장은 물론 뉴욕 본사 선배들과 자주 충돌했다. 레스턴의 기사는 워낙 설득력 있고 좋았기에 뺄 수가 없었다. 선배들은 기존의 기사 양식과는 전혀 다른 레스턴이 보낸 기사에 '뉴스 분석(News Analysis)'이라는 새로운 문패를 붙였다.[53]

레스턴은 자신이 지휘하던 워싱턴 지국을 이런 뉴스를 만드는 '동적(動的)인 뉴스기관'으로 탈바꿈시켰다. '옥스-설즈버거 가문'과 직접 거래하며 NYT 본사에 대해서도 당당한 목소리를 낸 그는 워싱턴 지국을 독립된 자신의 영지(領地)로 두고 유능한 엘리트 기자들로 채웠다. 레스턴이 생애 두 번째로 받은 퓰리처상 수상 기사는 그 산물이었다. 레스턴은 드와이트 아이젠하워(Dwight Eisenhower) 대통령의 건강 악화가 미국 행정부 기능에 미치는 영향을 해부하는 5회 연속 시리즈 기사로 1956년 퓰리처상을 받았다.

그는 "우리가 놓치고 있는 큰 어젠다는 무엇인가?"라는 물음을 던지면서 취재의 목적에 초점을 맞추었다. 이런 각도에서 레스턴은 "신문기자라는 직업이 진지하고 존경받는 직업(a serious and respected profession)이 되어야 한다"고 봤다. 이를 위해 좋은 대학에서 좋은 교육을 받은 우수한 기자들이 숭고한 목적을 갖고 신문사에 들어오길 바랐다.

그는 당시 언론계 수준에 안타까워하면서 미국 저널리즘이 더 진지해지길 희망했다. 기자들이 손에 잡히지 않는 미묘하고 중요한 큰 사회적 변화와 흐름을 놓치는 것을 아쉬워한 레스턴은 말과 행동, 기사와 칼럼으로 자신이 그들에게 모범이 되고자 했다.[54]

미국 저널리즘의 멘토

레스턴은 유망한 청년 기자를 발견하고 영입하고 양성하는데 힘을 쏟았다. 1950~60년대에 미국에서 기자로 활동하려는 젊은이들은 워싱턴 DC에서 일하고 싶어 했고, 이들 가운데 다시 최고는 NYT의 워싱턴 지국 근무를 희망했다.

레스턴은 "전임 지국
장은 자신만 돋보이려고
자기를 넘어설 만한 재
능과 잠재력 있는 기자
를 뽑지 않았다. 하지만
나는 1급(first-raters)만
채용한다. 그렇게 하는
게 오히려 나에 대한 평
가를 더 높여준다"고 말

1971년 8월 5일 베이징 인민대회당에서
저우언라이 중국 총리와 단독회견하고 있는 제임스 레스턴
/ Wikimedia Commons

했다. 레스턴은 신참 기자들에게 교육 기회를 줘 이들이 고품질 저널리
스트로 성장하도록 이끌었다.

안토니 루이스(Anthony Lewis)를 1955년 뽑은 레스턴은 이듬해부터 2
년 동안 그를 하버드대 로스쿨에 보내 공부를 시킨 뒤 연방대법원 취재
를 맡겼다. 미국 사법부의 난맥상과 미묘한 차이를 충분히 공부한 루이
스는 쉽고 설득력 있는 분석기사로 법조계의 호평을 받았다.[55] 레스턴은
미국 연방대법원의 서기(clerk) 제도를 본떠 인턴들을 뽑아 유능한 기자로
키웠다.[56]

인턴들은 레스턴의 칼럼 작성을 돕고, 레스턴 앞으로 보내온 독자 편
지에 답장을 보내고, 칼럼 초고 내용의 사실 확인과 오류 점검 등을 하
는 개인 보좌관 노릇을 했다. 레스턴은 이들에게 취재 기법과 업무 방식
을 직접 보여줌으로써 영감(靈感)을 불어넣었다. 대부분의 인턴들은 명문
대를 우수한 성적으로 졸업한 엘리트였다.[57] 이들 중 상당수는 미국 언론
계의 기둥으로 성장했다.

NYT를 거쳐 1991년부터 워싱턴포스트의 서평(書評) 최고 책임자로 활약한 조나단 야들리(Jonathan Yardley), NYT에선 연방대법원을 오래 출입한 전설적인 법조 전문 기자인 린다 그린하우스(Linda Greenhouse), 역사전문인 데이비드 던랩(David Dunlap), 정치·의회 전문인 에릭 슈미트(Eric Schmitt) 기자 등이 이에 속한다.[58] 레스턴의 휘하에서 일했고 NYT 워싱턴 지국장을 지낸 막스 프랑켈은 이렇게 회고했다.

"많은 스타 기자들(star reporters)과 달리 레스턴은 후배 기자들의 정보 보고나 기사를 도둑질해 자기 것인 양 포장하지 않았다. 오히려 정반대로 그는 고위층에 대한 특별한 접근을 활용해 부하 기자들이 보내온 기사에서 빠진 사실들을 촘촘하게 보완해줬다. 그러면 우리는 분석적인 예감들(analytical hunches)을 제공하는 식으로 그에게 보답했는데, 이것은 때때로 그의 칼럼들을 아주 풍부하게 만들었다. 이런 식으로 레스턴과 우리는 서로 협력하며 공생했다."[59]

애국주의 토대에서 희망 설파
이와 함께 레스턴은 동료와 후배 기자들에게 윤리(倫理) 기준 준수를 권장했다. 1950~60년대의 언론인들이 접대를 받고 기사나 칼럼을 통해 지인(知人)들을 직·간접 홍보하는 행위에 대해 레스턴은 엄정하게 반대하며 부정적이었다. 그는 후배들에게 "뉴스거리를 얻기 위한 연회(宴會) 참석은 효과가 없다"고 강조했다. 백악관에 갈 때 레스턴은 수첩 한 권과 펜 한 자루만 들고 갔다.[60] NYT 연구가인 게이 탈레이즈(Gay Talese)는 레스턴에 대해 이렇게 지적했다.

"그는 '기회의 땅'인 미국에 신세를 진 가난한 소년 출신이었지만, 성공한 뒤에도 자신의 가난했던 과거는 물론 현재를 만들어준 미국이란 토양을 잊지 않았다. 거기에서부터 감사가 생겼다. 그는 애국주의(patriotism)로 무장한 미국 옹호자(American advocate)였다."[61]

실제로 레스턴은 미국 정부가 실수나 부정행위를 저질렀을 때에도 탐욕과 어두운 점을 헤집기보다는 정의(正義)롭고 긍정적인 측면에 주목했다. 예컨대 소련, 중국 같은 적국(敵國)의 스파이 조직에서보다 미국 중앙정보국(CIA)에 선량한 사람들이 더 많다고 믿었다. 그의 칼럼에는 부정적 시각이나 회의(懷疑)가 드물었다. 대신 그의 칼럼을 읽으면 세상은 밝아졌고, 현재와 미래에 희망을 품을 수 있었다.[62]

동시에 그의 칼럼은 명료하고 상상력 넘쳤다. 그렇다고 레스턴이 추상(抽象)의 영역에 머문 것은 아니었다. 그의 칼럼들은 대부분 시사(時事) 이슈를 다루었다. 그는 문장 한 줄을 쓰기 위해 12명에게 전화를 건 적도 있다. 칼럼 마감시간은 오후 7시인데, 그는 대개 오후 4시 넘어서야 타이프라이터 앞에 앉았다.

레스턴은 "나는 그다지 훌륭한 지식인이 아니기 때문에 책상에 오래 앉아 있어도 소용없다"고 했다. 그는 뉴스를 보며 숙고(熟考)를 거듭하다가 극도의 마감시간 압박 속에서 칼럼을 썼다. 긴 잡지 기사를 쓸 때도 마찬가지였다.[63] 청소년 시절 한때 목회자를 희망한 영향인지 그의 칼럼에는 성경(聖經) 구절이 많이 인용돼 "설교 같다"는 평을 가끔 들었다. 그는 1987년 8월에 실은 마지막 NYT 정기 칼럼에서 이렇게 말했다.

| 제임스 레스턴의 '포린 어페어' 기고문 |

제목	게재 시점
The Critic Turns Actor	1945년 10월
Votes and Vetoes	1946년 10월
Prospects for Stability in Our Foreign Policy	1948년 10월
The Press, the President and Foreign Policy	1966년 7월

* 자료 : https://www.foreignaffairs.com/search/james reston

"칼럼 쓰기는 피 말리는 일이다. 전날 밤을 설치기 일쑤다. 신문에 글을 쓰는 것은 풍차 밑에 서 있는 것과 같다. 한 번 쓸 때마다 풍차의 날개가 머리를 한 번 후려치는 것 같아서 비틀거리게 된다. 다음 칼럼을 쓰면 또 다른 날개가 어느새 다가와서 머리를 후려친다. (중략) 만약 내가 운(運)이 좋다면 미국인들에게 장문(長文)의 러브레터를 써볼 생각이다."[64]

세계 정상들과 대좌해도 손색없는 기자

이념적으로 분류한다면 레스턴은 국방비 감축, 복지 확대, 큰 정부를 선호하는 진보주의자였다. 그러나 문제에의 접근 방식이 넓고 다원적이며 관조적이었기에 다른 칼럼니스트들과 달랐다. 한국의 한 저널리스트는 레스턴을 이렇게 평가했다.

"그는 주장하지도, 설득하지도, 분개(憤慨)하지도, 화를 내지도, 공격하지도 않는다. 그의 칼럼에는 항상 여유가 있고, 읽는 사람을 포근히 감싸주는 따스한 체온 같은 것이 있다. (중략) 그는 중국의 저우언라이이든, 이스라엘의 베긴 총리이든 세계 정상급 지도자와 맞붙어도 조금도 손색이 없는 대기자이다."[65]

레스턴은 실제로 공정하고, 문명화되고, 지성적(知性的)이며 국제적인 새로운 저널리즘의 표상(表象)이었다. 그는 권위 있는 외교 전문저널인 '포린 어페어(Foreign Affairs)' 지에 네 차례 '에세이(Essay) 기고문'을 실었다. 1971년 8월 5일 중국 베이징 인민대회당에서 저우언라이(周恩來) 중국 총리와 5시간 단독회견하고,[66] '유럽 통합의 아버지' 장 모네(Jean Monnet)와 전화 인터뷰를 하는 등 세계 각국 정상이나 고위 정치인·명사(名士)들과도 대등하게 소통했다.

20세기 전반의 월터 리프먼과 어깨를 나란히 한 레스턴은 20세기 후반부 저널리스트의 새로운 표준을 세웠다.[67] 그는 뛰어난 뉴스 감각으로 일상사(日常事)를 역사라는 거울에 비춰 관찰·기록했다.

헨리 키신저(Henry Kissinger) 백악관 안보보좌관 같은 최고 엘리트와 과도하게 밀착했고,[68] 경영자로선 성공하지 못했다는 사실은 그가 이룬 업적과 자취에 견줘보면 '옥(玉)의 티'일 뿐이다.

마거리트 히긴스

Marguerite Higgins·1920~1966

홍콩 출생

UC버클리, 컬럼비아대 신문학 석사

1941년 뉴욕 헤럴드 트리뷴 입사

베를린·도쿄 지국장, 6·25전쟁 종군기자

풍토병 걸려 45세에 요절

1941년 8월 미국 캘리포니아 버클리 대학(UC Berkeley)을 갓 졸업하고 21번째 생일을 한 달 앞둔 마거리트 히긴스(Marguerite Higgins Hall·1920~1966). 그녀는 여행용 가방 하나와 단돈 7달러, 미국 뉴욕주 남동부의 롱아일랜드(Long Island)에 사는 삼촌 부부의 소개장 한 장을 들고 뉴욕 시내에 도착했다.

"앞으로 1년이 신문기자가 될 수 있는 마지막 기회이다. 안 되면 캘리포니아로 돌아가 프랑스어 교사가 되겠다"고 마음먹은 히긴스는 시내 중심가인 타임스퀘어의 신문판매대 점원에게 "가장 가까운 신문사가 어디예요?"라고 물었다.[1] 점원은 인근의 뉴욕 헤럴드 트리뷴(New York Herald Tribune)[2] 본사 건물을 가리켰다.

대답이 나오기 무섭게 히긴스는 신문사 건물을 향해 힘차게 걸었다. 건물 안에 앉아 있는 안내원을 따돌리고 5층 엘리베이터에 내려 편집국 안으로 들어갔다. 무턱대고 한 기자에게 "사회부장(city editor)은 어디 있나요? 그의 이름도 가르쳐 주세요"라고 했다. "이름은 엥겔킹(Engelking)인데 저기 가운데 큰 책상에 앉아 있는 사람이다"는 말을 듣고 그녀는 그의 책상 앞으로 갔다.

컬럼비아대 저널리즘스쿨 수석 졸업

약속은커녕 사전 귀띔도 없이 찾아온 앳된 20대 여성에게 엥겔킹은 덜 통명스럽게 "누구신가요? 왜 여기 왔어요?"라고 물었다. 히긴스는 "일자리를 구하러 왔다"며 언제 어떻게 여기에 왔고, 경력과 앞으로의 계획을 얘기했다. 그녀는 대학 시절 학보 '데일리 캘리포니언(Daily Californian)'에 쓴 기사철(記事綴)을 보여주면서 졸업 직후 지역신문인 '발레조 타임스 헤럴드(Vallejo Times Herald)'에서 광고 판매사원으로 일한 경험도 털어놨다.

엥겔킹은 "우리도 몇 명의 여기자를 곧 충원해야 한다. 한 달 후에 다시 와라. 기회가 있을 수 있다"고 말했다. 그의 말에 용기를 얻은 히긴스는 뉴욕에 머무르기로 했다.[3] 그로부터 10개월 후인 1942년 6월 히긴스는 뉴욕의 컬럼비아대 저널리즘스쿨을 수석 졸업함과 동시에 뉴욕 헤럴드 트리뷴의 기자로 입사했다.[4]

그녀는 이때부터 꺾이지 않는 근성(根性)과 믿기지 않는 행운(幸運)의 주인공이었다. 대학원 입학부터 그랬다. 9월 초 개학을 앞두고 저널리즘스쿨 내 11명의 여성 입학 정원은 모두 마감된 상태였다. 히긴스는 학교 행정 직원을 채근해 "일단 앞으로 4일 안에 5명의 교수가 각기 쓴 추천서와 고교 및 대학교 성적표를 학교에 내보라"는 얘기를 들었다. 그녀는 캘리포니아에 있는 아버지에게 즉각 연락해 관련 서류를 모두 항공우편으로 받아 제출했다. 여학생 한 명이 마지막에 등록을 취소하는 바람에 개강 4일 전 입학 허가를 받았다.[5] 컬럼비아대 저널리즘스쿨에서 그녀를 가르친 존 테벨(John Tebbel) 교수는 이렇게 말했다.

"강의실 안에서 히긴스는 단연 돋보였다. 그녀는 눈부시게 빛나는 금발 미인이었고, 미모만큼 빛나는 지성(知性)은 감춰지지 않았다. 그녀는 철저하게 현실적인 야심으로 똘똘 뭉쳐 있었다. 여성이 언론계에서 성공하려면 무척 굳세야 했다. 당시 언론계는 남성 우월주의 집단이었다. 그 속에서 히긴스는 야망을 추진력 삼아 강하게 밀어붙였다."[6]

일례로, 컬럼비아대 대학생 유급 기자(campus correspondent)가 되면 뉴욕 헤럴드 트리뷴 기자로 채용되기 유리하다는 사실을 파악한 그녀는 한 학기 만에 그 자리를 꿰찼다. 그 일을 하면서 프리랜서로 글을 써서 생활비를 벌었다. 히긴스는 대학 졸업 직후 헤럴드 트리뷴 본사 건물 안으로 무작정 걸어간 날로부터 10년이 채 안 된 1951년 봄, 신문기자에게 최고의 영예인 퓰리처상을 받았다.[7] 그녀의 회고이다.

"1951년 6월 〈War in Korea〉를 출간하고 퓰리처상 수상자가 됐다. 그 후 나는 전국적인 유명인사가 됐다. 종군 취재에서 돌아온 지 첫 30일 동안 2,000건이 넘는 각종 출연 요청이 쏟아졌다. 미국에 있는 거의 모든 사람들이 내가 무엇인가를 해주길 원하고, 그 대가로 나에게 돈을 지불하려 했다. 이들은 만약 내가 그것을 수용하지 않으면 큰 모욕이라고 생각하는 것 같았다."[8]

여기자 첫 퓰리처상… 50여 개 상 휩쓸어

1951년 한 해에만 히긴스는 50개 넘는 상(賞)을 받았다. AP 통신이 선정한 '올해의 인물'을 시작으로 탁월한 심층기사를 쓴 기자에게 주는 '조지 포크 기념상(George Polk Memorial Award)', 해외기자클럽(Overseas Press Club)의 표창장, 미국 해병대 예비역장교협회가 수여하는 논 시비 세드 파트라이아에(Non Sibi Sed Patriae)상, 해외 참전용사 금메달, 뉴욕신문여성 클럽이 주는 특별상 등.[9] 그녀는 1950년 6월 말부터 연말까지 6개월간 한국전쟁을 현장에서 취재한 유일한 여기자였다. 그 공로로 남자 종군기자 5명과 함께 퓰리처상 국제 보도 부문상까지 받았다.[10]

이후 10년 넘게 히긴스는 전 세계 국가원수들을 인터뷰하고 콩고 내전(內戰), 베트남 전쟁 등을 취재했다. 1965년 베트남 현지 취재를 하다가 풍토병에 감염된 히긴스는 1966년 1월, 45년 4개월 남짓한 생애를 마쳤다. 그녀는 버지니아주 알링턴 국립묘지 내 존 F. 케네디 대통령 묘에서 50m쯤 떨어진 곳에 묻혀 있다.[11] 죽어서도 그녀가 이런 대우를 받는 이유는 무엇일까?

히긴스는 1920년 9월 홍콩에서 아일랜드계 미국인 아버지와 프랑스계 미국인 어머니 사이에서 태어났다. 어렸을 때 그녀는 영어와 프랑스어, 홍콩 현지어인 광둥어(廣東語·Cantonese)를 배웠다. 히긴스가 7살이 될 무렵, 그의 가족은 미국 캘리포니아주 오클랜드로 이주했다. 1929년 10월 히긴스의 아홉 살 생일이 지난 지 며칠 후, 대공황 여파로 히긴스의 아버지는 실직했다. 그의 가족들은 생계를 걱정해야 했다. 히긴스는 "그때가 내 어린 시절 최악의 순간이었다"며 이렇게 적었다.

"그날이 앞으로 나는 어떻게 생계를 유지하며 먹고 살 것인지를 처음 걱정한 날이었다. 1930년대에 성장한 수백만 명의 사람들처럼 나는 때때로 사회에서 내가 서서 일할 자리가 없을지 모른다는 두려움에 사로잡히곤 했다."[12]

히긴스는 캘리포니아주의 명문 사립학교 애너 헤드 스쿨(Anna Head

School)에 다녔다. 일정한 성적을 유지해야 장학금을 받을 수 있었기에 히긴스는 열심히 공부했다. 천성적으로 경쟁심이 강했던 히긴스는 공부와 연애, 운동 등 어떤 방면에서든지 지는 것을 극도로 싫어했다. 살아남으려면 경쟁에서 이겨야 한다고 생각했다.[13]

1·2차 세계대전 참전한 아버지 영향

그녀는 10대 때부터 기자, 그것도 전장을 누비는 종군(從軍)기자가 되기를 꿈꿨다. 여기에는 두 가지 환경 요인이 작용했다. 하나는 아버지 로렌스 히긴스(Lawrence Higgins)의 영향이다. 그는 1차 세계대전 때 프랑스군에 자원입대해 차량 운전사와 공군 조종사로 복무했다. 이어 2차 세계대전이 터지자 이번에는 공군 조종사로 재입대했다. 그는 틈만 나면 히긴스에게 비행기와 각종 전쟁 사진을 보여주면서 전쟁 무용담을 들려줬다. 히긴스의 말이다.

> "자랑삼아 얘기하는 아버지의 전쟁 에피소드를 들으면서 다른 한편으론 어니스트 헤밍웨이(Ernest Hemingway) 등이 쓴 전쟁 소설을 읽으며 전쟁의 고통과 비극을 느꼈다. 일어날 수밖에 없는 전쟁이라면, 사람들에게 깊고 영원한 상처를 남기는 전쟁이 무엇인지 알고 싶었다. 만약 한국전쟁 같은 것이 다른 곳에서 또 발발한다고 해도 나는 취재하러 갔을 것이다."[14]

다른 하나는 대학 입학 직전인 1937년 7월 초 발생한 유명 여성 비행사 아멜리아 에어하트(Amelia M. Earhart)의 실종 사고였다. 히긴스에게 오랜 영웅이었던 모험심 가득한 39세 여성이 비행기를 몰고 가다가 남태평

양에 추락해 사라진 것이다. 그녀는 에어하트의 신비로운 실종을 취재하러 남태평양으로 모여들 기자들을 떠올렸다.

"얼마나 대단한 기삿거리인가! 누군가 그녀를 정말로 찾아낸다면…. 나는 평범한 기사를 쓰는 기자가 아니라 헤드라인(headline)을 장식하는 그런 기자가 될 거야." 이 무렵부터 히긴스의 마음 한편은 최고의 저널리스트를 겨냥하고 있었다. 언제나 그랬듯 한다면 그녀는 언론 분야에서도 세계 최고(最高)가 될 작정이었다.[15]

이런 그녀가 대학 4년 내내 대학신문 기자로 활동한 것은 당연한 선택이었다. 미국 전역에서 가장 뛰어난 대학신문 중 하나인 '데일리 캘리포니언'에서 일한 히긴스는 4학년이 되면서 야간 편집부장을 맡았다.[16] 그녀는 여학생 모임에 거의 나가지 않는 대신 남학생들과 자유분방하게 어울렸다.

그녀에 대한 전기(傳記)를 쓴 앙투아네트 메이(Antoinette May)는 "히긴스는 놀랄 만큼 아름답고 열의에 넘쳤고, 집중력도 뛰어났다. 시간이 흐르면서 그녀의 타고난 경쟁심이 다른 모든 자질을 압도했다"고 했다.[17] 히긴스는 캘리포니아 주립교도소의 음식 질(質), 노동부 장관의 무능력 같은 주제의 기사를 대학신문에 썼다.[18]

학보사 생활은 그녀에게 신문기자라는 직업이 자신의 기질과 재능, 열망에 맞는 무대임을 확인하는 시기였다. 히긴스는 프랑스 문학 전공으로 학부를 우등(cum laude)으로 마쳤고, 1년 후인 1942년 6월 컬럼비아대 뉴욕 헤럴드 트리뷴 창사 이래로 두 번째 정규직 여자 기자로 입사했다. 신문사에서 처음 맡은 보직은 날씨 뉴스로, 주목받는 큰 기사가 나오기 힘든 곳이었다.

초년병 때부터 몸 던져 일해

히긴스는 고민 끝에 뉴욕 센트럴 파크 동물원(Central Park Zoo) 현장을 자주 찾았다. 마침 그곳에서 여름 더위로 일사병(日射病)에 걸린 아프리카 산 재규어를 보고 사육사를 취재해 단독 보도함으로써 다른 날씨 담당 기자들을 경악시켰다.[19] 능력을 인정받은 히긴스는 사회부로 옮겼고 거기 서 몸을 던져 일했다.

장제스(蔣介石)의 부인인 쑹메이링(宋美齡)과 제임스 시저 페트릴로(James Caesar Petrillo) 미국 음악인노동조합 위원장 단독 인터뷰를 각각 성사시 킨 게 대표적이다. 두 사람 모두 유명인이었으나 "언론을 혐오하며 언론 과의 접촉을 거부한다"고 공식 선언한 상태였다. 뉴욕 컬럼비아 장로교 의학센터(Columbia Presbyterian Medical Center)에 입원해 있던 쑹메이링을 만나기 위해 히긴스는 간호용품을 들고 간호사를 따라 병실로 들어가는 수완을 발휘했다. 순진해 보이는 얼굴과 부드럽지만 결의에 찬 목소리로 그녀를 설득해 인터뷰를 따냈다.[20]

히긴스는 뉴욕 월도프 아스토리아 호텔 전화교환원을 꾀어 페트릴로 의 방 호수(戶數)를 알아낸 뒤 오전 9시 정각에 그의 방문을 두드렸다. "누구세요?" 걸걸한 목소리가 들려왔다. "히긴스 양입니다"라고 그녀가 답하자, 문이 열렸다. 목욕 가운과 줄무늬 실크 잠옷을 입은 페트릴로는 시거를 피우고 있었다. 10대 후반의 예쁜 소녀 같은 히긴스가 바람에 날 린 머리를 하고 추위와 긴장으로 볼이 발갛게 달아오른 채 서 있었다. 페 트릴로는 훨씬 부드러운 목소리로 "들어오라"며 문을 열어주고, 인터뷰를 허락했다.[21]

대화재 사건 취재에서 기자 3명 몫

1944년 7월 6일에는 코네티컷주 하트퍼드(Hartford)에서 서커스 텐트가 불길에 휩싸여 100명이 넘는 사상자가 생기는 사고가 발생했다. 회사의 테드 레이먼 차장이 파견나간 상태에서 히긴스는 씻지도 않고 머리조차 빗지 않은 상태에서 지원 기자로 긴급 투입됐다. 부주의하게 떨어뜨린 담배꽁초에서 생긴 발화(發火)로 10분 만에 서커스 텐트가 불길에 휩싸이고 1,019톤짜리 캔버스가 관객들 위로 떨어져 생긴 대참사였다.

168명의 관객들이 화염 속 좌석에 갇힌 채 타버린 공포와 혼돈의 현장을 취재하기 위해 경쟁지인 뉴욕타임스(NYT)는 6명의 기자를 보냈으나, 뉴욕 헤럴드 트리뷴은 두 명의 기자가 일했다. 히긴스는 NYT 기자 3명 몫의 일을 했다. 그녀는 일을 마치고 새벽 4시에 잠자리에 들었다가 다음날 아침 일찍 일어나 시청으로 가서 원인과 수사 상황 등을 캐물었다.

시청 공무원은 "어디서 그런 여자를 구했어요? 정말 공격적인 여기자더군요"라고 감탄했다.[22] 그녀는 누구도 무서워하지 않고 지독하게 밀어붙였지만 비열하거나 악의에 찬 구석은 없었다. 다른 사람이 일을 잘하면 신속하게 축하해주었고, 동료 기자들이 기뻐하거나 침울해할 때는 기꺼이 칭찬이나 위로를 건넸다.

히긴스는 만나는 사람마다 "유럽에서 벌어지고 있는 2차 세계대전 현장에 가고 싶다"고 종군기자로 보내달라고 얘기했다. 그러면서 대학 때 배운 프랑스어를 다시 공부했고 러시아어와 스페인어도 배웠다. 그녀는 1944년 8월 마침내 유럽 특파원 사령장(辭令狀)을 받았다. 그녀의 말이다.

"나의 유일한 걱정은 현장에 도착했을 때 2차 세계대전이 끝나버려 있는 것이

었다. 해외 특파원이 되면 나에게 과제를 주는 사회부 데스크도 없고, 나의
잘못을 지적하거나 바로잡아주는 선배들도 없다. 나는 해외 특파원이 되길
원했다. 그런데 그 일이 실제 벌어졌다. 나는 일하면서 배워야 했다(learning by
doing). 내 스스로의 힘으로 일어서야 했다."[23]

런던에서 과로로 황달 걸려

첫 부임지인 영국 런던에서 히긴스는 의욕이 앞서 과로(過勞)했다. 여기
에다 첫 번째 남편인 스탠리 무어(Stanley Moore)와의 사실상 이혼 돌입에
따른 스트레스가 겹쳐 그녀는 황달에 걸려 병원에 입원했다.[24] 그녀는 그
러나 곧장 퇴원해 회사 일을 하면서 잡지 '마드무아젤(Mademoiselle)'에 연
재 기사를 시작하며 의욕적으로 활동했다.[25] 유럽 대륙 전투 현장 취재
기회를 노리던 히긴스는 프랑스 파리 지국을 거쳐 1945년 3월 독일 베를
린에 배속됐다. 그녀는 연합군이 독일군을 패퇴시키는 전쟁터를 따라다
니며 1면 기삿거리를 찾았다.

히긴스는 마침내 마지막 전투가 벌어지고 있는 독일 동부의 부헨발트
(Buchenwald)와 다하우(Dachau) 강제수용소 점령 취재기사로 이름을 높
였다. 부헨발트 강제수용소에서 그녀는 마지막 며칠 동안 수천 명에 이르
는 재소자들의 굳어버린 시체들을 목격하고 일부 생존자들과 인터뷰했
다. 히긴스는 이렇게 말했다.

"재소자들의 시체들이 트럭과 카트에서 쏟아져 나왔다. 또 다른 시체들은 모
퉁이마다 혹은 건물에 기대어 산처럼 쌓여 있었다. 그들은 죽음에 이를 때 겪
은 고통을 고스란히 드러내보였다. 고문당한 희생자들의 눈과 코에서 흘러내

린 피와 노란 점액 방울은 섬뜩한 종유석 모양으로 얼어 있었다."[26]

그녀는 미국 국방부 발행 군사신문인 '성조기(星條旗·Stars and Stripes)'의 피터 푸르스트(Peter Furst) 병장이 운전하는 지프차를 타고 다하우 강제수용소를 포함한 독일 마을 여섯 곳을 연합군 부대보다 먼저 도착해 해방시켰다. 두 사람의 지프차 안에는 항복한 독일군들의 수류탄, 소총 같은 무기들이 가득했다.[27]

"전쟁에서 가장 끔찍하고 경이로운 날들이었다", "그곳은 독일에 최초로 생긴 최악의 강제수용소였다" 이런 제목으로 히긴스는 1945년 4월 29일자와 4월 30일자 뉴욕 헤럴드 트리뷴 1면을 장식하면서 다하우 강제수용소와 뮌헨의 해방 소식을 전했다. 나치 독일이 그 해 5월 9일 항복 선언을 하기 10일 전 일이었다. 2차 세계대전 전쟁터에서 종군기자로 6주일 정도 뛴 히긴스는 당초 목표를 이뤘다.

입사 4년 만에 베를린 지국장

히긴스는 악조건을 이겨내며 다하우 강제수용소 해방 과정을 취재하고, 적군 점령 지역을 해방시키고 봉사활동 등을 한 공로로 미군으로부터 '종군(從軍) 휘장(徽章)'을 받았다. 뉴욕신문여성클럽(New York Newspaper Women's Club)은 그녀에게 '1945년 최고 해외 특파원상(the best correspondence of 1945)'을 주었다.

1945년 9월 그녀는 뉴욕 헤럴드 트리뷴 베를린 지국의 부국장이 됐고, 1년 후 지국장으로 승진했다. 26살의 여성 해외 지국장은 회사 창립후 처음 있는 일이었다. 군대로 치면 대위가 갑자기 대령으로 진급한 파격 인사였다. 여기서 그녀는 뉘른베르크 전범(戰犯) 재판과 소련의 베를린 봉쇄, 이에 맞선 서방의 공수(空輸) 작전 등을 취재해 보도했다. 히긴스의 친구로서 당시 '뉴스위크(Newsweek)' 베를린 지국장으로 있던 짐 오도넬(Jim O'Donnel)의 증언이다.

"히긴스는 자신이 신의 은총을 받아 지국장 자리에 올랐다고 느꼈다. 일이 끝났다고 생각하고 저녁에 프레스클럽에서 밤늦게 술 한잔하다가도, NYT 기자가 문을 열고 걸어 나가는 걸 보면 히긴스는 재빨리 작별 인사를 하고 그 기자의 뒤를 따랐다. 그가 뭔가 중대한 취재를 하는 건 아닌지 확인하러 뒤쫓아 간 것이다. 그녀는 밤낮없이 바빴다. 기사가 될 가능성 있는 것들은 끝없이 많았다. 새로운 사냥감을 좇는 히긴스에게는 굉장히 매력적인 상황이었다."[28]

당시 NYT 베를린 지국장은 9명의 직원을 두고 있었으나 히긴스에게는 비서 한 명뿐이었다. NYT와의 경쟁에서 지지 않으려 그녀는 14시간, 때로는 18시간을 쉬지 않고 일했다. 완전히 지쳐 타자기 앞에서 잠든 적도 있었다.[29] 베를린 시내 브란덴부르크 문(Brandenburg Gate) 근처의 영국 구역에서 일어난 폭동을 취재하다가 살해 당해 목숨을 잃을 뻔했다.[30]

히긴스는 2차 세계대전 종전 후 1년 동안 다른 어떤 해외 특파원보다도 뉴욕 헤럴드 트리뷴 1면에 자기 이름이 적힌 기명(記名) 기사를 많이 실었다.[31] 그녀는 기자 직업에 빠져든 이유를 이렇게 밝혔다.

"신문기자라는 직업은 흥분과 도전의 완벽한 전형이다. 해외 특파원과 정치부 기자는 특별히 재밌고 묘하다. 기자 직업은 역사를 상대로 끊임없는 지적(知的)

경쟁을 자극하는 일이다. 그 일에
는 마감시간이 있고, 최고의 정보
와 최고의 판단력을 갖추기 위해
무한한 독서와 공부가 필요하다.
나는 신문기자 일(newspapering)에
한 번도 흥분을 잃어본 적이 없다.
만약 그런 일이 생긴다면 나는 기
자직을 그만 두었을 것이다."[32]

1951년 6월 히긴스가 쓴 세계 최초의
6·25 전쟁 관련 책/Amazon

1950년, 30세의 히긴스는 어렸
을 때부터 꿈꿔온 해외 종군기자
라는 경력의 정점(頂點)을 향해 가
고 있었다. 그녀는 그 해 5월 초
베를린 지국장에서 물러나 일본 도쿄 지국장으로 발령나 현지에 도착했
다. 2차 세계대전의 한복판인 유럽과 비교해 극동(極東) 지역은 뉴스 가치
가 낮았고 처리해야 할 양도 눈에 띄게 적었다. 일 욕심 많은 히긴스로선
실망스러운 좌천성 인사였다. 그러나 이 발령은 그녀의 인생 전체를 바꾸
었고 세계 언론사에 이름을 남기는 전기(轉機)가 됐다.

삶을 송두리째 바꾼 6·25 전쟁 취재

한국에서 1950년 6월 25일 북한에 의한 남침으로 미국 군대를 포함한
유엔군이 참전하는 국제 전쟁이 벌어졌기 때문이다. 8년 동안 미국 국내
와 해외에서 다양한 경험을 쌓은 히긴스가 자기 역량을 펼칠 기회가 찾

아온 것이다. 그녀는 도쿄 부임 직후인 그 해 5월 30일 실시된 대한민국 역사상 첫 총선거를 취재하기 위해 한국을 처음 방문했다.

북한군 진지(陣地)와 700m쯤 떨어진 곳에 있는 경기도 개성시 외곽의 군 요새 등을 취재한 뒤 뉴욕 헤럴드 트리뷴 5월 29일자 1면에 '기자(記者), 한국을 갈라놓은 국경으로 가다. 빨갱이들이 말과 포탄으로 싸우는 현장을 발견'이라는 제목의 기사를 실었다. 도쿄 지국장으로서 쓴 첫 번째 1면 기사였다.[33]

그녀는 한국전쟁이 발발한 지 이틀만인 6월 27일 서울 김포비행장에 도착했다. 그러나 서울에 오는 길부터 순탄치 않았다. 히긴스는 당초 동료 특파원들과 "4기통 대형 수송기를 타고 김포비행장으로 비행해 왔으나 적(敵)의 야크 전투기가 비행기에 기총 사격을 퍼부었다는 뉴스를 듣고 회항(回航)해야만 했다"고 밝혔다. 일본 남쪽으로 날아가 어선(漁船)을 이용해 한국에 올 작정이었으나 때마침 한국에 있는 미국민 철수 임무를 맡은 수송기가 있어 그 수송기를 타고 다시 왔다.[34]

그녀와 함께 한국으로 온 기자는 시카고 데일리 뉴스(Chicago Daily News)의 키이스 비치(Keyes Beech), 타임(TIME) 지의 프랭크 기브니(Frank Gibney), 뉴욕타임스(NYT)의 버튼 크레인(Burton Crane) 등 4명이었다. 그녀는 도착 다음날인 6월 28일 새벽 한강 인도교(人道橋)가 폭파되는 바람에 산길 등을 걸어 수원으로 갔다. 수원에서 미군 군용기를 타고 도쿄로 가 한국 전쟁 1보를 송고한 후 다시 돌아왔다. 신변안전을 생각한다면 일본에 남아야 했지만 히긴스는 '타고난 기자'였다. 그녀의 말이다.

"우리(미국 종군기자)들은 기사를 작성하다가 고꾸라져 타자기 앞에 푹 쓰러져

잠에 빠져 버리곤 했다. 그러나 나는 타자기로 기사를 칠 때면 항상 날아갈 듯한 기분이었다. 기사 마감과 내 이름이 적힌 기명(記名) 기사가 주는 흥분과 도전은 너무 매력적이었다."[35]

하지만 전쟁터에서 유일한 여성 기자로서 그가 당면한 어려움은 한둘이 아니었다. 무엇보다 여기자에 대한 미군(美軍)과 뉴욕 본사의 편견이 컸다. 그것은 기사 작성 능력이나 취재 태도와는 무관했다. 월튼 워커(Walton Walker) 미 육군 8군 사령관은 "전선에는 여성들을 위한 편의시설(화장실)이 없다"며 그 해 7월 17일 한국 전선(戰線)에서 여기자 추방령을 내렸다. 그는 군인들을 동원해 강제로 히긴스 기자를 대구공항에서 비행기에 태워 도쿄로 보냈다.[36]

더글러스 맥아더(Douglas MacArthur) 극동군 총사령관이 '추방 명령 철회' 결정을 내리는 바람에, 히긴스는 이틀 후인 7월 19일 한국에 돌아왔다. 그러자 이번에는 뉴욕 헤럴드 트리뷴 본사가 베테랑 종군기자로 대선배인 호머 비거트(Homer Bigart)를 한국에 보냈다. 비거트 기자는 히긴스에게 "도쿄로 떠나지 않으면 당신은 해고될 것"이라고 협박했다. 노골적인 여기자 차별이었다. 하지만 그녀는 버텼다.[37]

군·회사·전장에서 3중 차별

동료 특파원들도 처음에는 히긴스를 마뜩찮아 했다. '타임'의 프랭크 기브니 특파원은 "전쟁이 발발한 한반도가 여자에게는 적합한 곳이 아니다. 함께 가지 않는 것이 좋겠다"고 도쿄에서 비행기 탑승 전에 말했다. 히긴스는 "내게 한국행은 단순한 기사 취재가 아니라 그 이상의 의미를 갖는다. 그것은 성전(聖戰)에 가까운 개혁운동에 참여하는 것"이라며 거부했다. 그녀의 말이다.

"나는 여자도 남자와 똑같이 업무에 있어서 공평한 기회를 가질 자격이 있다고 줄곧 주장해왔다. 따라서 내가 전선에 가지 못한다면 그것은 나의 주장을 훼손시키는 일이었다. 또 여성이라는 사실이 뉴욕 헤럴드 트리뷴 특파원으로 활동하는데 장애물임을 증명하는 것이었다."[38]

6월 30일 도쿄에서 기사를 송고한 뒤 수원비행장에 되돌아왔을 때 한 미군 대령은 "젊은 아가씨, 되돌아가셔야만 합니다. 여기는 당신 같은 여자가 머물 수 있는 곳이 아닙니다. 언제 어디서 위험한 일이 벌어질지 모릅니다"라고 했다. 히긴스는 이렇게 답했다. "위험하지 않다면 이곳에 오지도 않았을 것입니다. 위험한 사태가 뉴스이며, 뉴스를 수집하는 것이 나의 일입니다."[39]

그럼에도 불구하고 히긴스는 취재 현장에서 적지 않은 차별을 겪었다. 인천상륙작전 취재차 수송함에 타려다가 함장으로부터 "전통상 군함에는 여성의 탑승이 금지된다"며 거부당했다[40]. 그녀는 "갑판이나 홀 한 구석 또는 복도든 옷장이든 어디가 되었든 내 침낭을 깔고 잘 수 있다"며 맞서서 간신히 배에 탔다.[41]

히긴스는 남자 특파원들과 똑같이 전쟁터 바닥에 침낭을 펴고 잤다. 여자니까 특별한 곳에서 자야 한다는 말은 꺼내지조차 않았다. 전선에서 돌아와 기사를 작성한 후, 다른 기자들이 전화로 기사를 소리쳐 보내는 소음에도 그녀는 아랑곳하지 않았다.[42]

한국에서의 신체적 고통

휴대품도 타자기 외에 벼룩 퇴치약, 칫솔, 휴지 등을 넣은 군인용 잡낭 (雜囊) 하나뿐이었다. 미 육군 제27보병연대의 존 마이켈리스 대령의 말이다.

"한국 전쟁에서 내가 처음 히긴스를 보았을 때 그녀는 먼지투성이였다. 그녀가 막 지프를 타고 온 길은 5cm 두께의 먼지로 덮여 있었다. 히긴스는 더러운 바지와 셔츠를 몇 주씩 입었고, 캔에 든 음식을 먹었으며, 군소리 없이 한국의 갈색 먼지를 들이마셨다."[43]

히긴스는 전쟁터에서 통신선이 끊어진 관계로 군용(軍用) 전화를 이용해 도쿄로 취재한 기사를 보냈다. 미군이 전화 사용시간을 자정부터 새벽 4시까지 제한해 기자들은 전화기를 쓰려면 보통 2~3시간 기다렸다. 그녀는 "기삿거리를 찾는 것은 전체 어려움의 5분의 1밖에 되지 않았다. 기자들의 에너지는 송고하는 수단을 찾아내는데 투입되어야만 했다"고 했다.[44] 그녀는 신체적 고통을 무릅쓰고 일했다.

군복 차림의 히긴스가 6·25 전쟁 중 타자기로 기사를 쓰면서 밝게 웃고 있다.
/Wikimedia Commons

"나는 하루 종일 벼룩 때문에 고통받았다. 완전히 무방비 상태로 벼룩왕국이 만들어진 이래 가장 잔인한 공격을 받았다. 나의 허리, 허벅지, 발목 등 몸 전체에 온통 벼룩에 물린 상처로 두터운 네트워크가 형성되었다. 서둘러 의무부대로 가서 한국전쟁 중 내게 가장 귀중한 개인 소지품이 된 회색 박스에 담긴 살충제를 구해달라고 간청했다."[45]

마산 진동리에서 죽을 뻔한 위기

1950년 8~9월 히긴스는 두 번의 아찔한 위기를 맞았다. 첫 번째는 그해 8월 3일 경남 마산의 서쪽 끝 진동리(鎮東里)에서 미 육군 제27보병연대 임시 본부가 있던 학교 건물 전체가 북한군의 기습을 받았을 때였다. 히긴스는 당시 상황을 이렇게 적었다.

"교실에서 커피 등으로 모처럼 호화스런 아침식사를 마칠 때쯤 갑자기 사방에서 총알이 폭음과 함께 난무했다. 기관총의 집중사격으로 테이블 위의 커피포트가 날아갔다. 내가 잠잤던 간이용 나무침대 위에 수류탄이 터졌고, 또다른 수류탄은 지붕을 산산조각내버렸다. 총알들이 핑핑 소리를 내며 창문과 얄팍한 벽들을 찢고 관통해 들어왔다. 마분지 같이 얇은 벽을 관통한 총알들이 우리 주변의 마룻바닥을 찢어 놓았다."[46]

그녀의 이어지는 말이다.

"우리는 피신하려 했으나 바닥에 재빨리 몸을 붙인 채 머무를 수밖에 없었다. 나는 이빨들이 딱딱 맞부딪히는 것을 제어할 수 없었다. 망신스럽게도 처음에 몇 마디 울음 섞인 소리를 내뱉다가 이내 수치심을 느끼고 말을 중단했다. 전쟁 중에 그때 처음으로 도무지 탈출할 구멍이 보이지 않는다는 냉엄하고도 두려운 경험을 했다. 죽음이 불가피하고 목전에 다가와 있다는 사실을 갑자기 받아들이는 대부분의 사람들처럼, 내게도 드디어 그런 상황이 오는구나 하는 놀라움이 나를 휩쌌다."[47]

히긴스는 위기 상황을 수습한 다음 침착하게 부상당한 군인들을 도와줬다. 마이켈리스 연대장은 이에 감동해 그녀의 선행을 칭찬하는 편지를 뉴욕 헤럴드 트리뷴 본사에 보냈다. 이를 입수한 '타임' 지의 보도이다.

"북한군의 공격이 4시간 넘게 지속되고 공격 범위가 전투 지휘소에서 주변으로 확대되는 동안, 히긴스 기자는 자신의 안전은 신경 쓰지 않고 임시 응급치료소(Aid Station)로 실려온 많은 부상병들에게 혈장(血漿)을 주입하는 일을 자발적으로 도왔다. 이 응급치료소도 적의 소총 화기 공격을 받았다. 연대 전투단은 그날 히긴스 기자가 영웅적으로 행동했다고 여긴다. 지독하게 부상당한 많은 병사들의 생명을 살리는데 히긴스 기자가 보여준 사심 없는 헌신에 지휘부 휘하 구성원들이 매우 감사하고 있다."[48]

포탄 날아오는 속 인천상륙작전 취재

두 번째 위기는 9월 15일 인천상륙작전 종군 취재 때였다. 히긴스의 증언이다.

"내가 탄 상륙 주정(舟艇) 보트에는 38명의 중무장한 해병들이 승선해 있었다. 이들은 각각 등에 판초를, 어깨에는 소총을 메고 있었다. 나는 무척 긴장했다. 우리 보트는 방파제에 강하게 부딪혔다. 슬픈 울음소리를 내며 머리 위로 날아드는 치명적인 탄환 세례를 받자, 해병들은 부지불식간에 보트 안에서 몸을 낮게 웅크렸다. 해병대원들이 왼쪽 암벽 쪽으로 갈지자걸음을 옮기는 중 5~6명이 예광탄을 맞아 바닥에 쓰러졌다. 상륙함 한 척이 암벽 위에 있는 아군 병사 몇 명을 적으로 오인해 그들에게 로켓포탄을 발사했다. 해안에서 미친 듯 외치는 소리가 들렸다. 우리 병사 여러 명이 포탄을 맞았다."[49]

히긴스는 지상에서도 소총 사격과 박격포탄이 날아오고,[50] 주변에 전사자가 속출하는 긴박한 상황을 여러 차례 넘겼다. 힘들고 위험한 상황이었지만 그녀는 여자라고 약한 모습을 보이지 않았다. 진동리 전투 후 히긴스는 지프차를 탈 때, 키이스 기자로부터 사용법을 배운 뒤 카빈총을 갖고 탔다. 그녀의 말이다.

"나의 사격 솜씨는 형편없었지만, 내가 쏜 총탄들이 아무리 목표물에서 벗어나더라도 적은 무서워서 일단 고개를 숙이든지 아니면 목표를 잃게 될 것이라고 생각했다. 평소에 키이스가 지프차 운전을 했고, 나는 '무장 호위병' 역할을 했다."[51]

그래선지 히긴스가 6개월 동안 종군 취재를 마치고 1951년 초 귀국한 뒤 앓은 질병 목록은 상당했다. 기관지염, 급성부비강염, 말라리아 재발, 이질, 황달 그리고 신경 긴장 발작…[52] 그녀가 '겁이 없는 여자', '혈관 속에 얼음물이 흐르는 여자', '드레스보다 군복이 더 잘 어울리는 여자'로

산 대가였다.

히긴스는 종군 기간 내내 우직하게 일했다. 6월 27일 낮 서울에 도착한 그녀는, 28일 새벽 한강 인도교 폭파로 다리를 건너던 많은 군인과 피난민들이 몰살당하는 장면을 목격했다. 이어 간신히 나룻배를 구해 한강을 건넌 뒤 도로와 산길을 22km쯤 걷고, 10km쯤은 지프차에 편승해 수원으로 이동했다.

총 맞는 걸 두려워해선 기자 못해

그녀는 "한강을 건너는 동안 총성이 끊임없이 울려 나는 간(肝)이 콩알만 해졌다. 피난민 대열에서 유일한 미국 여기자였던 나는 일행에 폐(弊)가 되어선 안 된다고 마음먹었다. '총에 맞는 걸 두려워해서는 기사(記事)를 따낼 수 없다'는 사실을 한순간도 잊지 않았다"고 말했다.[53]

히긴스 일행은 6월 30일 밤 11시쯤 억수 같은 장맛비가 퍼붓는 가운데 덮개 없는 지프차를 타고 수원에서 7시간 비포장도로를 달려 대전으로 이동했다. 그녀는 7월 5일 낮 한국에 가장 먼저 지원 병력으로 참전한 미군 스미스부대 소속 19세의 케네스 섀드릭(Shadrick) 이등병이 경기도 오산 죽미령 전투에서 북한군이 쏜 기관총에 가슴을 맞아 미군 중 최초로 전사(戰死)하는 장면을 쌍안경으로 목격했다.[54] 섀드릭 이등병은 북한군 탱크를 향해 바주카포를 들고 조준하다가 목숨을 잃었다.

그녀는 영하 20℃ 밑 혹한(酷寒)이 몰아닥친 1950년 12월 5일, 미 해병 제5연대 소속 중대원들과 같이 함경남도 장진호 일대에서 함흥으로 철수했다. 그녀는 이렇게 적었다.

"함경도 하갈우리에서 병사들은 기진맥진해 있었고, 눈보라에 자상을 입어 피투성이였다. 방한모가 없어 귀가 시퍼렇게 얼어버린 병사도 있었다. 동상으로 발이 썩은 병사들이 수두룩했다. 소시지와 콩이 담긴 통조림 한 통을 녹이는데 적어도 한 시간이 걸렸다. 일요일인 12월 10일 새벽 2시에 함흥으로 올 때까지 10마일(약 16km)을 행군하는데 14시간이 소요됐다."[55]

히긴스는 9월 15일 인천상륙작전 당시 적의 총탄들이 날아오는 상황에서 "딱 한 번 취재를 중단하고 돌아갈까 하는 생각이 들었다. 그러나 다시 적의 사격이 시작돼 보트에서 재빨리 내렸다"고 밝혔다.[56] '라이프(LIFE)'지의 사진기자로 그녀와 함께 종군 취재한 칼 마이단스(Carl Mydans)의 말이다.

"히긴스 기자는 가장 신성한 영역인 전쟁 취재 분야에 침범해 들어왔다. 그리고 그녀는 자신이 남성들과 똑같이 능력 있고 때로는 더 용기 있음을 보여줬다. 그러나 그런 사실은 당시에 수용되기 힘들었다."[57]

그녀와 같은 지프차를 타고 전장을 돌아다녔던 키이스 비치 특파원은 저서 〈Tokyo and Points East〉에서 이렇게 말했다.

"그녀는 포화(砲火) 속에서도 유용한 사람이었다. 우리가 전선(戰線)을 오가며 운전할 때, 내가 바닥에 닿을 정도로 엑셀을 세게 밟고 지프가 길에서 벗어나지 않도록 분투하는 동안, 조수석에 탄 히긴스는 적군의 총알 수를 세고 있었다. 그녀는 결코 공황 상태에 빠지지 않았다."[58]

한국전쟁에 관한 세계 최초 단행본

1950년 말 미국으로 귀국해 신문사 입사 후 처음 수주일의 휴가를 얻은 히긴스는 1951년 6월 한국전쟁에 관한 세계 최초의 단행본인 〈War in Korea〉를 냈다. 그녀는 이 책을 들고 미국 전역을 돌며 "한국을 도와 전쟁에서 반드시 이겨야 한다. 미국은 이에 자부심을 가져야 한다"고 호소했다. 책은 베스트셀러가 돼 수개 국어로 번역 출간됐다.[59]

히긴스는 그러나 여기자라는 이유로 구설(口舌)에 올랐다. 남자 종군기자들과 1951년 공동 수상한 퓰리처상 수상에 대해 "그녀가 특별히 한 것이 없는데 단지 여기자라는 이유에서 선정됐다"는 비아냥이 나왔다.[60] 일각에선 그녀를 전쟁 취재를 위해 보내진 경주마(競走馬)로 비유했다.[61] 금발의 젊은 여성인 히긴스가 전장(戰場)에서 많은 이들의 눈길을 끌었는데, 이를 전쟁터의 경주마에 빗댄 것이다.

분명한 것은 히긴스가 남녀(男女) 구별을 떠나 기자로서 최선을 다했다는 사실이다. 1940~50년대 미국 언론계는 남성들의 왕국이었다. 극소수의 여기자들은 요리·의상(衣裳)·가정(家庭) 같은 분야만 취재하는 게 당연한 것으로 여겨졌다. 또 남자 기자들이 특종이나 정보를 얻기 위해 상대방 여성을 유혹하거나 관계를 맺는 것은 정상이라고 보는 반면, 여기자가 남자를 상대로 한 비슷한 행동은 죄악시하고 비난하는 이중(二重) 기준이 팽배해 있었다.

이런 잣대는 야심있는 여성 기자들에게 혹독하게 가해졌다.[62] 특히 히긴스는 언론계에서 출세를 위해 젊음과 미모, 성적(性的) 매력을 활용했다는 시선의 최대 표적이었다. 1950년대 출간된 토니 하워드(Toni Howard)의 소설 〈Shriek with Pleasure(쾌락의 비명)〉은 그 기폭제였다. 이 소설은 특종 기사를 쓰기 위해 취재원과 잠자리를 같이 한 베를린에 있는 여기자의 생활을 다뤘다.[63] 히긴스는 베를린 특파원을 지냈기에 그를 소재로 삼았다는 소문이 나돌았다. 이 루머 때문에 히긴스는 도쿄 지국장 부임 후 다른 특파원들로부터 따돌림을 당했다.

풀리처상을 받고 전국적인 명사(名士)가 돼 있던 1952년 4월 히긴스는 13살 연상의 윌리엄 홀(William Hall) 공군 대령과 결혼했다. 각기 재혼이었던 두 사람의 결혼 소식은 신문 지상에 실릴 만큼 화제를 모았다.[64] 홀 대령은 부인과 이혼하면서 자신의 재산 전부와 매년 연봉의 80% 이상을 넘겨준다는 약속을 했다. 히긴스는 생계를 위해 돈을 많이 벌어야 했다.[65]

생계형 칼럼 기고… 광고 모델 출연도

그녀는 칼럼과 책, 잡지 기고는 물론 TV 출연, 연설, 광고 카피 작성에다 광고 모델로까지 등장했다. 1957년 8월 '리더스 다이제스트(Reader's Digest)'에 "10억 개의 때우지 않은 충치라면 잘못됐음이 틀림없어"라는 제목의 치약 광고 카피를 만들어주었다.[66] 1951년에는 1,200달러를 받고 에르메스(Hermes) 타자기 제품 광고에 나왔다.

히긴스는 미군 전투복을 입고 타자기 앞에 앉아서 "에르메스 타자기는 최전선 전쟁의 취재에서 없어서는 안 될 물건이었다. 억수 같은 비, 먼지와 흙에 노출되는 등 거칠게 다뤘는데도 날 결코 실망시키지 않았어요"라는 찬사를 보냈다. 그녀는 1961~62년에는 '리더스 다이제스트'에 실린 미국 아메리칸항공의 최신 기종 707 제트기 광고에 등장했다.[67] 이런 외부 활동은 가정 경제 문제를 해결하려는 생계형 목적이 컸다.

그녀는 1951년부터 1955년까지 한국을 7차례 더 찾았고 1951년부터

1954년까지 매년 베트남, 라오스, 캄보디아, 홍콩, 대만, 태국, 버마(지금의 미얀마), 인도, 파키스탄 등을 방문했다.[68] 1953~54년에 그녀는 프랑스군이 베트남 공산군(월맹)에게 패배한 디엔비엔푸(Dien Bien Phu)를 포함해 베트남 현지 취재를 했다. 이곳에서 히긴스는 세계적 사진작가이자 친구인 로버트 카파(Robert Capa)가 논에 발을 디뎠다가 지뢰를 밟아 사망하는 것을 7m 곁에서 지켜봤다.

뉴욕 헤럴드 트리뷴의 특별 배려로 그녀는 10주일간 전 세계를 돌면서 국가 정상들을 만났다. 니키타 후르시초프(Nikita Khrushchev) 소련공산당 서기장, 프란시스코 프랑코(Francisco Franco) 스페인 총통, 마샬 티토(Marshal Tito) 유고슬라비아 대통령, 장제스(蔣介石) 자유중국 총통, 자와할랄 네루(Jawaharal Nehru) 인도 총리, 리아캇 알리 칸(Liaquat Ali Khan) 파키스탄 총리 등을 단독 인터뷰했다.[69]

미국에선 해리 트루먼(Harry Truman)과 드와이트 아이젠하워(Dwight Eisenhower) 미국 전·현직 대통령을 만났다. 이들과의 인터뷰 약속은 어렵지 않았다. 각국 정상들이 미모의 유명 여기자에 호기심을 갖고 그녀를 더 만나보고 싶어 했기 때문이다.

소련 취재 중 16차례 경찰에 구금

히긴스는 소련 취재로 자신의 존재감을 다시 한 번 입증했다. 그녀는 1953년 소련 당국에 입국 취재 허가를 신청해놓고 어학원에 등록해 러시아어를 공부했다. 외국을 오가는 출장길 비행기 안에서도 히긴스는 러시아어 문법과 회화를 연습했다.[70] 스탈린(Stalin) 사망 후 입국 허가를 받은 최초의 미국인 기자가 된 그녀는 1954년 9월 소련에 들어가 10주일 동안

시베리아 일대 동토(凍土)와 외딴 시골까지 총 2만1,000km를 누볐다.

히긴스는 대부분 가이드나 통역자 없이 다니다가, 서방 측이 보낸 간첩으로 몰려 현지 경찰에 16차례 구금됐다.[71] 귀국 후 1955년에 낸 책 〈Red Plush and Black Bread(빨간색 플러시 천과 검은색 빵)〉의 표지에는 이렇게 적혀 있다.

> "눈이 휘둥그레진 관광객의 적극적인 호기심과 기자의 빈틈없는 눈으로 그녀는 종종 소련 정부 대변인을 건너뛰고 러시아의 시민들과 직접 대화했다."[72]

그녀는 스탈린 사망 후 '철(鐵)의 장막'이 드리워진 소련에 들어가 뉴스를 전한 최초의 미국 기자였다. 히긴스는 러시아어로 의사소통할 수 있었기에 경찰에 붙잡혀 심문당하다가도 곧 풀려났다.[73] 1955년 모스크바 지국을 세운 그녀는 지국장 신분으로 후르시초프 서기장과 니콜라이 불가닌 총리, 아나스타스 미코얀 제1부총리, 게오르기 주코프 국방장관 등 공산당 수뇌부를 두루 인터뷰했다. 히긴스는 모스크바 지국장 근무를 수개월 만에 끝내고, 워싱턴으로 돌아왔다.

이후에도 그녀는 다른 기자들이 가지 않는 위험한 해외 현장을 주로 갔다. 이것은 그의 적성과 특기에 맞을 뿐더러 경제적으로도 도움이 됐다. 1961년 5월, 75년 식민 지배에서 벗어난 뒤 내전이 벌어진 아프리카 콩고에 들어가 쿠데타와 내전, 약탈 상황을 취재했다. 히긴스는 1951년부터 1965년까지 10차례 베트남을 방문했는데, 한 번 갈 때마다 1~3개월씩 머물며 깊숙이 취재했다.

1963년 7~8월에는 베트남 시골 농촌 마을들을 포함해 42개 지역을 찾아 고위 지도자부터 농민, 교사, 불교 승려, 학생, 하급 공무원, 군인들을 만났다. 이들과의 면접 취재를 바탕으로 히긴스는 1965년 출간한 저서 〈Our Vietnamese Nightmare(우리의 베트남 악몽)〉에서 "미국의 베트남 전쟁 개입은 잘못됐고 빨리 중단되어야 한다"고 주장했다.[74] 그녀는 1965년 하반기에 베트남을 다시 취재 여행하던 중 풍토병인 리슈마니어증(leishmaniasis·혈관에 기생하는 편모충인 리슈마니어에 의한 질환)에 감염돼 이듬해 1월 세상을 떠났다. 1965년 11월 베트남에서 미국으로 호송돼 워싱턴 DC의 월터 리드(Walter Reed) 육군병원에서 2개월간 투병하다가 사망한 것이다.

투병 중에도 매주 3회 칼럼

입원해 있는 동안에도 그녀는 기자로서의 열정을 마지막까지 불태웠다. 히긴스는 1963년 뉴욕 헤럴드 트리뷴과 22년간의 동행을 끝내고 '뉴스데이(Newsday)' 신문사와 새로 계약을 맺은 상태였다. 매주 3건의 고정 칼럼 'On the Spot'을 쓰는 조건으로 2만 달러의 연봉과 충분한 개인 경비, 그리고 5,000달러의 여행비를 보장받았다. 그녀가 쓴 칼럼은 뉴스데이를 포함한 미국 92개 신문사에 신디케이트 칼럼으로 게재됐다.

미국 버지니아주 알링턴국립묘지에 있는
마거리트 히긴스의 묘비/Wikimedia Commons

히긴스는 이 때에도 매주 3회 칼럼 게재 약속을 지켰다. 죽음을 앞둔 마지막 2주일 동안에만 주 1회로 횟수를 줄였다.[75] 숨 쉬는 최종 순간까지 기자라는 직업정신과 직업의식에 충실했던 것이다. 히긴스는 한 강연에서 "실패하지 않고 성공한 기자가 된 가장 중요한 요인은 무엇인가?"라는 질문에 이렇게 답했다.

"저널리즘에서 성공하려면 그 직업과 완전히 사랑에 빠져야 하고 무엇보다 저널리즘을 우선해야 한다. 일주일에 닷새를 일하고 이틀을 쉰다든가 정규 근무시간을 지킨 다음 매일 밤 같은 시간에 저녁을 먹으러 집에 간다든가 하는 식으로는 성공할 수 없다. 1944년부터 1952년까지 내 삶에는 저널리즘 말고는 아무 것도 없었다. 재미나 사교(社交)생활에 쓸 시간은 전혀 없었다. 기사 작성에 필요한 정보원들을 만나는 게 아니라면 파티에도 가지 않았다. 나는 내 일을 잘 하겠다는 강력한 욕망을 품고 있었다."[76]

그는 1955년에 쓴 자서전에서 "기자로 일하면서 힘들고 외로운 적이 많았지만 적성에 맞아 만족스러웠다"면서 이렇게 적었다.

"기자생활 초기에 나는 대안들을 보지 못했다. 그때 회사에서 요구하는 일들이 너무 많아 다른 데 신경쓸 겨를이 없었다. 물론 외로움을 느낄 때도 많았다. 그러나 외로움은 인생의 단계에서 내가 치러야 할 희생이었다. 직업으로 본다면 저널리즘이 나에게 딱 맞다는 것은 의심할 여지가 없다. 저널리즘 자체와 내 자신은 모두 한계가 많았다. 나는 지금도 시인과 소설가를 찬양하지만, 나에게는 그들과 같은 소질이나 기질이 없다."[77]

저널리즘과의 완전한 사랑

히긴스는 "기자는 다른 기자들이 쓰는 것을 쓰면서 그들보다 더 잘 쓰려고 노력하는 게 고작인 반면, 칼럼니스트는 글에 특별한 무언가를 부여하고 결론을 이끌어내는 사람"이라며 이렇게 말했다.

"1956~57년에 발생한 이집트의 수에즈 운하 위기 같은 때에 나는 하루에 9시간에서 12시간까지 전화기를 붙들고 취재했다. 나는 사무실에 편안하게 앉아 의견을 늘어놓는 것보다는 현장 취재와 그에 대한 깊은 사고, 해석의 조합으로 칼럼을 쓰려 애썼다."[78]

그러면서 자신은 기자로서 많은 행운을 누렸다고 스스로 평가했다.

"내 자신의 바람과 달리 경력의 가장 낮은 곳으로 여겨지는 곳에 배치받았다가(※1950년 봄 베를린 지국장에서 도쿄 지국장으로의 발령을 뜻함) 일약 세계에서 가장 주목받는 기사를 쓰는 행운을 누린 기자가 몇 명이나 되나? '전쟁터는 여자에게 적합하지 않다'는 이유로 한국에서 쫓겨났으나 도쿄에서 5분도 안 돼 추방 명령이 취소되고 '능력이 매우 우수하다(held in high esteem)'는 평가를 받은 것도 큰 행운이었다."[79]

그녀는 높은 명성과 기자로선 적지 않은 돈을 벌었지만 모든 것을 다 누리진 못했다. 히긴스의 연봉은 최대 2만 달러를 넘지 못했고, 많은 상(賞)을 받는 유명인이었으나 두 번째 남편 윌리엄 홀의 끝없는 외도(外道)와 첫째 딸의 사망 같은 불행을 견뎌야 했다. 그녀는 "명성과 돈은 불행을 막지도, 약화시키지도 못한다"며 "나는 한국에서 내게 할당된 몫 이상의 행운을 가졌다. 그것이 아마 한국전쟁 취재를 마치고 귀국한 후 나에게 행운이 메말라 버린 이유일지 모른다"고 했다.[80] 그렇다면 그에게서 가장 행복했던 시기는 언제였을까?

그는 "내 인생에서 가장 행복했던 시기는 내가 개인적인 자기 이익(personal self-interest)의 범위를 넘어 숭고한 목적과 대의(大義)를 위해 일할 때였다"며 이렇게 밝혔다.

"1948년 6월부터 1949년 5월까지 소련의 서베를린 봉쇄에 맞선 서방의 공수(空輸·Airlift) 작전과 한국전쟁을 각각 취재할 때 내가 받은 주급(週給)은 135달러에 불과했다. 하지만 그때 나는 개인적인 고통에서 완전히 벗어났다. 내가 신경 쇠약증을 갖고 있었다고 해도 너무 바빠 그것을 느낄 수 없었을 것이다."[81]

박권상

朴權相·1929~2014

전북 부안 출생
서울대, 노스웨스턴대 신문학 석사
1952년 합동통신 입사·세계통신 기자
동아일보 편집국장, KBS 사장
중진 정치인 모임 주도

언론인 박권상(朴權相·1929~2014)은 대한민국의 '영원한 저널리스트'이다. 1952년 봄 23세에 언론계에 투신한 그는 평생 동안 한국 저널리즘의 발전을 위해 노력했다. 통신사 두 곳과 신문사 두 곳, 잡지사 한 곳, 공영방송사 등 6개 언론사에서 일한 그는 1950~60년대 미국에서 세 차례 언론학을 공부했다. 서양 이론서를 번역 소개하고 대학 강의로 한국 언론의 질(質) 향상에도 힘썼다.

그는 논설을 쓰는 논객(論客)이면서 편집국장·편집인이라는 제작 책임 역할을 수행했고, 해외특파원으로 5년 가까이 근무했다. KBS 사장으로 국가 기간방송의 수장(首長)이자 방송협회 회장으로 활동했다. 일부에선 비난을 받았지만, 그에 대한 평가는 대체로 긍정적이다. 평전과 추모문집에서 지인들은 박권상을 이렇게 표현했다.

6개 언론사 거친 '종합 언론인'

'자유주의 언론의 선도자', '우리 시대를 대표하는 지성인', '한국 언론의 영원히 빛나는 별', '신념 투철했던 직업 언론인', '정치 저널리즘을 천직(天職)으로 살다', '자랑스러운 글로벌 언론인의 귀감'…[1]

박권상은 실제로 최소한 5가지를 했다. 첫째 기자(記者)로서 신문의 기사 현대화에 힘썼다. 둘째, 논객으로서 용기 있는 칼럼을 썼고, 중량급 정치인 간담회 등을 주재했다. 셋째, 저술가로서 언론을 지적(知的)으로 탐험했다. 넷째, 잡지인으로서 한국 잡지의 새 역사를 썼다. 다섯째, 방송인으로서 신뢰와 영향력을 높이고 새바람을 불러넣었다.

1929년 10월 전북 부안군에서 태어난 그는 2014년 85세로 삶을 마칠 때까지 60년 넘는 기간을 저널리스트라는 하나의 직업으로 관통했다. 그러면서 중견 언론인 모임인 관훈클럽 창립의 주역 중 한 명으로 세 차례 총무를 맡았다. 또 1950년대 후반 IPI(International Press Institute·국제언론인협회) 가입을 비롯한 한국 언론의 국제 교류에 중요 역할을 수행했다. 정치 권력의 탄압에 시달려 편집인 겸 논설주간으로 있다가 해직(解職)돼 10년 가까운 신고(辛苦)의 시간도 보냈다.

다른 언론사 취업까지 막힌 암울한 상황에서도 그는 '언론인'이길 포기하지 않았다. "곧은 붓대를 꺾지 않은 깨끗한 고집"이었다.[2] 헛헛한 시절을 허비하지 않고 칼럼과 논문을 써 학술지 등에 게재하는 저력을 보였다. 박권상은 여러 분야에서 단맛과 쓴맛, 높은 곳과 낮은 곳을 두루 경험한 보기 드문 '종합 언론인'이다.[3]

광복 후의 혼란기에 서울대 영문학과에 입학한 박권상은 6·25전쟁 중 학업을 계속하다가 1952년 4월 26일 부산에서 졸업했다. 그는 대학 졸업 다음 날(4월 27일) 합동통신에 입사해 그날부터 기자 생활을 시작했다. 전북일보 부사장 겸 합동통신 전북지사장을 겸하고 있던 큰형 박용상(朴龍相)의 추천으로 채용됐다고 한다. 박권상은 4남 1녀 중 막내아들로 태어났다. 그러나 그가 네 살 때 부친이 사망하는 바람에 17세 위인 박용상의 뒷바라지로 대학을 마쳤고, 그의 영향을 많이 받았다.[4]

박권상은 공부에 관심이 많았다. 입사 2년 만인 1954년에는 합동통신

기자로 근무하면서 동국대 대학원 정치학과에 진학했다. 그러던 중 미국에서 신문학(新聞學)을 연구할 기회가 생겼다. 미국 국무부가 1955년부터 실시한 신문기자 시찰·훈련 프로그램(US State Department's International Educational Exchange Program) 참가 기자 모집에 박권상이 지원해 합격한 것이다.

세 차례 미국 유학… 신문학 석사 받아

이 프로그램은 6개월간의 미국 체류 경비와 왕복 여비를 모두 미국 정부가 부담하고 참가 기자들에게 매월 360달러 생활비를 제공하는 조건이었다. 50명이 넘는 응시자 가운데 1차로 미국대사관의 시험을 거쳐 기자 10명과 정부 공보실 직원 1명이 최종선발됐다. 박권상은 1955년 9월 24일 서울 여의도 비행장에서 노스웨스트 항공편으로 도쿄로 떠나 26일 현지에 도착했다.[5]

박권상을 포함한 일행은 일리노이주 에반스턴에 사는 유지들의 집에서 민박하면서 6주일 동안 노스웨스턴 대학 내 메딜(Medill) 저널리즘스쿨에서 미국 언론 관련 강의를 들었다. 이어 각자 11개의 지방신문사에 배치돼 2개월 동안 현장 실무교육을 받았다. 그 다음엔 몇 사람씩 어울려 한 달 동안 미국 각지를 자유롭게 돌아본 뒤 노스웨스턴 대학에 다시 모여 5일 동안 세미나에 참석했다. 6개월 남짓한 프로그램을 통해 6·25 전쟁 후 폐허에서 신문을 만들던 후진국 한국의 젊은 기자들은 새로운 취재·제작 방법을 경험했다.

1956년 3월 말 개별적으로 귀국한 박권상은 다시 1년 3개월 후인 1957년 6월 미국으로 떠났다. 이번에는 한국 정부가 마련한 정규 대학원 석사과정 유학이었다. 그는 문교부(현 교육부) 유학생 시험과 주한 미국 대사관의 영어 테스트를 거쳐 1957년 6월 14일 미국으로 출발해 노스웨스턴 대학 신문학과 대학원 석사과정에 입학했다. 한국 정부의 1차 연수 기자였던 그가 현지에 도착했을 때는 봄 학기의 중후반부였다.

박권상은 1957년 여름부터 이듬해까지 다섯 학기 동안 학부과정의 신문학 관련 선수(先修) 과목을 모두 수강하고 석사학위에 필요한 대학원 과목을 들었다. 공부하느라 하루하루가 고통스러웠기에 그는 "This day will be over"라는 프랭클린 루스벨트 대통령의 한마디를 벽에 붙여놓았다고 한다.[6] 6·25 전쟁 중 제대로 된 공부를 하지 못했던 박권상에게는 큰 도전이었다. 그는 1년 2개월여 만인 1958년 8월 노스웨스턴 대학 대학원 신문학 석사학위를 받고 귀국했다.

1차 미국 연수와 2차 미국 유학 중간에 박권상은 동료 기자들과 친목 연구단체로 관훈클럽을 만들었다. 미국에서 기자단 1차 연수를 받고 돌아온 6명(박권상, 노희엽, 김인호, 조세형, 박중희, 진철수)에다 서울 을지로 입구에 있던 합동통신사 건물에서 거의 매일 만나던 4명의 친구(최병우, 정인량, 임방현, 이시호)들을 포함한 10명이 1956년 4월 30일 첫 모임을 가졌다. 박권상과 김인호, 정인량의 하숙집이 있던 서울 종로구 관훈동 84의 2, 서울 종로경찰서 뒤편의 2층 일본식 집이 관훈클럽의 태실(胎室)이었다.

관훈클럽 창립 주역 10명 중 한 명

이들 가운데 박권상, 진철수, 김인호, 정인량은 모두 27세, 임방현은 26세, 박중희와 조세형은 25세였다. 10명 중 정인량과 임방현은 박권상의 전북 전주고 동창 겸 합동통신 동료였다. 이들은 모임의 가장 연장자인 최병우(崔秉宇)를 좌장으로 친목·연구 모임을 만들었다. 박권상은 관훈클럽 창립 당시 '서기(書記)'로 연락과 기록을 맡았다.

관훈클럽은 1957년 1월 11일 출범했으나 그 해 6월 박권상은 미국 유학을 떠날 예정이었다. 그 이유로 그는 초대 회기에 아무 직책도 맡지 않았다. 1958년 8월 유학을 마치고 돌아온 뒤 1959년 1월 클럽 제5대 운영위원장(지금의 총무)에 선출된 것을 포함해 모두 세 차례 운영위원장(5. 8. 10대)으로 일했다. 연합통신 사장을 지낸 원로 언론인 조용중은 박권상의 활동에 대해 이렇게 말했다.

"기자 초년시절에 겪은 값진 미국여행은 그에게 해외 여러 나라의 견문(見聞)이 얼마나 중요한가를 일깨웠다. 그는 자기 혼자의 견문이나 수학으로 만족하지 않고 신문계 선배·동료들도 해외로 널리 눈을 돌려 우물 안 개구리를 벗어나도록 앞장서 독려했다. 귀중한 경험을 쌓고 귀국한 뒤 관훈동 그의 하숙집을 무대로 관훈클럽이 태동했다. 관훈클럽은 옹졸하고 배타적이었던 신문계에 취재보도 활동을 위한 연합전선이 필요하다는 자각심을 일으키게 하는데 크게 기여했다."[7]

조용중은 "모두가 관훈클럽의 태동을 놀라움으로 받아들였으나 뒤에서는 시샘, 경원하고 더러는 경멸하는 시선도 만만치 않았다. 그러나 박권상은 그들을 설득하고 심지어 회유해서 오늘과 같은 클럽 발전을 이루는 데 혼신의 노력을 다했다"고 했다.[8]

박권상은 언론학회 활동도 했다. 1959년 6월 30일 한국신문학회(현재의 한국언론학회)가 창립할 때, 그는 관훈클럽 운영위원장이자 언론계 대표로

1950년대 후반 미국 노스웨스턴대학에서 저널리즘 석사과정에 재학 중이던 청년 박권상
/박권상기념사업회

참여해 간사(幹事)가 됐다.[9] 그는 석사학위를 받고 귀국한 이후부터 10년 동안 언론사에 근무하면서 서울대 문리대와 신문연구소에 강사로 출강해 언론학을 강의했다. 미국의 저널리즘 이론서를 번역 출판하는 한편, 관훈클럽이 발행하는 '회지(會誌)'와 '신문연구'에 논문을 발표했다.

대학 강의와 학회 논문 발표

특히 관훈클럽의 '회지' 1963년 여름호부터 1968년 봄호까지 6회에 걸쳐 연재한 '매스커뮤니케이션 강좌'는 저널리즘 연구와 교육에 유용한 자료로 꼽힌다. 박권상이 여기서 다룬 논문의 주제는 '미국의 신문교육', '언론출판의 자유', '신문 자유의 새로운 개념', '취재의 자유와 개인의 명예',

'텔레비전 시대와 신문' 등이었다. 그는 1963년부터 1967년까지 3권의 언론학 관련 번역서도 냈다.[10] 박권상은 '학자형 언론인', '지식인적 언론인'이었다.

그는 한국 언론계의 세계화에도 앞장섰다. 그의 국제행사 데뷔는 1959년 5월 26일부터 3일간 독일 베를린에서 열린 제8차 IPI 총회 참석이었다. 그 해 1월 30일 관훈클럽 운영위원장에 선출된 그는 클럽을 대표하여 5명의 언론인과 함께 베를린으로 떠났다. 박권상은 동아일보 편집 겸 논설주간으로 있던 1980년 봄 IPI 총회에도 참석했다.

30세부터 51세까지 20년 넘게 그는 IPI 한국대표단의 고정 멤버였다. 박권상만큼 영어 소통에 능하고 국제적 언론 감각을 가진 이가 드물었기 때문이다. 그는 첫 번째 총회 참가에서 IPI 정회원국으로 한국의 가입을 강력 호소했다. 이는 이듬해인 1960년 한국의 정회원국 가입에 밑거름이 됐다.[11]

박권상은 미국에서 신문학 석사학위를 받고 귀국한 지 한 달 후인 1958년 9월부터 세계통신 정치부장으로 자리를 옮겼다. 이 통신사가 1960년 4·19 직후 폐간할 때까지 그는 정치부장 겸 출판부장으로 근무했다.[12] 1960년 6월 박권상은 한국일보 논설위원으로 자리를 다시 옮겼다. 만 8년의 통신사 생활을 마감하고 기명(記名)으로 글을 쓰는 논객(論客)이 된 것이다. 그가 31세 때였다.

다시 2년쯤 후인 1962년 5월 박권상은 동아일보 논설위원 겸 심의위원이 됐다. 이어 1964년 9월부터 미국 하버드 대학 니먼펠로(Nieman fellow)로 현지에서 10개월 동안 공부했다. 1955년의 1차 기자 연수, 1957년의 노스웨스턴 대학 석사과정에 이은 세 번째 미국 유학이었다.

50세부터 67세까지 책 19권 내

유학을 마치고 귀국한 박권상은 동아일보 논설위원으로 있다가 1969년 2월 동아일보 편집국장 대리를 거쳐 1971년 4월 1일자로 편집국장을 맡았다. 박정희 유신체제가 출범한 이듬해인 1973년 8월, 그는 주영(駐英) 특파원으로 발령받았다. 그가 영국에 머무르는 동안 국내에선 동아일보와 동아방송에 대한 광고탄압, 기자들의 언론자유 수호운동과 노동조합 결성, 기자와 경영진의 갈등으로 인한 대량해직 같은 회오리바람이 몰아쳤다. 박권상은 영국에 있는 동안 이런 혼란에서 벗어나 있었다.

특파원 임기를 마치고 4년 만인 1977년 8월 귀국해 논설위원으로 복귀한 그는 사내 통일문제조사연구소장을 맡았다. 월간 '신동아(新東亞)' 1978년 7월호부터 '영국을 생각한다'는 연재물을 시작했다. 이 시리즈는 그가 강제 해직당한 뒤인 1981년 4월호까지 총 31회 이어졌는데 매회 200자 원고지 100장 내외의 분량이었다.

영국의 정치 시스템, 신뢰, 교육과 복지 시스템 등 선진 사회제도들을 다룬 이 연재물을 모아 박권상은 〈영국을 생각한다〉와 〈속(續) 영국을 생각한다〉를 출간했다. 영국에 관한 책만 4권 쓴 그는 50세였던 1979년부터 67세인 1996년까지 모두 19권의 책을 냈다. 이 가운데 상당 부분은 1980년 8월 신군부에 의해 해직 중이거나 1987년 7월 복권된 후 잡지와 신문에 쓴 칼럼들을 모은 것이다. 그는 1980년부터 1990년대 중반까지 대략 2,000편의 글을 썼다.

박권상은 월간 '신동아에 장기 연재물을 두 차례 더 실었다. 1983년 9월호부터 1985년 5월호까지 '미국을 생각한다'는 글을 모두 15회, 1986년 3월호부터 1987년 2월호까지 1년 동안은 서독·오스트리아·그리스·

| 박권상의 저서 |

책 이름	발행 연도	주요 내용
영국을 생각한다	1979	영국의 정치 사회 문화
속(續) 영국을 생각한다	1981	〃
영국을 다시 본다	1987	〃
영국을 본다	1990	영국을 생각한다(1979)의 2, 3, 4장과 속(續) 영국을 생각한다 2, 3장을 편집
자유 언론의 명제	1983	1970년 이전 집필 언론 관련 주제
미국을 생각한다	1984	미국의 정치 사회 문화
웃물이 맑은 사회를	1985	한국 사회 중심 시사평론
민주주의란 무엇인가	1987	독일, 오스트리아, 그리스, 스페인 정치제도 비교
감투의 사회학	1987	한국 사회 중심 시사평론
권력과 진실	1989	〃
대낮에 등불을 밝히고	1990	〃
저자세 고자세가 아닌 정자세로	1991	〃
박권상의 시론	1991	동아일보 게재 칼럼 모음
대권이 없는 나라 1, 2권	1992	민주주의 정치 제도 비교(1권 프랑스와 미국, 2권 영국과 일본)
예측이 가능한 세상이었으면 1, 2권	1994	한국 사회 중심 시사평론
오늘, 그리고 내일 1, 2권	1996	〃

스페인·포르투갈 등의 전후(戰後) 40년에 걸친 정치발전 궤적을 추적한 '서구 민주주의 기행' 11회를 각각 연재했다.

1984년과 87년에 각각 나온 〈미국을 생각한다〉와 〈민주주의란 무엇인가〉는 이 연재물을 바탕으로 한 것이다. 박권상은 1987년 8월 15일 〈영국을 다시 본다〉를 시작으로 9월 5일에는 〈감투의 사회학〉을, 9월 15일에는 〈민주주의란 무엇인가〉까지 한 달 새 열흘 간격으로 각기 다른 세

권의 책을 출간했다. 박권상은 이들 정치·언론 비평집에서 자신의 글쓰기 목표를 이렇게 밝혔다.

"자유를 사랑하고 사회정의를 부추기고 거짓을 규탄하고 진실을 밝히는 꿋꿋한 언론의 정신, 어떤 형태이든 전체주의를 배격하고 우리 사회를 좀 더 건강하고 민주적으로 개혁하려는 의지의 표명, 이것이 내가 글을 쓰는 동기요, 사명이었다."[13]

미국 싱크탱크·대학에 영어 논문 게재

박권상은 동아일보에서 해직된 이듬해인 1981년 가을부터 1년간 미국 워싱턴 DC의 우드로 윌슨 국제학술센터(Woodrow Wilson International Center for Scholar)에서 연구원 신분으로 연수했다. '김정일 치하의 북한 사회'를 연구주제로 삼은 그는 "North Korea under Kim Chong-Il"이라는 논문을 1982년 4월 15일 윌슨센터에서 발표했다. 이 논문은 조지워싱턴 대학이 발행하는 저널(Journal of Northeast Asian Studies) 1982년 6월호에 게재됐다.

53세의 한국의 전직 언론인이 미국 유수의 싱크탱크에서 영어 논문을 발표하고 대학교 학술지에 싣는 것은 쉬운 일이 아니다. 이는 박권상이 역량있는 저널리스트였음을 보여주는 증거이다. 1982년 한미(韓美)수교 100주년을 맞아 그는 윌슨센터에서 'Korean Perceptions of America'라는 논문을 발표했다. 이 논문은 단행본 〈Reflection on a Century of United States-Korean Relations〉에 수록됐다.

박권상은 이회창(李會昌) 신한국당 대통령 후보와 만나 학문적인 대화를 나누었다고 한다. 언론인 출신으로 노동부 장관을 지낸 남재희는 "박권상과 이회창 두 사람은 〈역사의 종말(The End of History)〉을 쓴 미국 학자 프란시스 후쿠야마(Francis Fukuyama)를 놓고 의견을 나누다가 후쿠야마의 또 다른 저서 〈트러스트(Trust)〉 이야기까지 했다"고 전했다.[14]

대학 졸업 후 세 차례 미국 대학교에서 공부한 그는 우드로 윌슨 국제학술센터를 시작으로 미국, 영국 등에서 연구와 공부를 했다. 그러나 그것은 해직으로 인해 강요된 선택이었다.[15]

3선 개헌 반대 사설 작성

박권상이 단일 언론사 중 가장 오래 몸담은 곳은 동아일보로 1962년 5월부터 1980년 8월까지 18년 동안이었다. 이 중 상당 기간은 5·16 혁명 후 박정희 대통령 시대였고, 8개월은 1979년 12·12 사태와 이듬해 광주민주화항쟁 그리고 신군부 집권기에 해당한다. 박권상은 2003년에 당시를 이렇게 회고했다.

"불행히도 나의 언론 51년의 대부분은 그렇듯 자유로운 환경은 아니었다. 18년간의 박정희 시대에 때로는 삼엄한 계엄통치하에 있기도 했다. 그런 경우 모든 기사는 '사전 검열'을 받게 되니까 언론의 자유란 아예 기대할 수 없었으며, 그렇지 않은 경우에도 유무형의 감시·간섭으로 통제된 '준(準)계엄 통치'였기에 보도취재나 해설 논평을 제대로 할 수 없는 어렵고 힘든 상황이었다."[16]

박권상은 이런 상황에서 나름 최선을 다하려 했다. 이를 보여주는 사례가 몇 개 있다. 먼저, 1969년 7~9월 박정희 대통령이 주도한 3선 개헌

(改憲) 정국에서다. 박 대통령은 그 해 7월 25일 대(對)국민 담화문을 내고 3선 개헌의 필요성을 들며 "(집권) 공화당이 개헌안을 제시하고, 제시된 개헌안이 국회와 국민투표에서 부결되면 자신에 대한 불신임으로 간주하고 '즉각 사퇴하겠다'"고 밝혔다.

이른바 7·25 담화에 야당과 일부 학생들이 저항했으나 큰 분란은 없었다. 박 대통령이 자신의 진퇴를 걸고 내건 3선 개헌은 요식 절차만 남아있을 뿐이었다. 그 와중에 가장 영향력이 세고 판매 부수가 많은 동아일보의 향방(向方)이 관심을 모았다.

1969년 2월 편집국장 대리(代理)에 임명된 박권상은 논설회의 참석 대상이 아니었고 사설(社說) 게재와 관련된 책임도 없었다. "사설은 회사 차원에서 대표이사 사장만이 결정할 일"이었기에 편집국 간부가 왈가왈부할 사안이 아니었다. 그의 회고이다.

"제작 실무를 맡은 편집국 간부로서 여간 답답한 것이 아니었다. 편집국 젊은 기자들은 동아일보가 개헌 찬반에 대한 입장을 선명하게 밝혀야 한다는 흐름이었다. 7·25 담화 발표 후 사흘이 지나도 아무런 말이 없었다. 나는 고재욱 사장을 만나 뵙고 진언하기로 작심했다."[17]

박권상은 고재욱 사장을 만난 자리에서 "눈앞의 늑대도 무섭지만 등 뒤의 호랑이가 더 무섭지 않습니까. 국민의 시선, 역사의 평가가 더 무섭습니다. 사장님의 명예, 아니 동아의 명예…"를 운운하며 결단을 촉구했다. 그러자 고재욱 사장은 박권상에게 "옛날 선비들의 상소문같이" 사설을 쓸 것을 지시했고, 박권상은 다음날 원고지 15매 분량의 사설 원고를 써서 고 사장에게 제출했다.

사설 원고 내용에 대해 박권상은 "결코 박 대통령의 감정을 상하게 하는 강경한 논조가 아니고 정중한 '상소문' 격이었다"며 "나 스스로 너무도 박 대통령의 비위를 맞춘 것이 마음에 걸렸다"고 했다. 이 사설은 결론 부분에 "본보는 (3선) 개헌안에 반대하는 입장을 명백히 하지 않을 수 없다"고 밝혔다.[18] 이 사설은 고재욱 사장의 결단으로 1969년 8월 8일자 동아일보 2면 사설란 전체에 그대로 실렸다.

42세에 동아일보 편집국장

이는 박정희 대통령의 3선 개헌에 반대하는 국내의 유일한 신문 사설이 됐다. 독자들이 보기에는 '폭탄선언'이었고, 권력자 입장에서는 '동아일보의 선전포고'로 느낄 만했다. 다시 1년 8개월여 후인 1971년 4월 1일, 동아일보 창간 51주년일에 박권상은 편집국장에 취임했다. 박권상이 3선 개헌에 반대 입장을 표명한 주동자였던 만큼 박정희 정권은 그의 편집국장 임명에 간접적으로 압력을 행사했다.[19]

김상만 사장은 1971년 3월 하순 박권상을 4월 1일자로 편집국장으로 구두(口頭) 발령낸 뒤 해외로 출국했다. 당국의 방해 압력을 비켜 가려는 편법이었다. 동아일보 부사장을 지낸 언론인 최맹호는 이렇게 말했다.

"박권상 선배는 '나는 편집국장 사령장(辭令狀)이 없어. 그때 우리 집이 동교동이었는데 집 앞은 공터였고, 정보부 요원이 탄 것으로 보이는 지프차가 상주하다시피 했다. 퇴근 무렵 지프차가 나타나면 집사람이 전화로 알려줬고, 그런 날은 밖에서 잤다. 그때 신문이 살아남을 수 있는 유일한 길은 공정한 사실 보도였다'고 회고했다. 부인 최규엽 여사는 '그때는 고생도 많이 했지만 정말 신나게 일하던 모습이 선하다. 집으로 찾아오는 후배들이 많아 해마다 김치를 200포기씩 담가야 했다'고 말했다."[20]

편집국장이 되면서 박권상은 20여 년 동안 하루 두 갑씩 피우던 담배와 거의 매주 친구들을 만나 즐기던 '고스톱'을 중단했다. 대통령 선거를 압력이나 회유에 흔들리지 않고 공정하게 치르는 일이 중요했기 때문이다. 제7대 대통령 선거는 한 달도 남지 않은 4월 27일 실시될 예정이었다. 선거 보도에서 가장 먼저 부딪친 문제는 대통령 후보자 유세장에 모인 청중 숫자였다.

여당인 박정희 공화당 대통령 후보와 야당인 김대중 신민당 대통령 후보 모두 청중 수의 많고 적음이 선거 결과를 예측하는 기준으로 생각했다. 유권자들도 자기가 지지하는 후보자의 유세장에 더 많은 청중이 모인 것으로 믿기 일쑤였던 시대였다. 많은 신문들은 여당 후보의 청중은 더 늘리고, 야당 후보의 청중은 줄이는 경향을 보였다.

박권상은 유세장(운동장) 평수(坪數)를 계산하고 항공사진과 여러 장의 망원(望遠)·광각(廣角) 사진 등을 대조해 청중의 밀집도를 최대한 과학적으로 보도했다. 그래서 동아일보가 보도하는 청중 수는 다른 신문의 절반 또는 3분의 1로 줄어드는 경우가 허다했다. 불만은 여당은 물론 야당에서도 터져 나왔다.[21]

김대중 후보의 선거대책위원장인 정일형은 "아니, 박권상이 그럴 사람이 아닌데" 하며 "후보가 직접 좀 이야기하라"고 다그쳤다. 중앙정보부에서 선거를 담당하는 강 모 차장보는 "당신 김대중이 전화 받고 이렇게 야당 청중 수를 늘리는 것 아니오"라고 협박조로 연락해 왔다.[22] 이 건으로 박권상은 서울 남산의 중앙정보부로 연행됐다. 그는 개인적으로는 호남 동향(同鄕)인 김대중 후보와 가까웠다.

1972년 10월 17일, 박정희 대통령의 10월 유신 선포로 언론 현장은 더 험악해졌다. 박권상은 "한 달에 한두 번은 누군가가 남산 정보부에 끌려 갔다. 또는 동빙고의 보안사 고문센터에 끌려가 얻어맞고 고문당하고…. 그럼에도 그런 조건에서 할 말은 해야겠다는 언론 집단에 몸을 담그고 그 어려운 환경에서 살아남아서 글을 썼다"고 말했다.[23]

1980년 국보위 지지 사설(社說) 거부

10월 유신 이후 국내 정치가 격변하자, 박권상은 1973년 8월 영국 특파원 자리를 자청(自請)해 떠났다. 4년 후인 1977년 8월 논설위원으로 복귀했다가 1980년 1월 1일자로 박권상은 동아일보 편집인 겸 논설주간이 됐다. 그는 논설 총책임자로서 다시 한번 선택의 순간에 직면했다. 1980년 5월 17일 발생한 광주(光州)사태와 연이은 국가보위비상대책위원회(국보위) 설립 같은 정치적 격랑 속에서다.

그 해 5월 16일자 사설을 싣지 않았던 동아일보는 이른바 광주사태 직후인 5월 19일자부터 23일까지 5일 내내 사설 없는[無社說] 신문을 발행하며 검열에 소극적으로 저항했다. 그러다가 광주사태에 대한 보도가 가능해진 5월 24일자 2면에 "유혈의 비극은 끝내야 한다"는 사설을 실었다.

그 무렵 국내 신문에는 광주사태 현장에서 보내온 기사가 검열에서 삭제되기 일쑤였다. 평소 2개씩 실리던 사설이 검열에 걸리면 하나만 살아남거나 두 개 모두 통째로 빠지는 날도 종종 있었다. 이어 1980년 6월

1일 군사통치기구인 국보위가 설치되자, 거의 모든 신문은 국보위 발족을 지지하는 사설을 썼다. 박권상도 이를 지지하는 사설을 써달라는 요청을 받았다.[24]

그러나 그는 이를 무시하며 결국 거절했다. 이렇게 되자 군(軍) 당국자들은 박권상을 아예 상대도 하지 않았다. 당국과의 불편한 관계는 그가 해직될 때까지 계속됐다. 그는 자신이 군 당국이 작성한 숙청자 명단에 두목급으로 끼어 있다는 것을 알고 있었다. 이런 상황에서 같은 해 7월 6일 김대중 내란 음모사건이 발표되었다.

김대중을 단죄(斷罪)하는 사설을 써달라고 강요하는 당국에 맞서 박권상은 처음에 '무사설' 입장을 취했다. 그러나 회사 입장으로 쓸 수밖에 없는 상황이 되자, 그는 후배 논설위원에게 지시해도 될 부담을 자기가 졌다. 박권상은 10여 년 전 '신동아' 필화 사건이 났을 때 당시 천관우(千寬宇) 주필이 '사(社)의 운명을 좌우할 위험하고 중대한 사설은 책임자인 내가 쓰는 것이 당연하다'며 사설을 쓰고 며칠 후 자리를 내놓고 회사를 떠난 사실을 떠올렸다. 그의 회고이다.

7년 넘는 강제 해직

"나는 원고지 8매 정도의 글을 썼다. 한 시간이면 되는 길이인데 두 시간 이상 걸렸다. 제목은 엉뚱하게도 '자유와 안전과 단결'이라 붙였고, 부제로 '김대중 사건의 수사 발표와 관련하여'라고 달았다. (중략) 지금 다시 읽어보아도 무슨 소리를 했는지 알 수 없는 졸작이었다. 한 가지 분명한 것이 있다면 다른 신문들처럼 김대중 씨를 엄히 처벌하라고 외치는 그런 비겁한 논조가 아니라 진실의 규명과 공정한 재판을 요구했다는 것이다. 유감스럽게도 할 소리를 제대로 못한 것이 아쉬웠다. 사설이라고 말할 수 없을 정도의 것이었다."[25]

이 사설은 검열 과정에서 그날 저녁 '보류' 판정를 받았다가 밤에 '삭제' 결정이 내려져 활자화되지 못했다. 동아일보는 김대중 내란음모사건에 '침묵'을 지킨 유일한 신문이 됐다. 전두환 정권에 대해 일관되게 비호의 적이었던 박권상을 지키기 위해 경영층은 7월 29일 그를 회사 부설 안보통일문제연구소 연구위원(상임고문)으로 발령냈다. 그러나 10일쯤 후인 8월 9일 박권상은 '자기 정화'라는 이유로 물러났다.

사실상 강제 해직이었다. 명목은 "1980년 4·17 선언 채택 당시 동아투위 복직문제 배후 조종" 등이었다. 동아일보 편집총책임자의 퇴진 소식은 정작 외신들이 보도했다.[26] 동아일보에서 이날 해직된 언론인은 박권상을 포함해 33명이었다. 이 가운데 3명은 1984년 6월 1일 복직했고, 다른 기자들도 순차로 대부분 복직되었다.

박권상은 그러나 언론사 취업을 허가하지 않는 대상자로 지목돼 외국을 떠돌아야 했다. 그는 당시 심정을 이렇게 적었다.

"정정당당하게 원칙과 양심을 지키다가 투항하지 않고 쓰러지는 것, 나는 그 것을 결코 패배라고 생각하지 않았다. 오히려 양심의 승리·정신적 승리라고 자부하였다. 그러기에 정든 사옥을 뒤로 떠나면서도 언젠가는 반드시 언론 활동에 복귀한다는 것을 확신하였다. 그러나 잔인한 암흑의 세월은 의외로 길었다. (중략) 나에게 박힌 미운털은 좀처럼 빠지지 않았다."[27]

276

파사현정(破邪顯正)의 기상

박권상은 해직 이듬해인 1981년 가을부터 1년간 미국 워싱턴 DC의 우드로 윌슨 국제학술센터에서 연구했다. 영국 하원의원을 지낸 그의 친구 로드릭 맥파쿼(Roderick MacFarquer)가 추천해준 덕분이었다.[28] 이어 1982년 10월 미국 버클리 소재 캘리포니아 대학 동아시아연구소에서 연구하다가 1983년 5월 귀국했다. 다시 1985년 영국 옥스퍼드대 세인트안토니스 칼리지 연구원, 미국 조지워싱턴 대학 중·소(中蘇)연구소 객원연구원으로 활동했다.[29]

박권상은 1986년 6월 동아일보사 사장으로부터 매월 한 차례 '동아 시론(東亞時論)' 칼럼을 집필해달라는 전갈을 받았다. 그는 1986년 7월 7일자에 쓴 '민주화와 자유언론'이라는 제목의 칼럼에서 언론의 입에 재갈을 물리고 있는 언론기본법을 해부하고 "언론 통제를 걷어치우라"고 요구했다. 박권상은 5개월여 만인 12월 5일 "더이상 기고하지 말라"는 통보를 받았다. 그가 '동아 시론'을 다시 쓴 것은 1987년 6·10 민주항쟁 한 달 뒤부터였다. 이 무렵 쓴 칼럼에 대해 그는 이렇게 밝혔다.

"집필하는 원칙이나 철학은 변함없는 그대로다. '약자 앞에서는 이리와 같이 사납고 강자 앞에서는 양같이 순한 지식인'의 비루함을 거부하는 것, 파사현정(破邪顯正)의 기상을 표시하는 것이다. 자유를 사랑하고 사회정의를 부추기고 거짓을 규탄하고 진실을 밝히는 꿋꿋한 언론의 정신, 어떤 형태이든 전체주의를 배격하고 우리 사회를 좀 더 건강하고 민주적으로 개혁하려는 의지의 표명, 이것이 내가 글을 쓰는 동기요 사명이었다."[30]

박권상은 1988년 한국방송공사(KBS) 이사로 추천됐으나 사양하고 '평화신문' 편집 고문을 맡았다.

현실 정치의 '중요 행위자'로 활동

박권상은 현실 정치의 '중요 행위자'이기도 했다. 편집국장 취임 2개월쯤 후인 1971년 6월 2일, 그는 정계의 여·야 거물들과 주한 미국대사가 함께 하는 모임을 주선했다. 경기도 남양주 덕소에 있는 김상만 동아일보 사장 개인 별장에서 일시 귀국하는 윌리엄 포터(William J. Porter) 주한 미국대사 환송회를 겸한 모임이었다.

제7대 대통령 선거가 끝난 지 1개월 1주일여 지난 시점에 김영삼, 김대중, 이철승과 김성곤 공화당 재정위원장, 정일권 국무총리, 이후락 중앙정보부장 등이 참석했다. 동아일보에서는 김상만 사장, 이동욱 주필과 박권상 편집국장이 나왔다. 동아일보는 "이 모임은 정치와는 관계없는 순전히 사교적인 성격을 띤 것"이라고 짧게 보도했다.[31] 그러나 하루 뒤 대다수 국내 신문들은 모임을 대대적으로 보도했다.

이날 모임은 동아일보사의 영향력과 김상만의 후광(後光)으로 성사됐지만, 이를 주선한 박권상의 넓은 인맥과 활용 능력이 돋보인 자리였다. 격렬했던 선거 후에 여·야 고위 정치인들이 한 자리에 모인 것은 매우 특이했다. 모임과는 관련 없지만 바로 이튿날인 6월 3일 박정희 대통령은 김종필을 국무총리로 임명하고, 8개 부(部) 장관을 경질하고 10개 부는 유임하는 개각을 단행했다.[32] 이른바 '덕소 모임'을 통해 동아일보는 여·야 중진과 중앙정보부 그리고 미국대사까지 동원한 큰 정치를 시도한 것이다.[33]

1980년 2월 서울 계동 인촌기념관에서 3김과의 만찬을 주선한 박권상(맨 오른쪽)/박권상기념사업회

1980년 2월 25일, 동아일보는 9년 전 모임을 닮은 회동을 다시 추진했다. 김상만 회장 초청으로 서울 종로구 계동 인촌기념관에서 3김(김영삼·김대중·김종필)과 주한 외국대사와의 만찬이 열린 것이다. 동아일보 측에서는 김 회장 외에 김상기 부회장, 이동욱 사장, 박권상 편집인 겸 논설주간, 이웅희 편집국장이 참석했다. 여기에 정일권 공화당 상임고문, 이태영 변호사, 모윤숙 시인, 글라이스틴 주한 미국대사, 스노베 일본대사, 버니 캐나다대사가 왔다.

이 만찬회는 이튿날 거의 모든 언론 매체에 대서특필돼 장안의 화제가 됐다. 당시에는 전두환 장군을 비롯한 신군부의 등장 여부가 정계의 관심사였는데, 동아일보가 민간 정치지도자인 3김을 부각시켜 신군부를 강력 견제하는 인상을 주었다. 특히 박권상이 김대중을 전면에 내세우기 위해 이 만찬 회동을 기획했다는 의심이 퍼졌다.

6~7년 중진 정치인 모임 주도

동아일보 기자 출신으로 과학기술부 장관을 지낸 김진현은 "박권상 선배는 출중한 능력으로 언론인의 차원을 넘는 전략가다운 공간을 늘 간직하고 있었다"며 이렇게 말했다.

"박 선배가 영국 특파원으로 있을 때 런던에서 두 번, 동아일보에서 쫓겨난 이후 미국 윌슨센터에 있을 때 워싱턴에서 한 번, 단 둘이서 많은 이야기를 나누었는데 강렬한 대의(大義)의 주장과 이를 위한 강력한 권력 의지를 발견 하곤 다소 놀랐던 기억이 새롭다. (중략) 박 선배가 '동아일보'(특히 김상만 회장) 와 주한 미국대사와 김대중·김영삼·김종필·정일권을 엮는 작업을 꾸준히 지 속한 것은 이미 다 알려져 있다. 왜 그런 작업을 하느냐고 물은 적이 있다. (그 는) 이런 환경 아니면 동아일보와 김대중 씨의 활동공간이 어려울 것이라는 말을 숨기지 않았다. 참 대단한 전략이고 책략이라 감탄을 금치 못했다."[34]

박권상은 제6공화국(1988~1992) 후반부터 김대중 정권 초기(1998~2002) 까지 6~7년 동안 유력 여·야 정치인들의 정기 모임을 조직했다. 회의의 이름이나 간사 같은 형식은 없었고, 소집책을 계속 맡은 박권상이 주최 자이자 대표였다.

고정 멤버는 김원기(이후 국회의장), 김용환 전 재무부 장관, 남재희(이후 노동부 장관), 박관용(이후 국회의장), 이종찬(이후 국정원장), 조세형(이후 주일

대사), 조순승 미국 미주리대 교수, 황병태 외대 총장(이후 주중대사) 등 모두 현역 국회의원이었다. 그리고 김광일(김영삼 정부 청와대 비서실장), 김근태(이후 보사부 장관) 등과 원외의 진보 정치인 장기표 씨도 가끔 초청 멤버로 나왔다.[35]

모임의 빈도는 초기엔 매월 1회였으나 이후 두 달에 한 번쯤이었다. 이들은 서울 소공동 롯데호텔 32층 메트로폴리탄 클럽에서 4년쯤 만나다가 서울 남산 맨션 '한남클럽'에서 모였다. 지적(知的) 수준이 높고 정치적 역량 있는 인물로 구성된 모임은 설악산, 광양 포항제철 등 지방 여행을 하며 간담회도 가졌다.

이 모임의 고정 멤버였던 남재희 전 노동부 장관은 "박권상의 역량은 대단하다. 실제 정당정치에 뛰어들지는 않았으나 그게 막후(幕後)의 정치가 아니고 무엇이겠는가, 박 선배는 반(半)은 정치인이었다. 그것도 아주 유능한 정치인이었다"고 평가했다.[36] 박권상에게는 세상 흐름을 취재하는 언론인과 세상 변화를 추동·기획하는 '전략가형 정치인'의 면모가 병존했다.

기자에겐 '철저한 훈련' 요구돼

박권상은 1953년 7월 휴전 후 판문점에서 있었던 포로 교환 협상을 취재하며 외국 기자들과 자주 접촉했다. 이들은 전쟁 후 불편한 서울에서 일하면서 불평하거나 다른 일에 한눈팔지 않고 지칠 줄 모르고 일했다. 박권상은 "그들의 모습에서 숭고함을 느꼈다. '천직(天職)으로 알고 평생 기자가 되겠다고 결심한 기자'라야 제대로 기자 노릇을 할 수 있다"고 했다.[37]

그는 "멋모르고 기자 생활을 시작했지만, 해가 갈수록 성취와 사명감이 더했다"면서[38] "자유와 명예, 의무라는 가치를 잃지 않는다면 신문기자처럼 긍지를 갖고 일할 수 있는 직업도 드물다고 생각했고, 그 결정을 한 번도 후회한 적이 없다"고 입버릇처럼 얘기했다.

'젊은 기자에게 보내는 글'과 '언론인이 되려는 젊은이에게'라는 글에서 그는 "언론인이 되는 데는 타고난 재주와 더불어 철저한 훈련이 요구된다"는 기자관(記者觀)을 밝혔다. 이는 현대사회에서 언론의 무거운 책임에 대한 인식에서 출발한다. 그의 말이다.

"중세에 대학의 탄생은 성직자와 의사, 변호사 등 3대 전문 직업인을 양성하기 위함이었다. 현대사회에서 언론은 세 가지 전문직업을 포괄하고도 남음이 있는 소중한 업(業)이다. 언론인은 현대판 성직자, 의사, 변호사, 교사, 군인의 임무를 조금씩 모두 대행하고 있다."[39]

이런 중대한 역할을 수행하는 언론인의 자질로 박권상은 네 가지를 꼽았다. 첫째는 최고의 정직성과 도덕성이고, 둘째는 복잡하고 다원적인 사회 현실 속에서 진실을 밝히고 시비(是非)를 가리고 정의(正義)를 추구하는데 지칠 줄 모르는 지구력(持久力), 탐구심(探究心)이다. 세 번째는 사물을 관찰하고 균형 있게 표현할 수 있는 표현력의 소유자여야 한다. 상상력을 토대로 필력을 구사하는 작가적 소질보다 현실을 정확·신속하게 전달하는 적극적이고 활동력 뛰어난 집필 능력이 중요하다는 것이다. 마지막은 광범위한 인문학적 배경을 갖고 평생 공부하는 습관이다. 박권상의 말이다.

"언론인은 평생 공부하는 생활을 해야 하고, 적어도 한 분야에서는 자신 있는 전문가여야 한다. 그는 또 전문가에게 물어볼 능력이 있어야 하고, 전문가의 말을 알아들을 능력이 있어야 하며, 그리고 그것을 쉽고 간결하게 옮겨 쓸 수 있는 능력을 갖추어야 한다."[40]

하지만 현실 세계에서 언론사와 저널리스트를 향한 시선은 대체로 싸늘하다. 저널리즘이라는 막중한 역할과 책임에 비해 부족한 측면이 많기 때문이다. 박권상도 예외가 아니었다. 그는 "오늘날 한국의 신문인이라면 스스로 자학(自虐)하기도 하고, 자부(自負)하기도 하는 때가 있다. 이 점은 많은 저널리스트가 공감하는 바라고 확신한다"고 했다.

저널리즘은 신사(紳士)의 직업

기자 생활 13년째를 맞은 시점에서 박권상은 "12년 동안 다른 어느 직업에서든지 그렇듯 정신없이 일했었던들 그에 대한 질적(質的) 보수는 대단한 것이었으리라 생각한다"며 언론인에 대한 낮은 처우를 안타까워했다. 그러나 그는 이에 마냥 좌절하지 않았다.

"나는 저널리즘은 물질적 보수 이상의 무엇, 단순한 생활 방편 이상의 어떤 높은 가치가 있다는 것을 발견하였다. 내가 얻은 결론은 저널리즘이 비단 하나의 직업일 뿐만 아니라 가치 있는 삶의 길이라는 것이다. 사회를 위하여 봉사한다는 마음 없이 들어가서는 안 되는 직업이라는 점이다. 다른 어느 직업보다도 고된 일이오, 다른 어느 직업보다도 정신적 수련을 요하는 일이오, 때로는 자아 부정과 희생까지 감수해야 하는 일이기 때문이다."[41]

그러면서 박권상은 모름지기 언론인은 법률가와 군인, 의사, 목사 같은 직업인처럼 일정한 직업적 기량을 체득해야 하는 동시에 자기 이윤 추구보다는 남의 이익을 위해 섬겨야 할 사명의식, 즉 사회에 봉사하는 고도의 책임감과 윤리감을 갖추어야 한다고 강조했다. 그의 말이다.

"만일 먹고 살기 위한 생활수단만이 전문직업의 목적이라면 의사가 어찌 한밤중에 환자 집을 찾아가야 하고, 목사가 어찌 평생을 두고 물질적으로 외로운 생활을 해야 하며, 법률가가 어찌 법정신과 법조문에 집착해야 하며, 군인이 어찌 생명을 바쳐 초연탄우(硝煙彈雨·화약 연기가 가득하고 탄환이 빗발침) 속을 돌진할 수 있겠는가? 신문계에 있어서도 똑같거나, 또는 그 이상의 사회적 책임이 요구되지 않겠는가."

박권상은 따라서 "오늘날 신문인, 우리들은 우리 직업이 사회생활에서 차지한 중요성을 더욱 가다듬고 사회에의 의무와 책임을 자긍하여야겠다. 저널리즘은 신사(紳士)의 직업이라고 본다"며 이렇게 설명했다.

"신사에는 여러 정의가 있겠으나 그것은 높은 품격을 갖춘 사람이다. 정직과 관용 그리고 신의에 사는 사람, 사리(私利)에 앞서 공리(公利)를 생각하는 사람, 억강부약(抑强扶弱)하는 사람, '사실은 신성하고 논평은 자유'라고 생각하고 실천하는 사람이 아닌가 생각한다."[42]

신문인은 '현대의 목사' 겸 '교사'
그런 점에서 박권상은 신문인에게 가장 필요한 자질로 정직성(integrity)

을 꼽았다. 그는 숱한 오보(誤報) 사례와 보도의 공정성 여부를 지적하면서 "정직하지 못한 인간이 어떻게 진실성을 추구할 수 있느냐"며 이렇게 되물었다.

"흔히 신문기자의 제일 요건을 호기심(inquisitiveness)이라고 말하는데 이는 끈기 있게 진실성을 탐구하는 자세로, 과학도가 진리(眞理)를 추구하는 정신과 본질적으로 동일해야 한다고 본다. 여기서 적당히 처리한다는 것은 용납될 수 없다. 정직성에서 더 나아가 신문인은 '현대의 목사' 또는 'a daily teacher'이어야 한다고 보는 사람도 있다."[43]

박권상이 말하는 참된 저널리스트는 이런 유형이어야 했다. "허위를 물리치고 진실을 찾아야 하고, 억압에 저항, 자유를 택하면서도 그러나 늘 독립된 입장을 고수한다는 것, 어느 개인, 어느 집단, 어느 세력에도, 그들과 뜻을 같이하는 경우에조차 거기에 스스로를 100% '코미트(commit)'해선 안 된다는 언론의 원칙을 지켜야 한다."[44]

박권상은 3명의 외국 언론인으로부터 많은 영향을 받았다.[45] 첫 번째는 월터 리프먼(Walter Lippmann)이다. 1914년 잡지 '뉴 리퍼블릭'의 부편집인으로 언론계 생활을 시작한 리프먼은 1931년부터 뉴욕 헤럴드 트리뷴에서 'Today and Tomorrow'라는 고정 칼럼을 통해 미국을 넘어 국제적 영향력을 행사했다. 그의 칼럼은 미국 내 250여 개 신문과 중남미 지역 17개 신문, 캐나다의 9개 신문, 호주·일본·그리스 등 세계 각국 신문에 실렸다.

박권상은 "리프먼은 미국의 지도자들과 여론을 형성하는 지식인들, 그리고 일반 대중에 시대의 흐름을 이끄는 큰 어른이었다"며 "그의 글, 그의 영향력, 그의 생활 방식에 매료되었다"고 밝혔다.[46] 박권상은 1964~65년 하버드대 니먼 펠로우로 연수 당시, CBS TV에서 1시간 분량의 '리프먼과의 이야기'라는 정기 방송 프로그램을 보면서 그런 생각을 굳혔다. 리프먼이 의견을 제시할 때 냉정함을 유지하고, 복잡한 현상을 쉽고 단순하며 재미있게 설명하는 재능에 박권상은 감탄했다.

1965년 5월 하순 영국 런던의 국제신문협회(IPI) 연차 총회에 참석한 박권상은 이때 들은 리프먼의 기조연설을 자신의 언론 활동 목표로 삼았다.[47] 리프먼은 연설에서 "신문의 제1차적 사명은 오직 진실의 발견과 진실의 보도에 있다"며 "신문과 신문인이 절대로 버려서는 안 되는 한 가지 책임이 있다면 그것은 '독자에게 진실을 알리는 책임'이다"고 강조했다.[48]

신문사의 사주(社主)나 정부 또는 뉴스원에 대한 충성심이나 의리보다 신문의 독자, 즉 국민 대중에 대한 충성심이 핵심이라는 얘기였다. 박권상은 이날 연설을 '세계 언론의 정상이 펴는 진리의 소리'라고 말했다.[49]

리프먼·솔즈버리·스코트 3명에 감화

박권상은 뉴욕타임스(NYT)의 해리슨 솔즈버리(Harrison Salisbury) 기자도 높이 평가했다. 솔즈버리는 소련 붕괴를 다룬 책의 신간 서평을 쓰기 위해 1993년 7월 5일 저자를 인터뷰하러 가다가 길거리에 쓰러져 85년의 삶을 마감했다. 당시 그는 갓 나온 자신의 29번째 책을 끼고 있었다. 동아일보에서 해직된 후 60세가 넘었을 때 박권상은 이렇게 지적했다.

"솔즈버리는 80세가 넘어 1930년대 모택동이 강행한 대장정의 길목을 따라 강행군해 〈장정: 이야기 안 된 이야기〉를 책으로 냈다. 1989년 6월 천안문 사태가 벌어졌을 때는 현지에서 NYT에 기사를 보내고 호텔 유리창 밖으로 보이는 유혈 사태를 '마치 올챙이 기자가 화재 현장을 묘사하듯' 미국 방송에 현장 중계하였다. 그는 82세에 〈중국의 새로운 황제들〉을 냈다. 80세에 이르러서도 '15세 소년이 지니는 미지의 세계에의 호기심과 정열에 불타 있었으며, 끝없는 지식에 대한 탐구자였다'고 한 동료는 말했다."[50]

세 번째는 찰스 스코트(Charles P. Scott) 영국 가디언 편집인이다. 스코트는 'The Scotsman' 기자로 출발해 1871년 '맨체스터 가디언'(이후 가디언으로 개칭)의 기자를 지내다가 1872년에 편집장, 1907년에 사주(社主)가 됐다. 박권상이 좌우명처럼 자주 인용한 "의견은 자유이지만, 사실은 신성하다"는 찰스 스코트가 한 말이었다. 박권상은 "스코트가 '가디언'을 지방지에서 영국의 유력 전국지로 키웠다"며 이렇게 밝혔다.

"런던에서 발행하는 보수적인 '타임스'가 '신(神)의 소리'라면, 런던과 맨체스터에서 발간되는 '가디언'은 '양심(良心)의 소리'라는 권위와 명성이 있다. 이 신문을 세계적인 양심의 소리로 만든 편집인 스코트가 남긴 어록에 다음과 같은 내용이 있다. '신문에 있어 가장 중요한 일은 뉴스를 수집하는 것이다. 그리고 뉴스를 사도(邪道)로 타락시키지 않게 심혈을 기울여 순수성을 지키는 것이다. 왜냐? 의견은 자유이지만, 사실은 신성하니까.'"[51]

박권상은 "해리슨 솔즈버리같이 직업적으로 탁월하고 헌신적인 사람이 종횡무진 세계를 누비면서 그의 잠재력을 한껏 키우고 발휘할 수 있

는 그런 조건들이 한국 언론계 안팎에 구비되어 있지 않다"고 안타까워
했다.

스타 기자 없인 세계 일류신문 못 돼

많은 신문 부수와 좋은 인쇄 시설, 사옥을 갖고 있는 한국 언론계가
정작 세계적 일류신문을 갖지 못하는 원인을 해리슨 솔즈버리 같은 '대기
자들'의 부재(不在)에서 본 것이다. 박권상은 "신문이란 결국 사람이 만드
는 것인데 그런 스타 플레이어들을 키울 수 없으니 세계 일류신문이 될
수 없고, 따라서 대신문이 나올 수 없다"고 했다.[52]

1993년 옥스퍼드 대학에 2개월 동안 체류하면서 박권상은 영국 일간
신문들의 경쟁력을 분석했는데 그 요지를 정리하면 세 가지이다. 먼저,
영국 신문은 편집국과 논설위원실이 분리되는 미국과 달리 서로 협조 관
계에 있다. 사설(社說)은 에디터의 지시에 따라 논설위원은 물론 부장들
도, 전문기자(special correspondent)도 쓴다.

두 번째는 일반기자와 전문기자의 구분이다. 갓 입사한 젊은 일반기자
(general reporter)는 어느 분야든 배치돼 취재하지만, 그가 전문기자로 승
격되면 담당 분야의 뉴스를 취재하고 논평한다. 전문기자의 영역에는 해
외 특파원, 외교·정치 담당은 물론 경제·금융·교육·보건·환경·예술·법
조·경찰 등의 담당이 한두 명씩 있다. 영국에는 배타적인 '출입처 기자단'
이 없고, 전문기자는 어느 부처에서도 취재 활동을 할 수 있다.

셋째는 일반기자, 전문기자, 부장·차장이 모두 똑같은 조건에서 독자
의 심판을 받는다는 점이다. 독자의 인기도(人氣度)에 따라 언론인으로서
의 생명이 연장되는 식이다. 영국에선 기자 개인별 브랜드가 정립돼 있어

연극담당 전문기자가 A지에서 B지로 옮기면, A지의 연극기사와 논평을 읽던 독자가 B지로 옮겨간다.

한국 언론이 실무적으로 바꿔볼 만한 의제로 박권상은 심층 보도와 조사 보도의 확충, 전문기자제 도입, 대기자를 기르는 제도적인 뒷받침 등 6개를 제의했다. 이 가운데 정부 부처마다 출입 기자를 고정시켜 두는 일본식 출입처 제도 폐지와 명실상부한 전문기자 제도 도입, 이를 위한 기자 채용 제도 개선은 지금도 시급한 사안이다.[53]

기자 개인별 브랜드 정립 필요

박권상은 "취재 경험과 능력, 판단력, 표현력을 고루 갖춘 노련한 기자로서 전문 지식을 갖출 때 전문기자가 된다. 너댓 과목의 필기시험이 주종이 되는 지금의 기자 모집 제도로는 해당자가 과연 저널리스트로 적성(適性)인가조차 분간할 길이 없다"고 했다. 우수한 저널리스트를 뽑는 대안으로 그는 충분한 훈련과 자질 검증을 제시했다.

"미국식으로 4~5년간 저널리즘 학과에서 스스로를 테스트, 소양을 검증받은 후에 언론계에 들어가든가, 영국처럼 훈련과 시험을 통해 자질이 검증된 사람이 입문하고 지속적 근무 실적에 따라 전문기자가 되고 에디터가 되는 과정이 바람직스럽다."[54]

박권상은 70세를 앞둔 나이에도 한국 언론의 실질적인 선진화를 이루러 동분서주했다. 1995년부터 이듬해에 걸친 '신문윤리강령 개정' 작업과 관훈클럽의 '2000년위원회' 설립이 대표적이다. 신문윤리강령은

1957년 제정 이후 30년 넘게 요지부동이었다. 이에 1995년 6월 14일 한국신문협회 주축으로 편집인협회, 기자협회가 강령 개정을 공동 논의해 '독립신문' 창간 100주년인 1996년 4월 7일 제40회 신문의 날에 공포하기로 했다.[55]

이 개정작업은 박권상이 위원장을 맡아 각계에서 추천받은 분야별 전문가 6명과 진행했다. 그는 7개월간 10여 차례 회의를 열고 1996년 1월 16일 '신문윤리강령'과 '실천요강'을 시대에 맞추어 개정·확정했다.

'한국언론2000년위원회' 발족

관훈클럽의 '2000년위원회'도 박권상의 아이디어로 탄생했다. 관훈클럽과 신영연구기금은 1995년 1월부터 '독립신문' 창간 100주년과 클럽 창립 40주년을 앞두고 위원회 구성을 수차례 논의했다. 그러나 추진이 지지부진하던 차, 박권상이 1995년 12월 '관훈통신'에 쓴 '언론발전연구위원회의 설립을 제안한다'는 기고문으로 속도가 붙었다. 박권상은 각계 대표로 구성된 권위 있는 기구의 필요성을 이렇게 설명했다.

"오늘날의 신문, 방송 등 언론 매체가 권력과 부의 강제된 노예까지는 아니라 하더라도 자진 '협조하는 머슴' 정도로 안주하고 있는 것인지 아닌지, 여기에 대해서 심각하게 성찰할 때가 되었다. (중략) 그리고 무모한 부수 경쟁, 살인적인 뉴스 경쟁에서 오보·왜곡 보도를 일삼고, 강한 자에 꼬리치고 약한 자를 짓누름으로써 국민적 신뢰를 스스로 실추시키고 있지 않은지 우리 스스로 따져 보아야 한다."[56]

외신들은 당시 "한국 언론인들은 기사를 쓰고 있는 사람이나 회사에서 현금을 받는 게 오랜 관행이었다"고 지적하고 있었다. 박권상은 "외신의 이런 모욕적인 보도에도 한국 언론은 아무런 말이 없다"며 "이런 상태가 지속되고 악화될 때 우리가 누리고 있는 언론의 자유는 조만간 근본적으로 훼손되는 것이 아닐까"라고 했다.

이제 언론도 '개혁'의 깃발을 올려 현실을 정확하게 진단하고 올바로 처방해야 한다고 믿은 그는 '2000년위원회'를 발족했고, 1997년 10월 22일 111쪽에 달하는 '한국언론2000년위원회 연구논총'을 발간했다. 박권상은 여기에 '언론의 자유와 책임'이라는 논문을 실었다. 위원회는 2000년 10월 27일 프레스센터 내셔널프레스 클럽에서 '한국언론보고서' 공표식을 열어 한국 언론의 현실을 종합 진단하고 언론의 문제점을 개선해 21세기 언론이 나아갈 방향을 지적했다.[57]

박권상은 20~30대에는 신문기사 문장(文章) 개선에 앞장섰다. 1950년대 우리나라의 신문기사 문장은 일제(日帝)를 거쳐 해방 후까지 관청과 법률, 국회 용어를 그대로 써 혼란스러웠다. 여기에 기자 개인의 '의견'과 데스크의 '취향'이 덧붙여진 상태였다. 박권상은 관훈클럽 초기 멤버들과 함께 신문 문장 개선을 고민하고 관훈클럽 '회지(會誌)'(관훈저널의 전신)에 관련 연구논문을 실었다.[58]

동아일보 기자를 지낸 김진배 전 국회의원은 "박권상은 신문기사 문장의 황무지를 일군 선각자"라며 "그가 1950~60년대에 쓴 기사 문장은 지금 문장과 크게 다르지 않고, 상투적이라거나 진부하거나 교훈적인 냄새가 나지 않는다. 그는 기사의 어디에도 자기 의견을 끼워 넣지 않았다"고 했다.

무심코 보낸 기사 한 건의 충격

박권상은 한 건의 기사가 갖는 엄청난 무게와 영향력을 기자 생활 초기에 체험했다. 이때 경험을 바탕으로 기자는 '진실'에만 최고의 충성을 바치는 직업정신으로 무장해야 한다고 믿었다. 박권상이 미국 정부 초청 1차 연수 중이던 1956년 1월 16일 워싱턴 DC 주미 한국대사관에서 가진 양유찬 대사 인터뷰 기사의 파장 덕분이었다.

양 대사는 인근 델라웨어주 윌밍턴 신문사에 배속돼 3주일간 현장 연수 중이던 박권상을 만난 자리에서 "이승만 박사가 하야하거나 이승만 아닌 다른 사람이 대통령이 되면 미국의 대한(對韓) 원조가 끊겨진다"고 말했다. 박권상은 2시간여 동안의 대화 내용을 소속 언론사인 합동통신에 보냈고, 1주일쯤 후 국내 주요 신문들은 신문 1면 톱 또는 중간 톱기사로 "李博士 下野면, 美援助는 中止"라는 제목으로 크게 실었다. 인터뷰는 국회와 경무대를 포함한 한국 정치권에 평지풍파를 낳아 '본의 아닌 부작위 특종'을 했다.[59] 자신이 무심코 보낸 기사가 한국 정치권을 뒤흔드는 것을 보고 박권상은 이런 소회를 밝혔다.

"(1956년) 2월 말일 나는 뉴욕서 기차로 워싱턴으로 가고 있었다. 기차 속에서 저널리즘이라는 직업에 새삼 무거운 생각을 느꼈다. 나는 엄청난 충격과 파문을 일으킬 수 있는 무기를 가지고 있지 않느냐. 이 가공할 무기가 악용될 수 있지 않은가. 또한 이런 잠재성 무기가 곧 신문방송통신인데 신문인의 양심과 신문의 원리원칙대로 쓰이지 않고 특정세력의 이용물로 전락될 때 결과는 어찌될 것인가. 언론인이면 누구나 한두 번, 아니 골백 번 생각을 아니할 수 없는 신문의 책임(責任), 신문의 윤리(倫理), 그리고 신문의 자유와 독립에 관한 자문자답이었다."[60]

11개월 만에 10만 구독자 모은 '시사저널'

박권상은 1989년 10월 29일 '시사저널' 창간호를 세상에 내놓았다. 언론계에서 통신사와 신문사에 이은 출판·잡지인으로 세 번째 변신이었다.

시사저널 창간을 위해 그는 1988년 봄부터 2년 가까이 준비했다. 동아건설 소유주인 최원석 회장의 동생으로 월간 음악잡지 '객석'을 발행하고 있던 최원영이 시사저널의 사장 겸 발행인을 맡고, 박권상은 부사장 겸 편집인 겸 주필로 참여했다. 한국 시사주간지로는 유일하게 워싱턴과 파리에 각각 특파원을 두면서 미국의 '타임', '뉴스위크' 같은 독립적인 시사주간지를 지향했다.

시사저널은 미국 시사주간지 '유에스뉴스앤드월드리포트(US News & World Report)'에 견학단을 보냈다. 견학단은 매일 출근해 국제 분야 기사와 컬러 사진, 고급 편집 디자인을 보고 배웠다.[61] 박권상은 영국 시사주간지 '이코노미스트(Economist)'의 문장에 비견되는 잡지기사 문장 개발을 위해 전문 윤문사(潤文士)를 두었다. 윤문사로 초빙된 소설가 김승옥, 박태순, 송영은 매주 2~3회 출근해 기사가 편집·교열에 넘어가기 전에 문장을 최종 다듬었다.[62]

한국의 시사주간지들이 대부분 10여 명의 인력을 둔 반면, 시사저널 편집국에는 수습기자 5명을 포함해 60명이 일했다.

박권상은 창간 1주년을 맞아 1990년 10월 24일 빌리 브란트(Willy Brandt) 전 독일 총리를 한국에 초청해 한국 정계 요인들과의 교유를 주선했다. 이후 스티븐 호킹 박사, 자크 시라크 파리 시장 등을 잇따라 초청했다. 박권상은 이런 명사(名士) 초청을 업적으로 여겼다. 창간 한 달 만인 1989년 11월 28일 시사저널의 정기 구독자 수는 3만7,000명을, 두 달 후인 12월 26일에는 5만 명을 돌파했다. 1990년 9월 10일 10만 명에 도달했다.[63]

1년간 '코리아 신디케이트' 소속 기고 활동

하지만 비용 지출이 너무 커 잡지를 발행할수록 적자가 늘어났다. 이런 상황에서 세계적 수준의 고급 시사주간지를 내놓으려는 박권상의 시도는 오래 지속될 수 없었다. 창간호를 낸 지 1년 4개월여 만인 1991년 2월 19일, 박권상은 편집인 겸 주필직을 내놓으면서 "월급 받는 직장은 더 이상 맡지 않겠다"고 선언했다.

그는 같은 해 5월 국내 최초로 칼럼 신디케이트를 결성했다. 박권상, 최일남(소설가·동아일보 부국장), 김용구(한국일보 논설위원), 정운영(한겨레 논설위원·경제학자) 등 네 명이 분야를 나눠 번갈아 글을 써서 주로 지방신문에 공동게재하는 '코리아 신디케이트(Korea syndicate)'라는 글쓰기 모임이었다. 8개 지방신문을 계약사로 둔 이 신디케이트는 1년 만에 끝났다. 좁은 시장에 지방지를 상대로 한 미국식 신디케이트는 존속하기 어려웠다.

이후 박권상은 1994년부터 동아일보 고문(顧問)이 돼 '동아 시론(東亞時論)' 칼럼을 쓰면서 고려대 언론대학원 초빙교수, 광주대 언론대학원 초빙교수로 강단에 섰다. 1997년 봄 학기부터 관훈클럽 신영연구기금이 후원하는 고려대의 첫 언론학 석좌교수로 1년 동안 '신문논설과 논평'을 강의했다.

박권상은 1990년 시사저널 초청으로 방한한 빌리 브란트 전 서독 총리와 방송 대담에 출연했다.
/박권상기념사업회

5년간 KBS 사장… 공정성 확보에 최우선

1997년 12월 김대중 후보가 대통령 선거에 승리함으로써 박권상의 인생은 한 번 더 바뀐다. 이듬해 1월 6일 정부조직개편심의위원회 위원장을 맡아 대통령 취임 전 정부 구조개혁 책임을 맡은 것이다. 박권상에게 한시적인 '외도(外道)'였다. 그는 "대통령된 사람이 대통령직인수위원회 발령 1호로 수고 좀 해달라는데 거절 못 하겠데"라고 했다.[64]

김대중 정부 출범 직후인 1998년 4월 20일 박권상은 제12대 한국방송공사(KBS) 사장에 취임했다. 69세 때였다. 박권상은 2003년 3월 말까지 약 5년간 재임하면서 우파와 좌파 양쪽으로부터 비난을 받았다. 우파의 비난은 박권상이 제1공화국과 제3공화국, 제4공화국, 제5공화국을 비판하는 역사 관련 프로그램 방송을 강행한 때문이었다.

박권상은 진보 성향의 노동조합이라고 해서 특혜와 특권을 누려서는 안 된다고 봤다. 그래서 그는 부임 직전 노사합의로 발족한 'KBS 개혁실천팀'이 제작한 '이제는 말한다' 프로그램을 모니터링을 거쳐 대폭 수정해 내보냈다.[65] 그는 1,000명이 넘는 직원을 감원했고 2000년부터 간부사원 능력급제를 도입했다.

그는 독립성과 공정성 확보에 최우선 가치를 뒀다. 박권상이 KBS 사장을 맡기 전에 이강래 청와대 정무수석을 통해 A4용지 한 장에 7개 항의 요구 각서를 전달한 게 대표적이다.[66] 그의 KBS 사장 임기는 2003년 5월 22일까지였으나, 노무현 대통령 당선 후 사장 사퇴 압박이 오자 "미련 없다"며 그 해 3월 10일 이임식을 갖고 물러났다. 1998년 KBS는 외환 위기 충격 등으로 580억원의 당기손실을 기록했으나, 그가 재임한 1999년부터 2003년까지는 최소 220억원에서 최대 1,030억원의 당기순익을 올렸다.

1999년 신설된 '도전! 골든벨'과 '환경스페셜', 스타 가수 지망생들의 꿈의 무대로 출발한 '생방송 뮤직뱅크', 대한민국 대표 개그 프로그램 '개그 콘서트'가 그의 재임기간 동안 만들어졌다. 보도 부문에서는 앵커 멘트의 길이가 꼭지당 3~5초씩 줄어 뉴스 진행이 빨라지고 정보량이 늘었다.

진홍순 전 KBS 특임본부장은 "박권상은 창작 정신과 저널리즘의 한계가 자칫 모호해질 수 있는 방송계에서 저널리즘의 원칙 준수가 방송언론뿐 아니라 방송 경영면에서도 생명임을 실증적으로 보여줬다"고 했다.[67]

북한 요구 물리치고 한국 입장 관철

KBS 사장 시절의 박권상에게 특기할 만한 것은 2000년 6월 김대중 대통령의 방북 이후 8월 5일부터 12일까지 언론사 사장단 45명과 함께 평양에 갔을 때 일이다. 남북한 언론사의 공동합의문 작성과 김정일 면담과정에서 박권상은 주관(主觀)을 분명히 했다. '민족의 자주'와 '6·15 선언의 지지'를 공동선언문에 넣자고 주장한 북한에 대해, 박권상은 북측 대표인 김원철 조선중앙방송위원회 부위원장에게 '우리는 공동합의문을 작성할 필요가 절실하지 않다'는 점을 수차례 강조했다.

그는 "우리(남한)는 자유사회니까 아무리 완전한 합의문을 만들어도 개인이나 회사의 입장에 따라 해석이 달라지고, 특히 비방·중상 같은 용어는 서로 법과 제도가 다르므로 모두가 동의할 수 있는 정의(定義)를 내릴 수 없다"며 설득했다. 또 "초청해 주어 감사하다는 뜻을 합의문에 넣더라도 다분히 '선언'적인 것이라야 한다"며 "나는 합의문에 직접 서명하지 않겠다"고 했다.

이는 북한의 정치체제와 언론을 오랫동안 연구한 박권상이 북한이 요구하는 '공동합의문'의 의미를 꿰뚫고 있었기 때문이다. 결국 북한이 요구하는 '자주(自主)'라는 용어는 들어가지 않았고, '6·15 선언의 지지 환영'이라는 부분은 "남북공동선언이 조국 통일 실현에 중대한 의의를 가진다고 인정하고…"로 바뀌었다.[68]

남북합의문도 한국신문협회 회장인 최학래 한겨레신문 사장과 최칠남 노동신문 책임주필이 양쪽을 각각 대표해 서명했다. 김정일 국방위원장과의 면담이 마지막 순간까지 불확실하자, 한국방송협회 회장 자격으로 박권상은 김영성 조평통 부위원장과 담판을 벌여 성사시켰다.

수목장으로 시신 묻어… 비석·봉분 없어

박권상은 1969년부터 2014년까지 45년 동안 서울 서초동 진흥아파트에 살았다. 그의 아파트 문에는 문패가 없었다. 박권상이 세상을 떠난 후어디에도 그의 비석이나 봉분은 없다. 그의 시신은 석물(石物) 하나 없는야산의 잔디밭에 수목장(樹木葬·시체를 화장한 뒤 뼛가루를 나무 밑에 묻는 장례)으로 묻혀 있다. 그의 이름을 적은 가로세로 6×10cm의 이름표가 경기도 안성의 한 수목(樹木) 공원에 2~3m 남짓 되는 소나무의 줄기에 달려 있을 뿐이다.

살았을 때의 공적을 죽어서 내세우고 싶지 않았던 처연한 기상과 품성 그대로이다. 그는 권력이나 부와는 거리가 먼 삶을 살았다. 젊은 기자시절 국회의원을 하라는 제의를 포함해 여러 번의 정계 진출 권유를 박권상은 끝내 거절했다. 동아일보 후배인 남시욱 전 문화일보 사장은 이렇게 증언했다.

"1992년 3월 실시된 제14대 국회의원 총선 때의 일이다. 이 선거에서 급조된 모 신당이 돌풍을 일으켜 30여 석의 의석을 얻었다. 이때 그 신당에서는 박 선생(박권상)을 비례대표 2번으로 영입하려고 노력했다. 그러나 박 선생의 대답은 물론 '노'였다."[69]

박권상은 김대중 대통령 시절에도 통일부 장관을 맡아달라는 제의를 받았지만 "그것은 언론의 길이 아니다"라며 거절했다.[70] 그는 1980년 8월 해직된 후 8년 넘게 실직(失職)해 있었다. 국내외 지인들의 도움으로 미국, 영국 등의 연구소에서 장학금을 받으며 6개월~1년씩 공부하며 소일했지만, 대학생을 포함한 4자녀의 학비 등으로 마음고생을 많이 했다고 한다.

당시 그의 직업은 '자유기고가'였다. 그는 생계유지를 위해 지방신문, 월간지, 단행본, 기업의 사보(社報)에도 글을 썼다. 언론인 김진배는 "당시에 쓴 글들을 모아 그는 10여 권의 책을 냈는데 대단한 역작이다. 갈아먹을 땅이 없으면 갯벌이라도 갈아엎겠다는 그런 기백이었다"고 했다.[71] 원고지 한 장에 5,000원, 1만원 하는 자유기고가 생활을 한 박권상은 글 한 번 쓰면 몇 백 만원을 주겠다는 유혹을 남의 일인 양 뿌리쳤다. KBS 사장에서 물러난 뒤에도 이런 모습은 변함없었다. 언론계 후배인 심상기 서울문화사 회장은 이렇게 회고했다.

> "(박권상의) 칼럼을 써 들어오는 한 달 수입이 200만원이 채 안 된다는 얘기도 들린 적이 있다. 그의 재산이라고는 서초동 아파트 한 채뿐이었다. 그러면서도 남을 배려하고 도와주고 밀어주는 일을 마다하지 않았다. 실업자인 그가 자기 호주머니를 털어가며 후배 언론인들을 감싸 안고 식사를 하는 모습을 볼 때마다 나는 인간 박권상의 진면목을 가슴으로 보았다."[72]

골프 평생 치지 않아

골프를 평생 치지 않았던 박권상은 "골프 치는 기자(記者)는 부패한 기자다"라는 소신을 갖고 있었다. 신문기자의 취재비가 아예 없거나 쥐꼬리만한 한국 현실에서 골프는 너무 사치스런 운동이라는 것이다. 그는 "취재를 위해서라면 상대방을 초청해야지, (골프) 초청을 받아도 자기 경비는 자기가 내는 게 기자의 제대로 된 모습"이라고 말했다.[73]

그는 "외국의 경우 기자들은 취재원에게 제공하는 커피 한 잔도 자기 돈으로 계산한다. 남의 돈으로 기자가 골프를 치는 게 타당할 수는 없다"는 입장을 꺾지 않았다. 그는 대신 고스톱을 즐겼다. 그렇다고 박권상이 완전무결한 인물이라고만 단정할 수는 없다.

박권상에게 제기되는 흔한 비판 중의 하나는 강한 지역색이다. 구체적으로는 자신이 졸업한 전주고를 중심으로 한 언론인 모임인 전언회(全言會)와 그 멤버들에 대한 과도한 배려와 사랑이다. 조용중 전 연합통신 사장은 "박권상은 고향인 전북 전주를 사랑했고, 그곳 출신 후배들을 챙기고 돌보는 걸 자랑스럽게 생각했다. 그를 말할 때면 전언회(全言會)라는 모임에 관해서 언급하게 되고, 무책임하게 항간에 떠도는 소문들이 화제가 되는 것을 나는 많이 들었다"고 했다.[74]

지역·동문에 대한 과도한 사랑

이를 의식했는지 1997년 말 김대중 후보가 대통령에 당선되자, 박권상 당시 전언회 회장은 "모든 전언회 활동을 중지하라"고 지시했다. 모든 전북·전남 언론인을 회원으로 받은 전언회는 매월 명사 초청특강과 야유회, 송년회 등으로 내부 친목과 결속력이 매우 단단했다. 박권상의 전주고 및 동아일보 후배인 김종심 전 동아일보 논설실장은 이렇게 말했다.

"전언회에 군사정권 이래의 지역 차별에 항의하는 '건강한 연고주의'의 편린이 전혀 없는 것은 아니다. 그러나 박권상 선배는 '전언회가 모교와 지역사회를 사랑하는 친목 모임을 벗어나 공부하는 모임, 한국 언론의 바른 모습을 굳히는 초석이 되자'고 했다."[75]

많은 사람들을 평생 지적질한 언론인에겐 작은 실수나 흠결도 크게 비쳐지고 억울한 비난이 가해지기 십상이다. 박권상은 KBS 사장 퇴임 후 경원대와 명지대 석좌교수로 강의를 했고 일본 도쿄의 세이케이(成蹊)대 초빙 연구교수로 '일본 국가 전략 연구' 등을 했다. 전체적으로 보면 박권상은 '언론인의 정도(正道)'를 걸었다.

모 대기업이 경영하는 신문과 월간지가 파격적인 고료로 장기 연재를 제의해 왔을 때, 박권상은 횡재(橫財)의 기회를 조용히 거절했다고 한다. 그것은 아마도 저널리스트로서 순수하고 자유로운 영혼을 지키려는 양심(良心)의 발로였을 것이다.

머리말

1   송의달, "윤석민 '3중 위기 속 한국 언론… 저널리즘 스쿨이 유일한 희망이다' [송의달 LIVE]" 조선닷컴 (2023. 4. 4)

2   강미혜, "생성 AI 가이드라인 왜, 어떻게 만들어야 하나" 월간 신문과방송 (서울 : 한국언론진흥재단, 2023년 8월호) pp.21~25

3   Max Weber, Politik als Beruf (1919), 직업으로서의 학문·정치 (서울 : 범우사, 1997) pp.118~119

4   한국 언론 수용자들의 높은 기대 수준에 맞추려면 '육하원칙(六何原則·5W1H)'이 아닌 '5I원칙'에 충실해야 한다는 지적이 나온다. '5I'는 "뉴스 콘텐츠가 지적이고(intelligent), 정보 있고(informed), 해석적이며(interpretive), 통찰적이며(insightful), 깨우침을 줘야 한다(illuminating)"는 5개이다. Mitchell Stephens, Beyond News : The Future of Journalism (New York : Columbia University Press, 2014), 송의달, "'육하원칙'은 옛날 유물… 한국 언론, '5I'로 갈아타야 [송의달 LIVE]" 조선닷컴 (2022. 8. 23)

5   송의달, "뉴욕타임스 성공으로 본 한국 언론의 유료화 환경과 과제" 관훈저널 통권 제164호 (서울 : 관훈클럽, 2022년 가을호) p.45

6   은행가 조지 포스터 피바디(George Poster Peabody)의 기부로 만들어져 미국방송협회(NAB)와 조지아대학교가 1941년부터 수여하는 방송계 최고권위의 상(賞). '방송계의 풀리처상'으로 불린다.

7   Thomas Friedman, "Foreign Affairs; My Favorite Teacher" New York Times (Jan. 9, 2001)

밥 우드워드

1   Alfred E. Lewis, "5 Held in Plot to Bug Democrats' Office Here" Washington Post (June 18, 1972) A1

2 Ben Bradlee, A Good Life (New York : Simon & Schuster, 1996) p.383. 1976년에는 워터게이트 보도의 주역인 밥 우드워드와 칼 번스타인 기자를 집중 조명한 영화 'All the President's Men'이 상영됐다.

3 Bob Woodward·Carl Bernstein, All the President's Men (New York, 1974) 모두가 대통령의 사람들 (서울 : 오래된생각, 2014), p.308, 328~329

4 1972년 9월 말, 존 미첼 법무장관은 워터게이트 후속 기사와 관련해 "만약 그것이 보도된다면 케이티(Katie) 그레이엄은 그녀의 티트(tit)를 커다란 뚱뚱한 짜임새(a big fat wringer)에 걸리게 될 것"이라며 후속 보도가 실리지 않도록 압박했다. Katharine Graham, "The Watergate Watershed : A Turning Point for a Nation and a Newspaper", Washington Post (Jan. 28, 1997) D1

5 캐서린 그레이엄은 1973년 1월 15일 밥 우드워드 기자, 하워드 시몬스(Howard Simons) 편집국장과 워터게이트 보도 후 첫 점심을 함께 하며 취재 상황을 보고받았다. 그레이엄은 "이날 우드워드 기자로부터 비밀 정보원인 '딥 스로트(Deep Throat)'의 존재를 보고 받았으나 누구인지를 묻지 않았다"고 밝혔다. Katharine Graham, Personal History (New York : Vintage, 2013) pp.482~483

6 '부편집인'은 원로(元老) 기자에 대한 예우 차원의 직책이다. 밥 우드워드는 개인 저술 작업을 주로 하며, 회사 요청이 있을 때 아주 드물게 기고하는 정도로 워싱턴포스트에 기여하고 있다.

7 Ben Bradlee (1996) pp.12~13

8 Ted Widmer, "'Plan of Attack' : All the President's Mentors" New York Times (April 28, 2004)

9 Fred Barnes, "The White House at War" Weekly Standard (Dec. 12, 2002)

10 Bob Schieffer, "The Best Reporter of All Time" CBS News (April 18, 2004)

11 Alica Shepard, Woodward and Bernstein : Life in the Shadow of Watergate (New York : John Wiley & Sons, 2007) p.9

12 John Hilliard & Tonya Alanez, "Bob Woodward to Boston University graduates : 'Don't be afraid to try new things'" Boston Globe (May 23, 2022)

13 Bob Woodward·Carl Bernstein (2014) pp.28~29

14 밥 우드워드의 예일대 진학은 고교 시절 여자 친구이자 첫 결혼 상대였던 캐틀린 미들카우푸(Kathleen Middlekauff)가 그곳으로 이사가 살고 있었던 것과 관계있다. 우드워드는 1974년 프란세스 쿠퍼(Frances Kuper)와 두 번째 결혼했다가 5년 만에 헤어졌고, 1989년 14살 연하의 엘사 월쉬(Elsa Walsh)와 다시 결혼했다. 월쉬가 1980년 WP에 입사할 때 우드워드는 그녀를 면접했다. 월쉬는 뉴요커(New Yorker) 기자로 활동했다. 두 명의 딸을 두고 있는 우드워드의 개인 재산은 2018년 기준 500만 달러로 추정된다.

"Bob Woodward Age, Wife, Net worth, Biography, Kids & Facts" https://www.dreshare.com/bob-woodward/

15 David Halberstam, The Powers That Be (Univ. of Illinois Press, 2000) p.606

16 David Halberstam (2000) pp.629~631

17 Bob Woodward·Carl Bernstein (2014) p.80

18 Bob Woodward·Carl Bernstein (2014) p.81

19 Bob Woodward, The Secret Man : the story of Watergate's Deep Throat (New York : Simon & Schuster, 2006) pp.17~18

20 Bob Woodward, The Secret Man (2006) p.19

21 Bob Woodward, "How Mark Felt Became 'Deep Throat'" Washington Post (June 20, 2005)

22 Mark Felt, The FBI pyramid from the inside (New York : Putnam, 1979)

23 Bob Woodward·Carl Bernstein (2014) p.113

24 Bob Woodward·Carl Bernstein (2014) pp.113~114

25 Bob Woodward·Carl Bernstein (2014) p.491

26 Jon Marshall, Watergate's legacy and the press : the investigative impulse foreword by Bob Woodward (Evanston, Ill. : Northwestern University Press, 2011) p.x

27 Janet Cooke, "Jimmy's World : 8-Year-Old Heroin Addict Lives for a Fix" Washington Post (Sept. 28, 1980) A1

28 Alicia Shepard, Woodward and Bernstein : Life in the Shadow of Watergate (2007) p.197

29 Mike Sager, "The fabulist who changed journalism" Columbia Journalism Review (June 1, 2016)

30 Bill Green (WP Ombudsman), "Janet's World: The Story of a Child Who Never Existed-How and Why It Came to Be Published" Washington Post (April 19, 1981) A1

31 Alicia Shepard (2007) p.202

32 Gene Meyer, "Recalling 'Jimmy's World' at the Washington Post" Eugenelmeyer.com (March 25, 2021)

33 Bill Green (WP Ombudsman) (April 19, 1981)

34 Alicia Shepard (2007) p.205

35 David Gergen, Eyewitness to Power : The Essence of Leadership Nixon to Clinton (New York : Simon & Schuster, 2000) p.71

36 우드워드가 2018년 'Fear'까지 낸 20권의 책 분량을 모두 합치면 1만 쪽으로 한 권당 평균 500쪽에 달한다. Chris Sullentrop, "I Read Every Bob Woodward Book. Here's How They Stack Up" Politico (Sept. 7, 2018)

37 Bob Woodward, The War Within: A Secret White House History 2006–2008 (New York : Simon & Schuster, 2008) p.443

38 강찬호, "[인터뷰] 밥 우드워드 워싱턴포스트 부국장", 중앙일보 (2004. 10. 25)

39 Bob Woodward, Plan of Attack (New York : Simon & Schuster, 2004) 공격 시나리오 (서울 : 따뜻한 손, 2004) p.6

40 Bob Woodward, The Price of Politics (New York : Simon & Schuster, 2012) p.xiii

41 Bob Woodward and Robert Costa, "Note to Readers" in Peril (New York : Simon & Schuster, 2021) p.419

42 Bob Woodward, Plan of Attack (2004), pp.6~7

43 Bob Woodward, Rage (2020) p.xx

44 Bob Woodward (2012) p.xiii

45 박건식, "'현장' 지키는 저널리스트의 길 택한 그들", 월간 신문과방송 (서울 : 한국언론진흥재단, 2020년 3월호) p.16

46 Bob Woodward, The Price of Politics (2012) p.xiv

47 이재경, "이재경의 언론의 길(6) 워싱턴포스트의 밥 우드워드 기자", Story of Seoul (2018. 11. 12)

48 Bob Woodward (2020), "Author's Personal Note"

49 Bob Woodward, "Author's Personal Note" in The Last of the President's Men (New York : Simon & Schuster, 2015)

50 Ronald, Kessler, The CIA at War (New York : St. Martin's Press, 2003) p.129

51 David Frum, "On the West Wing" New York Review of Books (Feb. 13, 2003)

52 David Frum, "Blogging Woodward" National Review Online Website (Oct. 5, 2006)

53 Alicia Shepard, Woodward and Bernstein (2007) p.3

54 Alicia Shepard (2007) p.4

55 Bob Woodward, The Secret Man (2006) p.26

56 Alicia Shepard, Woodward and Bernstein (2007) p.13

57 Alicia Shepard (2007) p.14

58 Alicia Shepard (2007) pp.15~16

59 John D. O'Connor, "I'm the Guy They Called Deep Throat" Vanity Fair (July 2005)

60 Bob Woodward, The Secret Man (2006) pp.201~202

61 Madeline Strachota, "Woodward to receive 2012 Lovejoy Award" Colby Echo (Nov. 7, 2012)

62 김수지, "밥 우드워드 초청 언론포럼 참가기 : 기자를 보호하는 방패는 오직 진실뿐", 월간 신문과방송 (2019년 11월호) p.89

63 Laurence Dodds, "Ben Bradlee's 19 most memorable sayings" Telegraph (Oct. 22, 2014)

64 강찬호, 중앙일보 (2004. 10. 25)

65 Bob Woodward : The Age of the American Presidency Lecture Series (April 27, 2018)

   https://www.youtube.com/watch?v=1vLV2pxiv4s&ab_channel=OTripleC

66 강인선, "워싱턴은 왜 밥 우드워드 앞에서 무기력해질까", 조선일보 (2008. 9. 13)

67 2014년에 로버트 게이츠(Robert Gates) 전 CIA 국장은 "우드워드는 책임 있는 성인이 절대로 말해서 안 되는 내용을 스스로 말하도록 끄집어내는데 놀랄 만한 능력(an extraordinary ability)을 갖고 있다"며 "그를 CIA 요원으로 채용하고 싶을 정도"라고 말했다. Hadas Gold, "Gates: I wanted Woodward in CIA" Politico (Jan. 17, 2014)

68 "Two-Time Pulitzer Prize-Winner Bob Woodward Joins MasterClass to Teach Investigative Journalism" Prnewswire.com (Nov. 9, 2017)

69 Bob Woodward, "Have We Forgotten the Lessons of Watergate?" INMA World Congress (June 7, 2018)

토머스 프리드먼

1 Thomas Friedman, "My Lunch With President Biden" New York Times (May 22, 2022)

2 Thomas Friedman, "Biden Made Sure 'Trump Is Not Going to Be President for Four More Years'" New York Times (Dec. 2, 2020)

3 청와대, "이 대통령 '녹색성장, 가야만 할 유일한 길'-뉴욕타임스 칼럼니스트 토마스 프리드먼 접견", 대한민국 정책브리핑 (2009. 2. 23)

4 Garrett Graff, "Thomas Friedman is On Top of the World", Washingtonian (July 1, 2006)

5 토머스 프리드먼은 2004년부터 2012년까지 퓰리처상 이사회 이사로 봉직했다. www.pulitzer.org/board/2006

6   '외교(Foreign Affairs)'는 NYT에서 가장 오래된 고정 칼럼 중 하나이다. NYT의 초대 외교담당 칼럼니스트는 1937년부터 집필한 여성 언론인 앤 오하레 맥코믹(Anne O'Hare McCormick)이다. 프리드먼에 앞선 직전 외교담당 칼럼니스트인 레슬리 겔브(Leslie Gelb)는 1993년부터 2003년까지 미국 외교협회(Council on Foreign Relations) 회장을 지냈다. 토머스 프리드먼은 탈냉전 이후 세계화 시대의 첫 NYT 외교담당 칼럼니스트라는 점에서 전임자들과 구별된다. Thomas Friedman, The Lexus and the Olive Tree (New York : Farr, Straus and Giroux, 1999) pp.5~7

7   Thomas Friedman, The Lexus and the Olive Tree (1999) p.5

8   https://www.nytimes.com/column/thomas-l-friedman

9   Thomas Friedman, The World Is Flat (New York : Farr, Straus and Giroux, 2005/2007) p.ix

10 Liz Cox Barrett, "Friedman Returns $75K Speaking Fee" Columbia Journalism Review (May 13, 2009)

11 Popular Networth, "Thomas Friedman" https://popularnetworth.com/thomas-friedman/ (2023년 8월 21일 검색)

12 https://www.thomaslfriedman.com/official-bio/(2023년 5월 23일 검색)

13 Thomas Friedman, "Tiger Woods and the Game of Life" New York Times (April 15, 2019)

14 박종세, "[Weekly BIZ] 모두 살리든가 모두 죽든가… 경영사상가 프리드먼, 미국의 선택을 말하다; 시대의 칼럼니스트 토머스 프리드먼 단독 인터뷰", 조선일보 (2008. 12. 19)

15 https://popularnetworth.com/thomas-friedman/

16 부인인 앤 벅스바움은 스탠포드대와 영국 런던정경대(LSE) 석사과정을 졸업한 뒤 교사로 활동했다. 이후 2020년 워싱턴 DC에 '플래닛 월드(Planet World)'라는 언어예술 전문 박물관을 세웠다.

17 Thomas Friedman, Thank you for Being Late (New York : Farr, Straus and Giroux, 2016), 늦어서 고마워 (서울 : 21세기북스, 2017) p.27

18 Thomas Friedman, 늦어서 고마워 (2017) p.29

19 Thomas Friedman (2017) p.28

20 오노 가즈모토(大野和基), 거대한 분기점 : 8인의 석학이 예측한 자본주의와 경제의 미래 (서울 : 한스미디어, 2019) p.45

21 오노 가즈모토(大野和基), p.50

22 Thomas Friedman, "[한국의 독자들에게] 두려워하지 말고 계속 나아가라", 늦어서 고마워 (2017) pp.7~8

23 Thomas Friedman, 늦어서 고마워 (2017) pp.8~9

24 프리드먼은 "지금은 테크놀로지가 지구를 뒤덮은 인류세(Anthropocene)"라면서 "인류세에서는 읽기(Reading), 쓰기(Writing), 산수(Arithmetic) 등 세 가지 외에 창조성(Creativity), 공동작업(Collaboration), 공동체(Community), 코딩(Programming) 등 네 가지 능력이 필수"라고 주장했다. 오노 가즈모토(大野和基), p.51

25 Thomas Friedman, From Beirut to Jerusalem (New York : Farr, Straus and Giroux, 1989), p.4

26 Thomas Friedman (1989) pp.4~5

27 Thomas Friedman (1989) p.7

28 Garrett Graff, Washingtonian (July 1, 2006)

29 Thomas Friedman, "Foreign Affairs; My Favorite Teacher" New York Times (Jan. 9, 2001)

30 Thomas Friedman (Jan. 9, 2001)

31 Thomas Friedman, From Beirut to Jerusalem (1989) p.8

32 Garrett Graff, "Thomas Friedman is on Top of the World" Washingtonian (July, 2006)

33 Thomas Friedman, From Beirut to Jerusalem (1989) p.10

34 Garrett Graff, Washingtonian (July 1, 2006)

35 프리드먼의 From Beirut to Jerusalem은 1989년 '미국 전국 논픽션 부문 우수도서상(U.S. National Book Award for non-fiction)'과 '특파원 기자클럽 선정 외교정책에 관한 최고의 책(Overseas Press Club Award for the Best Book on Foreign Policy)'으로 선정됐다. 미국 고교와 대학의 중동학 기본교재로 사용되고 있으며 한국어·일본어·중국어를 포함한 20개 이상 언어로 번역됐다.

36 Thomas Friedman, The Lexus and the Olive Tree (New York : Farr, Straus and Giroux, 1999) p.16

37 외교담당 칼럼니스트로서 NYT에 실은 그의 첫 번째 칼럼은 Thomas Friedman, "Come The Revolution" New York Times (Jan. 1, 1995)

38 Thomas Friedman, The Lexus and the Olive Tree (1999) p.18

39 Thomas Friedman (1999) p.17

40 Thomas Friedman (1999) p.19

41 김영희, "토머스 프리드먼, 그는 왜 최고의 칼럼니스트인가", 관훈저널 제110호 (서울 : 관훈클럽, 2009년 봄호) p.92

42 Thomas Friedman, 늦어서 고마워 (2017) pp.30~31

43 김영희, 관훈저널 제110호 (2009년 봄호) p.93

44 Thomas Friedman, Longitudes and Attitudes : Exploring the World After

September 11 (2002) "Introduction: a word album" p.xiv

45 Thomas Friedman, The World Is Flat (2007) pp.5~7, 286~288

46 Thomas Friedman (2007) pp.200~201

47 Thomas Friedman, The Lexus and the Olive Tree (1999) p.195

48 Thomas Friedman (1999) p.196

49 Thomas Friedman, The World is Flat (2007) pp.580~588

50 Thomas Friedman, "Our New Historical Divide: B.C. and A.C. : Here are some trends to watch" New York Times (March 17, 2020)

51 김영희 (2009년 봄호) pp.97~98

52 Thomas Friedman, "Trade bill will expand democracy in China" Eugene Register Guard (May 17, 2000)

53 "New York Times columnist Tom Friedman hails China's one-party autocracy" Washington Examiner (Sept. 13, 2009)

54 Thomas Friedman, "What the Locusts Ate" New York Times (June 5, 2012)

55 Thomas Friedman, "China Needs Its Own Dream" New York Times (Oct. 2, 2012).

56 "The role of Thomas Friedman" Economist (May 6, 2013)

57 "Tom Friedman explains why he agrees with Trump's China trade approach" CNBC (May 15, 2019)

58 "Trump is the U.S. president that China deserves, says New York Times' Thomas Friedman" CNBC (Sept. 1, 2020)

59 Thomas Friedman, "What Comes After the War on Terrorism? War on China?—Is conflict with China inevitable?" New York Times (Sept. 7, 2021)

60 Thomas Friedman, "America, China and a Crisis of Trust" New York Times (April 14, 2023)

61 이미숙, 슈퍼 글로벌 리더가 세상을 움직인다 : 세계 1% 지성들의 라이프스타일과 생각법 (서울 : 김영사, 2009) p.43

62 Thomas Friedman, "Globally, Uncle Sam is still No. 1" New York Times (Dec. 5, 2009)

63 프리드먼의 Hot, Flat, and Crowded: Why We Need a Green Revolution—And How It Can Renew America (New York : Farr, Straus and Giroux, 2008)와 That Used to Be Us: How America Fell Behind in the World It Invented and How We Can Come Back (New York : Picador, 2011)는 모두 경쟁력 부활을 통한 미국 부흥을 의도하고 있다.

64 이미숙 (2009), pp.34~35

65 Thomas Friedman, "Saudi Arabia's Arab Spring, at Last" New York Times (Nov. 23, 2017)

66 Thomas Friedman, "Russia's Last Line" New York Times (Dec. 23, 2001)

67 대표적인 비판서로 Belen Fernandez, The Imperial Messenger : Thomas Friedman at Work (New York : Verso Books, 2011) "Thomas Friedman's World Is Flat Broke" Vanity Fair (Nov. 12, 2008)

68 John Micklethwait, "[Book Review] The Message of Thomas Friedman's New Book: It's Going to Be O.K." New York Times (Nov. 22, 2016)

69 Gillian Tett, "Why I like to write this column in bed" Financial Times (July 22, 2021)

70 Thomas Friedman, Thank you for Being Late (New York : Farr, Straus and Giroux, 2016) p.12

71 Thomas Friedman (2016) p.13

72 Thomas Friedman (2016) p.14

73 "[토머스 프리드먼 뉴욕타임스 칼럼니스트 인터뷰] 완충장치 사라진 SNS發 가짜뉴스… 이것이 다음 블랙스완", 매일경제신문 (2022. 1. 25)

74 Thomas Friedman, 늦어서 고마워 (2017) p.10

바버라 월터스

1 Barbara Walters, Audition : A Memoir (New York : Alfred A. Knopf, 2009), 내 인생의 오디션 (서울 : 프리뷰, 2009) pp.422~425

2 Barbara Walters, 내 인생의 오디션 (2009) pp.427~428

3 "Fidel Castro Interview With Barbara Walters" 카스트로와의 현지 인터뷰를 한 지 40년 만인 2017년 바버라 월터스가 당시를 회고했다.
https://www.youtube.com/watch?v=PvENFRC65eQ&ab_channel=ABCNews

4 Katie Couric, "[Guest Essay] Barbara Walters Didn't Take 'No' for an Answer" New York Times (Dec. 31, 2022)

5 McKenna Oxenden, Eduardo Medina and John Yoon, "Barbara Walters Is Remembered as a Trailblazer, and a Friend" New York Times (Dec. 30, 2022)

6 Barbara Walters, 내 인생의 오디션 (2009) p.37

7 Barbara Walters (2009) pp.194~195

8 Barbara Walters (2009) p.8

9 Barbara Walters (2009) p.101

10 Barbara Walters (2009) p.109

11 Barbara Walters (2009) pp.120~121

12 "Barbara Walters: Working girl" Economist (May 15, 2008). 바버라 월터스는 실제로 혀가 짧아 'R'과 'L'자 발음에 애를 먹었다. 일부 인사들은 바버라 월터스 이름에서 'R'과 'L'을 빼고 'Baba Wawa'라고 그녀를 부르며 놀렸다.

13 Barbara Walters, 내 인생의 오디션 (2009) pp.122~133

14 Barbara Walters (2009) p.140

15 바버라 월터스는 이들을 '차 따르는 여자들(tea pourers)'이라고 했다. Barbara Walters, 내 인생의 오디션 (2009) p.148

16 Barbara Walters (2009) p.178

17 Barbara Walters (2009) p.194

18 Barbara Walters (2009) p.198

19 Brooke Masters, "Barbara Walters, journalist, 1929−2023" Financial Times (Jan. 7, 2023)

20 "Barbara Walters on the Art of the Interview" Bloomberg (Aug. 8, 2013)

21 Barbara Walters, 내 인생의 오디션 (2009) p.154

22 Barbara Walters (2009) p.199

23 Barbara Walters (2009) p.268

24 Barbara Walters (2009) pp.279~280

25 Donald Meaney, "NBC-TV Press Release" (April 22, 1974), "Barbara Walters: Trailblazing US news anchor dies aged 93" BBC (Dec. 31, 2022)

26 Barbara Walters, 내 인생의 오디션 (2009) p.359

27 Alessandra Stanley, "Barbara Walters, a First Among TV Newswomen, Is Dead at 93" New York Times (Dec. 30, 2022)

28 Barbara Walters, 내 인생의 오디션 (2009) p.375

29 Laurence I. Barrett, "Barbara Walters, TV's tireless pursuer of the newsmaker 'get' dies at 93" Washington Post (Dec. 30, 2022)

30 "Barbara Walters Interviews Presidential Candidate Donald Trump And His Family", ABC News (Nov. 17, 2015)

31 Barbara Walters, 내 인생의 오디션 (2009) p.726

32 Lisa de Moraes, "Donald Trump Tells Barbara Walters 'I'm Not A Bigot, Clearing That Up" Deadline (Dec. 8, 2015)

33 Oxenden McKenna, Eduardo Medina and John Yoon New York Times (Dec. 30, 2022)

34 Barbara Walters, 내 인생의 오디션 (2009) p.412. Kevin Liptak, "How Barbara Walters helped Americans understand their presidents" CNN (Dec. 31, 2022)

35 바버라 월터스는 월터 크롱카이트 CBS 앵커와 존 챈슬러 NBC 앵커를 이스라엘 예루살렘 동행 취재 현장에서 따돌리고 사다트와 베긴 합동 인터뷰를 성사시켰다. 베긴 총리가 사다트 대통령에게 "우리의 소중한 친구 바버라를 위해 내일 인터뷰를 나와 같이 하시겠습니까?"라고 제의하자, 사다트는 "예스(yes)"라고 했다. Barbara Walters, 내 인생의 오디션 (2009) p.444, pp.439~448

36 Barbara Walters, 내 인생의 오디션 (2009) p.547. 국가원수들과의 인터뷰 에피소드에 대해서는 같은 책 pp.548~573

37 Alexa Valiente, "7 Interviews Barbara Walters Will Never Forget" ABC News (May 17, 2014)

38 "Mike Tyson & Robin Givens Interview" (1988)
https://www.youtube.com/watch?v=VAcuDk4ovsw&ab_channel=starstracks29

39 Dan Cancian, "What Did Mike Tyson and Robin Givens Say in Barbara Walters Interview?" Newsweek (May 25, 2021)

40 Barbara Walters, 내 인생의 오디션 (2009) pp.666~671

41 Joshua Patton, "Barbara Walters' Christopher Reeve Interview Was a Powerful Moment" CBR.com (Jan. 3, 2023)

42 Dana Kennedy, "Barbara Walters' most fascinating interviews in her five-decade career" New York Post (Dec. 31, 2022)

43 Matt Brennan, "Barbara Walters' 12 most influential TV interviews" LA Times (Dec. 30, 2022)

44 Barbara Walters, "An Interview with Fidel Castro: Fidel Castro on communism, his own death, and the U.S. embargo" Foreign Policy (Sept. 15, 1977)

45 Barbara Walters, 내 인생의 오디션 (2009) pp.280~281

46 Barbara Walters (2009) pp.281~283

47 Barbara Walters (2009) p.691

48 Barbara Walters (2009) pp.324~325, "Barbara Walters, Interview on Interviewing" https://www.youtube.com/watch?v=kx5MNgOdmBI&ab_channel= MediaBurnArchive

49 Barbara Walters, 내 인생의 오디션 (2009) p.507

50 Barbara Walters (2009) p.508

51 Barbara Walters (2009) p.327

52 바버라 월터스와 모니카 르윈스키 간의 인터뷰는 1999년 2월 20일 ABC 방송사 '20/20' 스튜디오에서 극비리에 4시간 반 동안 진행됐다. Barbara Walters, 내 인생의 오디션 (2009) pp.693~695

53 Lisa De Moraes, "Monica Lewinsky Beats the Competition" Washington Post (March 5, 1999)

54 Lia Beck, "The Question That Made Katharine Hepburn Snap at Barbara Walters" Yahoo Life (Aug. 26, 2022)

55 Barbara Walters, 내 인생의 오디션 (2009) p.654

56 Nicholas Lemann, "I Have to Ask; How Barbara Walters got where she is" New Yorker (May 5, 2008)

57 Robert Strauss, "Barbara's Night Out; If it's Oscar evening, Walters must be zeroing in on some major stars," LA Times (March 24, 1996)

58 Jack T. Huber, Dean Diggins, Interviewing the World's Top Interviewers (New York : Spi Books, 1993) p.122

59 Barbara Walters, 내 인생의 오디션 (2009) pp.338~354

60 Tiffany Hsu, "An Appraisal; How Barbara Walters Went From 'Today Girl' to Pioneering Media Star" New York Times ((Dec. 31, 2022)

61 Oxenden McKenna et all (Dec. 30, 2022)

62 Barbara Walters, 내 인생의 오디션 (2009) p.748

63 Barbara Walters (2009) pp.726~727

64 Barbara Walters (2009) p.154

65 Barbara Walters (2009) p.10

66 Amna Nawaz, "Remembering the legacy and storied career of Barbara Walters" PBS News Hour (Jan. 2, 2023)

67 Katie Couric, The Best Advice I Ever Got : Lessons from Extraordinary Lives (New York : Random House, 2012)

월터 크롱카이트

1 월터 크롱카이트는 회고록에서 "수년 전 뉴햄프셔 예비선거(primary) 취재 현장에 갔더니 시민들이 나에게 자필 사인을 부탁해왔다"고 밝혔다. Walter Cronkite, A Reporter's Life (New York : Alfred A. Knopf, 1996) p.199

2   "Walter Cronkite and Television; The Most Intimate Medium" TIME (Oct. 14, 1966)

3   Douglas Martin, "Walter Cronkite, 92, Dies; Trusted Voice of TV" New York Times (July 17, 2009)

4   Brian Stelter, "Remembering Walter Cronkite and What He Stood For" New York Times (Sept. 9, 2009) Associated Press, "Obama praises US anchor Walter Cronkite at memorial service" (Sept. 9, 2009)

5   "NBC, ABC Anchors On Cronkite" CBS News Youtube (Sept. 9, 2009) https://www.youtube.com/watch?v=ca1GGXsj1Mk

6   David R. Merner, "Cronkite to Accept Honorary Degree" Harvard Crimson (May 14, 1980)

7   Chris Matthews, "And That's the Way It Was" New York Times (July 6, 2012)

8   Jim Poniewozik, "Walter Cronkite; The Man With America's Trust" TIME (July 17, 2009)

9   https://en.wikipedia.org/wiki/Walter_Cronkite

10   "Walter Cronkite - I was always a researcher." https://historicmissourians.shsmo.org/walter-cronkite

11   Walter Cronkite, A Reporter's Life (1996) pp.27~28

12   Walter Cronkite (1996) pp.9~10

13   그는 "석유 채굴이 활발한 텍사스주에 살면서 대학에서 광물채광학(Mining engineering)을 공부할 생각도 했으나 입학 후 화학 수업을 들은 뒤 포기했다"고 밝혔다. Walter Cronkite (1996) p.34

14   Walter Cronkite, A Reporter's Life (1996) pp.30~31

15   Walter Cronkite (1996) pp.32~33

16   버락 오바마 대통령은 2009년 9월 9일 월터 크롱카이트 장례식 추모사에서 "크롱카이트는 뉴스를 빨리 내는 유혹을 물리치고 정확한 기사를 선호했다(Walter Cronkite resisted the temptation to get the story first in favor of getting it right)"며 KCMO 라디오방송 해고 사례를 꺼냈다. Barack Obama, "Eulogy for Walter Cronkite" American Rhetoric Online Speech Bank (Sept. 9, 2009)

17   Encyclopedia Britannica, "Walter Cronkite American journalist" https://www.britannica.com/biography/Walter-Cronkit (2023년 2월 19일 검색)

18   David Halberstam, The Powers That Be (Univ. of Illinois Press, 2000) p.238

19   Walter Cronkite, A Reporter's Life (1996) pp.97~102. 크롱카이트의 종군기자 활동에 대해서는 Walter Cronkite IV and Maurice Isserman, Cronkite's War : His World

War II Letters (New York : National Geographic, 2013)

20 David Halberstam, The Powers That Be (2000) p.239

21 David Halberstam (2000) p.239

22 Walter Cronkite, A Reporter's Life (1996) pp.154~156

23 Walter Cronkite (1996) pp.170~172

24 'anchorman'은 주 진행자가 배[船]에서 닻(anchor)을 잡는 역할을 한다는 데 착안해 만든 단어이다. 식 미켈슨(Sig Mickelson) 당시 CBS 뉴스 부문 국장이 월터 크롱카이트에게 붙여주었다. Douglas Martin, New York Times (July 17, 2009)

25 Walter Cronkite, A Reporter's Life (1996) p.360

26 Walter Cronkite (1996) pp.245~248

27 Richard Galant, "The most trusted man in America" CNN (June 5, 2012)

28 Chris Matthews, New York Times (July 6, 2012)

29 월터 크롱카이트는 "3명의 원고 담당 작가들은 탁월했다. 나는 마지막까지 그들이 쓴 원고를 꼼꼼히 검토하며 손질했다"고 했다. Walter Cronkite A Reporter's Life (1996) p.367 세계 방송의 거인들 (서울 : 커뮤니케이션북스, 2014) pp.73~74

30 "And that's the way it is" : Walter Cronkite's final sign off
https://www.youtube.com/watch?v=G5tdqojA26E&ab_channel=CBSEveningNews

31 David Halberstam, The Powers That Be (2000) p.241

32 David Hinckley, "Walter Cronkite remains gold standard for journalists" New York Daily News (July 18, 2009)

33 이현식, "방송 저널리즘의 기틀 잡은 따뜻한 앵커", 관훈저널 제112호 (서울 : 관훈클럽, 2009년 가을호) p.127

34 "Interview with Brinkley on Cronkite" C-SPAN (Sept. 22, 2012)
https://www.c-span.org/video/?308235-15/cronkite, Douglas Brinkley, Cronkite (New York : Harper Collins, 2012)

35 Douglas Brinkley (2012). 크롱카이트는 1970년대 '플레이보이(Playboy)' 지의 인터뷰 요청을 받았고 1974년 TV 시리즈 '메리 타일러 무어쇼(The Mary Tyler Moore Show)'에 출연했다.

36 TIME (July 17, 2009)

37 크롱카이트는 그러나 1971년 2월 미국 캘리포니아 남부지역을 강타한 지진 보도가 경쟁사보다 미흡하자, 며칠 뒤 CBS 뉴스 LA 지국장을 파면시켰다. 그는 일과 책임에 관한 한 무자비하고 철저했다. 또 1960년 전당대회 행사를 에드워드 머로와 공동 진행하기를 거부했고, 최초 여성 앵커였던 바버러 월터스(Barbara Walters)가 잘못되기를 바랐다. 바버라 월터스는 "나에게 그는 최소한 '월터스 아저씨'는 아니었다"고 했다. 자신의 자

리를 지키기 위해 경쟁자들에게 월터 크롱카이트가 거칠게 대응했다는 증언이다. Chris Matthews, New York Times (July 6, 2012)

38 Richard Galant, CNN (June 5, 2012)

39 "An interview with Walter Cronkite" Christian Science Monitor (Dec. 26, 1973)

40 Verne Gay, "Is Walter Cronkite the Last Trustworthy Man in America?" LA Times (Jan. 21, 1996)

41 "Statement from CBS on the death of Walter Cronkite" CBS News (July 17, 2009)

42 Barack Obama "Eulogy for Walter Cronkite" (Sept. 9, 2009)

43 Frank Rich, "And That's Not the Way It Is" New York Times (July 25, 2009)

44 Ben Bradlee, A Good Life (New York : Simon & Schuster, 1996) p.342. 캐서린 그 레이엄 WP 발행인도 "대통령 선거 11일 전에 크롱카이트가 워터게이트 스캔들을 두 차 례 보도했을 때 느낀 기쁨(joy)과 안도감(relief)을 잊을 수 없다. 그 보도로 WP는 전 국적인 존재가 됐다"고 적었다. Katharine Graham, Personal History (New York : Vintage, 2013) p.470

45 "Ben Bradlee Remembers Walter Cronkite" Newsweek (July 16, 2009)

46 Walter Cronkite, A Reporter's Life (1996) p.255

47 TIME (July 17, 2009)

48 Walter Cronkite, A Reporter's Life (1996) p.258

49 Walter Cronkite (1996) p.259

50 Walter Cronkite (1996) pp.368~372

51 "Don Hewitt discusses what made Walter Cronkite great; Archive of American Television" Youtube https://www.youtube.com/watch?v=eQQwh3Ev-MI

52 "Sidney Lumet Recalls Working with Walter Cronkite on "You Are There" PBS American Masters (Jan. 2, 2017)

53 Marisa Guthrie, "CBS legend still on top, and that's the way it is" New York Daily News (Nov. 10, 2006)

데이비드 브로더

1 Timothy Crouse, The Boys on the Bus (New York : Random House, 1972/2003) p.85

2 Bruce Weber, "David Broder, Political Journalist and Pundit, Dies at 81" New York Times (March 9, 2011)

3 James Fallows, Breaking News : How the Media Undermine American Democracy (New York : Vintage Books, 1997) pp.157~158

4 "David S. Broder" Washingtonpost.com
https://www.washingtonpost.com/wp-srv/politics/opinions/broder.htm

5 Timothy Crouse, The Boys on the Bus (2003) p.87

6 그는 "청소년 시절 운동을 좋아했지만 달리기 등에 젬병이어서 운동을 하기보다는 교내 신문사에 운동 관련 기사를 주로 썼다"고 말했다. Steven M. Hallock, Reporters Who Made History—Great American Journalists on the Issues and Crises of the Late 20th Century (New York : Praeger, 2010) p.212

7 Steven M. Hallock, Reporters Who Made History (2010), p.213

8 David Broder, "Striking out on Egypt and the weather" Washington Post (Feb. 3, 2011)

9 Benjamin Bradlee, A Good Life (New York : Simon & Schuster, 1996) p.279. 캐서린 그레이엄 WP 사주(社主)는 자서전에서 "데이비드 브로더라는 스타 기자의 영입은 좋은 신호의 도착(a signal arrival)이었다"고 적었다. Katharine Graham, Personal History (New York : Vintage Books, 2013) p.385

10 "Duscha Leaves Post; Replaced by Broder" Washington Post (Aug. 18, 1966) A2

11 Robert Kaiser, "David S. Broder; The best political reporter of his time" Washington Post (March 9, 2011)

12 Hendrik Hertzberg, "His Deanship, R.I.P." New Yorker (March 9, 2011), 다른 기자들은 이 '브로더리즘'을 따라하지 못했다. Andrew Glass, "Why can't we all practice Broderism?" Politico (Sept. 4, 2007)

13 브로더는 1987년부터 1년간 노스캐롤라이나주에 있는 듀크 대학에서도 가르쳤다. "Washington Post's David Broder to Join Maryland Journalism Faculty" University of Maryland (Feb. 1, 2001)

14 Adam Bernstein, "David Broder, 81, dies; set 'gold standard' for political journalism" Washington Post (March 9, 2011)

15 송상근, "정치보도의 새로운 지평; 데이비드 브로더가 남긴 질문", 좋은 저널리즘 연구회 (편), 한국의 정치보도 (서울 : 이화여자대학교 출판문화원, 2020) p.290

16 "The Press; A Sense of When and Where" TIME (Aug. 16, 1968)

17 David S. Broder, "The Troubled Voters—III, Nixon; Tentative, Negative Approval" Washington Post (Oct. 6, 1970) A1

18 David S. Broder (Oct. 6, 1970) A8

19 Timothy Crouse (2003) pp.123~125

20 송상근 (2020), p.297

21 이 시리즈의 1회 기사는 David S. Broder and Haynes Johnson, "Party Loyalties Never Weaker; The Politicians and the People" Washington Post (Dec. 12, 1971)

22 David Broder, Behind the Front Page : A Candid Look at How the News Is Made, [매스컴 명저 다이제스트] 정치보도의 뒷이야기(상) 대통령선거와 보도, 월간 신문과방송 (서울 : 한국언론연구원, 1987년 11월호) pp.34~35

23 David Broder, Behind the Front Page (1987년 11월호) p.35

24 David Broder, "Republicans dream of watershed year" Washington Post (July 13, 1980)

25 Adam Bernstein, "David Broder, 81, dies; set 'gold standard' for political journalism" Washington Post (March 9, 2011)

26 Steve Inskeep, "David Broder's Door-to-Door Voter Polls" NPR (July 20, 2004)

27 Adam Bernstein Washington Post (March 9, 2011)

28 David Broder, Behind the Front Page : A Candid Look at How the News Is Made [매스컴 명저 다이제스트] 정치보도의 뒷이야기(하) 국회 내막과 취재, 월간 신문과방송 (서울 : 한국언론연구원, 1988년 1월호) p.58

29 Dave Kindred, Morning Miracle—Inside the Washington Post : The Fight to Keep a Great Newspaper (New York : Doubleday & Company, 2010) p.130

30 David Broder (1988년 1월호) p.59

31 데이비드 브로더는 1972년 WP에 쓴 10개의 칼럼의 공적을 인정받아 1973년 논평 (commentary) 부문 퓰리처상을 받았다. https://www.pulitzer.org/winners/david-s-broder

32 "I can't for the life of me fathom why any journalists would want to become insiders, when it's so much fun being outsiders—irreverent, inquisitive, incorrigibly independent outsiders, thumbing our nose at authority and going our own way." David Broder, Fourth Estate Award acceptance speech (Nov. 29, 1988) https://www.c-span.org/video/?5195-1/broder-fourth-estate-award

33 David Broder, Behind the Front Page : A Candid Look at How the News Is Made (New York : Simon & Schuster, 1987) pp.341~368

34 David Broder, Behind the Front Page (1988년 1월호) p.57

35 David Broder (1988년 1월호) p.59

36 "The newspaper that drops on your doorstep is a partial, hasty, incomplete, inevitably somewhat flawed and inaccurate···despite our best efforts to eliminate gross bias." David Broder, 1973 Pulitzer Prize acceptance speech, David Broder

Behind the Front Page : A Candid Look at How the News Is Made (1987) pp.14~15

37 Gay Talese, The Kingdom and the Power (New York : Random House, 2007) pp.384~385

38 Ben Bradlee, A Good Life (1996) p.279

39 Timothy Crouse, The Boys on the Bus (2003) p.90

40 Timothy Crouse (2003) pp.88~89

41 David Broder, "Nixon eyes Agnew as running mate" Washington Post (May 17, 1968)

42 Chris Cillizza, "What would David Broder think of the 2016 presidential campaign?" Washington Post (March 9, 2015)

43 Univ. of Chicago Institute of Politics, "The Press and the Pressure: Political Journalism in 2017" (Oct. 25, 2017) https://www.youtube.com/watch?v=rpTOzrh3muI

44 Marc Fisher, "Politicians, journalists and readers remember longtime Post reporter David Broder" Washington Post (April 5, 2011)

45 Dave Kindred, Morning Miracle—Inside the Washington Post (2010) p.50

46 Susan Baer, "David Broder: One of a kind" Washingtonian (June 9, 2011)

47 Liz Cox Barrett, "Broder, Woodward, WaPo (Surprise!?)" Columbia Journalism Review (June 23, 2008)

48 Deborah Howell, "When Speech Isn't Free" Washington Post (June, 22, 2008)

49 David S. Broder, "Goofs Of 2001" Washington Post (Dec. 30, 2001)

50 Susan Baer, "David Broder: One of a Kind" Washingtonian (June 9, 2011)

51 Susan Baer (June 9, 2011)

52 Marc Fisher, Washington Post (April 5, 2011)

53 Susan Baer, Washingtonian (June 9, 2011)

54 송의달, "취재원 만나려 한 해 16만km 여행"—정치 분야 大기자 데이비드 브로더 인터뷰, 워싱턴포스트 해부⑷ 朝鮮日報 社報 (1999. 11. 12) 4면

아서 옥스 펀치 설즈버거

1 뉴욕타임스의 흥망성쇠에 대해서는 송의달, 뉴욕타임스의 디지털 혁명 (서울 : 나남출판사, 2021) pp.155~174

2   The New York Times Company 2022 Annual Report, p.32

3   '펀치'라는 이름은 인기 인형극 '펀치와 주디 쇼'에서 따왔다. 딸 세 명을 낳은 뒤 네 번째
    로 아들이 태어나자 그의 아버지인 AHS는 "이 아들이 남자 주인공 펀치 역할을 하기 위
    해 왔다"고 짧은 축하 글귀를 만들어 아들을 '펀치'라고 불렀다. 펀치의 상대역인 '주디
    (Judy)'는 셋째 딸인 주디스(Judith)였다. Elaine Woo, "Arthur Ochs Sulzberger dies
    at 86; former New York Times publisher" LA Times (Sept. 30, 2012)

4   David Halberstam, The Powers That Be (Univ. of Illinois, 2000) p.99

5   Edwin Diamond, Behind the Times—Inside the New York Times (New York :
    Villard Books, 1993) p.36

6   펀치 설즈버거는 정리정돈에 철저했고 시간을 엄수했다. 초년 기자 때부터 그의 책상과
    서랍, 사무실, 집 안은 항상 깨끗하게 정돈돼 있었다. 둘째 누이인 루스(Ruth)는 "펀치 집
    의 차고(車庫)가 내 집 거실보다 더 깨끗하다"고 말했다. Arthur Gelb, "A Newsroom
    and a Beloved Publisher" New York Times (Sept. 30, 2012), Susan Tifft and Alex S.
    Jones, The Trust: The Private and Powerful Family Behind the New York Times,
    (Boston : Little, Brown and Company 1999) p.494

7   Harrison Salisbury, Without Fear or Favor; Uncompromising Look at the New
    York Times (New York : Ballantines Books, 1980) p.179

8   David W. Dunlap, "[Looking Back] 1935—1988 | How to Succeed in Business (At
    Least This One)" New York Times (Oct. 20, 2016)

9   Susan Dryfoos, Iphigene : My Life and the New York Times; the Memoirs of
    Iphigene Ochs Sulzberger (New York : Times Books, 1987) p.274

10 Arthur Gelb, "A Newsroom and a Beloved Publisher" New York Times (Sept. 30,
    2012)

11 Edwin Diamond, Behind the Times—Inside the New York Times (1993) pp.86~87

12 Arthur Gelb, New York Times (Sept. 30, 2012)

13 James Reston, Deadline : A Memoir (New York : Random House, 1991) p.347

14 Susan Tifft and Alex S. Jones, The Trust (1999), p.383

15 Max Frankel, The Times of My Life and My Life with The Times (New York :
    Random House, 1999) pp.401~411

16 James Reston, Deadline : A Memoir (1991) p.348

17 Max Frankel, The Times of My Life and My Life with the Times (1999) p.409

18 Nicholas Coleridge, Paper Tigers : The Latest Greatest Newspaper Tycoons And
    How They Won The World (New York : Mandarin Paperbacks, 1994) p.46

19 Nicholas Coleridge, Paper Tigers (1994) pp.45~46

20 Max Frankel, "Punch Sulzberger and His Times" New York Times (Sept. 30, 2012)

21 Nicholas Coleridge, Paper Tigers (1994) pp.33~34

22 Max Frankel (1999) pp.409~410

23 Arthur Gelb, New York Times (Sept. 30, 2012)

24 Edwin Diamond (1993) p.88

25 펀치 설즈버거는 오전 9시 비서 출근 전까지 혼자서 여러 구상과 결정을 내렸다. 그는 "이 시간에 회장실로 걸려오는 전화를 내가 직접 받는 바람에 상대방이 자주 놀란다. 내가 매일 아침 신문에서 가장 먼저 읽는 기사는 부음(obituary)면이다"고 말했다. Nicholas Coleridge, Paper Tigers (1994) p.34

26 펜타곤 페이퍼에 대해서는 https://en.wikipedia.org/wiki/Pentagon_Papers

27 Harrison Salisbury (1980) p.33

28 Susan Tifft and Alex S. Jones, The Trust (1999), p.487

29 Harrison Salisbury (1980) p.244

30 Katie Van Scykle, "[Times Insider] A Scoop About the Pentagon Papers, 50 Years Later" New York Times (Jan. 15, 2021)

31 David W. Dunlap, "[Looking Back] 1971 | Supreme Court Allows Publication of Pentagon Papers" New York Times (June 30, 2016)

32 해리슨 솔즈버리는 "유럽 각국 재상(宰相)들과 소련은 물론 거의 모든 미국 대통령들도 모닝커피를 마시기 전에 NYT를 읽는다. NYT는 20세기 후반에 가장 사려 깊고 책임감 있는 신문이 됐다"고 말했다. Harrison Salisbury, Without Fear or Favor, 新聞의 正道 (서울 : 삼성문화사, 1983), p.9

33 Alex S. Jones, "Remembering 'Punch' Sulzberger: The Man Who Changed Journalism" TIME (Oct. 1, 2012)

34 Harrison Salisbury, Without Fear or Favor (1980) pp.237~348

35 "Punch Sulzberger's Pentagon Papers Decision" NiemanLab (Sept. 15, 1999)

36 David Halberstam, Powers That Be (2000) pp.445~446

37 Alex S. Jones, TIME (Oct. 1, 2012)

38 Ellis Cose, The Press (New York : William Morrow & Co. 1989) 미국 4대 신문의 성장사 (서울 : 한국언론자료간행회, 1992) pp.392~393

39 Ellis Cose (1992) p.188

40 왓슨은 해병대에서 군 생활을 했고 사회생활 초기에 포틀랜드 지역 신문 인쇄공으로 일했다. 그래서 임원실에 머물기보다 현상을 즐겨 찾았고 시어즈(Sears) 매장에서 정장 양복을 사 입을 정도로 검소했다. Robert McFadden, "Walter E. Mattson, Former

President of New York Times, Dies at 84" New York Times (Dec. 30, 2016)

41 Robert McFadden, New York Times (Dec. 30, 2016)

42 이후 설즈버거 가문 오너들은 NYT 발행인과 이사회 회장을 하고, NYT 사장 자리는 전문경영인이 맡고 있다.

43 Susan Tifft and Alex S. Jones, The Trust (1999), p.513

44 Edwin Diamond, Behind the Times (1993) pp.98~99, 103

45 Edwin Diamond (1993) p.92

46 Edwin Diamond (1993) pp.87~96

47 Gerald Lanson and Mitchell Stephens, "Abe Rosenthal; The Man and His Times" Washington Journalism Review (July/August, 1983) pp.24~25

48 펀치 설즈버거 사주(社主)와 A. M. 로젠탈, 월터 맷슨은 1970~80년대 NYT의 중흥(中興)을 이룬 '황금의 트리오(golden trio)'로 불린다. Edwin Diamond (1993) p.149

49 여기에는 보수 성향의 뉴욕 헤럴드 트리뷴이 1970년 폐간함에 따라 보수 논조를 담은 칼럼을 실으면 신문의 권위와 판매에 도움될 것이라는 현실적 고려도 작용했다. David Shipley, "And Now a Word From Op-Ed" New York Times (Feb. 1, 2004)

50 Susan Tifft and Alex S. Jones, The Trust (1999), p.639

51 Edwin Diamond, Behind the Times (1993) p.166

52 편집국 별도 예산 제도는 전 세계에서 벌어지는 천재지변이나 전쟁, 혁명 같은 긴급 사태 취재를 신속하고 충분하게 하기 위해 펀치 설즈버거 발행인 시절 만들어졌다. "1991년 1월 17일부터 같은 해 2월 28일까지 5주일간 지속된 걸프 전쟁(Gulf War) 취재를 위해 NYT 편집국은 300만 달러를 회사 상부에 별도 결재없이 추가 사용했다"고 막스 프랑켈 당시 편집인이 밝혔다. Max Frankel (1999) p.505

53 Max Frankel, The Times of My Life and My Life with the Times (1999) p.413

54 Susan Tifft and Alex S. Jones, The Trust (1999) pp.540~541

55 Max Frankel, The Times of My Life and My Life with the Times (1999) p.304

56 Susan Tifft and Alex S. Jones, The Trust (1999) p.721

57 Susan Tifft and Alex S. Jones (1999) pp.640~641, p.764

58 Susan Tifft and Alex S. Jones (1999) pp.657~658, p.782

59 Max Frankel, The Times of My Life and My Life with the Times (1999) p.506

60 Max Frankel (1999) pp.503~518

61 Nicholas Coleridge, Paper Tigers (1994) p.45. 한 예로 펀치 설즈버거가 발행인에 취임한 1963년 당시 NYT 발행부수는 주중판 77만2,048부, 일요일판 141만6,838부였다. 그러나 25년 후인 1991년에는 주중판 120만9,200부와 일요일판 176만2,000부로 급증해 사상 최고 기록을 세웠다. James Reston, Deadline : A Memoir (1991) p.348

제임스 레스턴

1 "James B. Reston; The Life and Career of the 'Dean of American Journalism'" https://archives.library.illinois.edu/james-reston-main-exhibit-page/

2 R. W. Apple, "James Reston, a Giant of Journalism Dies at 86" New York Times (Dec. 7, 1995) R. W. Apple, "Reston is Eulogized as a Pillar of the Times" New York Times (Dec. 10, 1995)

3 R. W. Apple, "James Reston, a Giant of Journalism Dies at 86" (Dec. 7, 1995) A1

4 레스턴은 NYT의 많은 해외 주재 특파원들에게 "미국에 있는 친구들에게 편지를 쓰는 것처럼 생각하고 기사를 써라"고 당부했다. David Halberstam, Powers That Be (Univ. of Illinois, 2000) p.223

5 David Halberstam, The Powers That Be (2000) p.206

6 "James Reston Between Jobs" Washington Post (Aug. 3, 1987)

7 John F. Stacks, Scotty : James B. Reston and the Rise and Fall of American Journalism (Boston : Little, Brown and Company, 2003), p.15 11세까지 스코틀랜드 에서 산 레스턴은 영국식 옷차림과 스코틀랜드식 억양 때문에 스코티(Scotty)라는 애칭 으로 불렸다.

8 James Reston, Deadline : A Memoir (New York : Random House, 1991) p.12

9 NYT 칼럼니스트인 러셀 베이커(Russell Baker)는 "레스턴은 열심히 일하는 것과 검소 함, 부모 존중 그리고 규칙을 지키고 깨끗하게 사는 것을 믿었다"고 말했다. R. W. Apple (Dec. 7, 1995)

10 Gay Talese, The Kingdom and the Power (New York : Random House, 2007) p.200, Jonathan Freedland and Alistair Cooke, "The pope of Washington; Obituary of James Reston" Guardian (Dec. 8, 1995)

11 Cover Story : "The Press; Man of Influence" TIME (Feb. 15, 1960)

12 David Halberstam, The Powers That Be (Univ. of Illinois, 2000) p.205. 워싱턴특 파원 시절 제임스 레스턴을 세 번 만났다는 고(故) 김영희 중앙일보 대기자는 이렇게 회 고했다. "그의 사무실에 들어서면 먼저 눈에 띄는 것은 테이블 위에 펼쳐놓은 자료들에 까뭇까뭇한 성냥꼬투리의 흔적이 많이 나 있는 것이다. 레스턴은 언제나 파이프를 물 고 지냈다. 그는 필요 없는 말은 삼가고 언제나 본론을 재촉했고, 그의 통찰력은 균형이 잘 잡혀 있었다. 빅토리아 왕조시대의 가치관이 몸에 밴 그의 언행은 자로 잰 듯 반듯했 다. 사고는 언제나 온건했다." 김영희, "[글로벌 포커스] 레스턴 없는 미국 언론", 중앙일보 (1995. 12. 9)

13 R. W. Apple, "James Reston, a Giant of Journalism Dies at 86" New York Times

(Dec. 7, 1995) A1

14 "James Reston of The Times" New York Times (De. 7, 1995) A30

15 레스턴은 1991년 출간된 자서전에서 "내 생애를 지배한 세 가지가 있다. 부모의 엄격한 가르침(teaching)과 아내인 샐리 풀턴의 사랑과 지성(love and intelligence), 그리고 NYT의 성실성(integrity)의 영향이다"고 말했다. James Reston, Deadline : A Memoir (1991) pp.x~xi

16 James Reston, Deadline : A Memoir (1991) p.25

17 Cover Story, "The Press; Man of Influence" TIME (Feb. 15, 1960)

18 John Stacks, Scotty : James B. Reston and the Rise and Fall of American Journalism (2003), pp.30~31, 34

19 James Reston, Deadline : A Memoir (1991), p.484

20 David Halberstam, The Power That be (2000), p.221

21 Harrison Young, "James Reston; A Reporter's Way of Thinking" Harvard Crimson (May 25, 1966) 레스턴과 샐리는 1968년 미국 매사추세츠주의 주간신문 빈야드(Vineyard Gazette)를 인수해 1988년까지 20년 동안 공동 경영했다. 샐리는 1971년 베이징 반(反)제국주의 병원에서 중국 침술(鍼術)에 의한 남편의 맹장수술 과정을 기록해 외부에 알렸다.

22 John Stacks, Scotty : James B. Reston and the Rise and Fall of American Journalism (2003), pp.40~41

23 James Reston, Deadline : A Memoir (1991) pp.58~61

24 R. W. Apple "James Reston, a Giant of Journalism Dies at 86" (Dec. 7, 1995)

25 1940년 12월 NYT의 아서 헤이즈 설즈버거 발행인 부부(夫婦)가 초청해 함께 한 만찬에서 레스턴은 런던 상황과 미국의 세계대전 참전 필요성을 조리 있게 설명해 부부에게 깊은 인상을 남겼다. 이후 그는 '설즈버거가 입양한 아들(adopted Sulzberger)'로 불릴 만큼 가까운 사이가 됐다. John Stacks (2003) pp.65~66

26 Gay Talese, The Kingdom and the Power (2007) p.10

27 John Stacks, Scotty : James B. Reston and the Rise and Fall of American Journalism (2003), pp.76~77

28 두 사람에 대한 조사(弔辭) 전문(全文)은 James Reston, Deadline : A Memoir (1991) pp.502~508

29 Gay Talese (2007) pp.16~18. 설즈버거 가문 사람들은 1962년 12월 8일부터 114일 동안 계속된 NYT 노동조합 파업 당시 제임스 레스턴이 일요일 칼럼을 TV에 출연해 읽은 것을 매우 고맙고 자랑스러워했다. 그의 행동은 노조 파업으로 신문이 인쇄되지 못한 데 대한 슬픔과 회사에 대한 그의 애정을 수백만 명에게 직접 전달한 것이다. Gay Talese

(2007) p.302. 장기 파업 후유증으로 1930년 12개이던 뉴욕 시내 신문은 NYT를 포함해 3개만 남았다.

30 AHS 발행인은 레스턴에게 보낸 편지의 제목을 "What's Good For Reston Is Good For The Times"라고 달았다. John Stacks, Scotty : James B. Reston and the Rise and Fall of American Journalism (2003), pp.175~181

31 John Stacks, Scotty (2003), pp.94~96

32 Freedland, Jonathan and Alistair Cooke, "The pope of Washington; Obituary of James Reston" Guardian, (Dec. 8, 1995) p.20

33 James Reston, Deadline : A Memoir (1991) pp.156~161, John Stacks, Scotty (2003) pp.97~99

34 TIME (Feb. 15, 1960)

35 David Halberstam, The Power That Be (2000) p.223

36 James Reston, Deadline : A Memoir (1991), p.199. 아서 크록이 지국장 자리에서 자진 사퇴한 것은 AHS 발행인이 자신보다 레스턴을 아끼고 중용할 것임을 잘 알고 있었기 때문이다.

37 Howard Kurtz, "James Reston, The Ultimate Insider" Washington Post (Nov. 9, 1991)

38 레스턴은 1953년 10월 18일자를 시작으로 1987년 8월 2일자 마지막 정기 칼럼을 쓸 때까지 34년간 매주 2~3회 칼럼을 썼다.

39 David Halberstam, The Power That Be (2000) p.223

40 TIME (Feb. 15, 1960)

41 TIME (Feb. 15, 1960)

42 David Halberstam, The Power That Be (2000) p.206

43 Harrison Young, "James Reston; A Reporter's Way of Thinking" Harvard Crimson (May 25, 1966). 레스턴은 1950년대 후반~1960년 당시 4만 달러 넘는 연봉에 1회당 강연료로 1,000달러의 사례금을 받는 미국 최고의 고액 연봉 기자였다. TIME (Feb. 15, 1960)

44 Max Frankel, The Times of My Life and My Life with the Times (1999) p.216

45 1939년 가을 NYT 런던 지국 근무시절, 레스턴은 영국 정부의 보도 검열을 어기고 나치 독일의 잠수함이 퍼스 오브 포스(the Firth of Forth) 해상 방어선을 뚫고 들어와 영국 순양함을 격침시켰다는 특종기사를 실었다. 이로 인해 NYT 런던 지국은 영국 방첩·치안당국으로부터 8주일 동안 감찰조사를 받아 양국간 외교적 충돌을 낳을 뻔했다. Harrison Young, "James Reston; A Reporter's Way of Thinking" Harvard Crimson (May 25, 1966)

46 Gay Talese, The Kingdom and the Power (2007), p.23, James Reston, Deadline : A Memoir (1991) pp.325~327

47 Niraj Chokshi, "Behind the Race to Publish the Top-Secret Pentagon Papers" New York Times (Dec. 20, 2017), Neil Sheehan & Hedrick Smith(et all), The Pentagon Papers (New York : Racehorse Publishing, 1971/2017)

48 그러면서 레스턴은 1968년 10월 30일자 칼럼에서 "정치인 관료와 언론 간의 갈등은 불가피하다"고 지적했다. "정치인 및 관료는 승진하거나 선거에서 승리하는 게 목적인 반면, 언론은 현상을 보도하고 최대한 정치적 독소를 제거하는 것으로 업무가 반대"라는 이유에서다. James Reston, "Like Cats and Dogs" New York Times (Oct. 30, 1968)

49 "The Press; Man of Influence" TIME (Feb. 15, 1960)

50 "James Reston of The Times" New York Times (Dec. 7, 1995)

51 Max Frankel, The Times of My Life and My Life with the Times (1999) p.106

52 John Stacks, Scotty (2003) p.92

53 Max Frankel, The Times of My Life and My Life with the Times (1999) p.217

54 1968년 5월 편집인(executive editor)에 임명된 레스턴은 A. M. 로젠탈 등 후배 기자들의 저항과 반대에 부딪혀 뜻을 이루지 못했다. Susan Tifft and Alex Jones, The Trust; The Private and Powerful Family Behind the New York Times (Boston : 1999) pp.423~426. 레스턴은 "나는 편집인으로선 성공하지 못했다"고 자평했다. James Reston, Deadline : A Memoir (1991) p.354

55 Adam Liptak, "Anthony Lewis, Supreme Court Reporter Who Brought Law to Life, Dies at 85" New York Times (March 25, 2013)

56 James Reston, Deadline : A Memoir (1991) pp.173~174

57 David Halberstam, The Power That Be (2000) p.221

58 James Reston (1991) p.490, 509. 명칼럼니스트인 러셀 베이커(Russell Baker)와 후임 워싱턴 지국장인 톰 위커(Tom Wicker), 막스 프랑켈(Max Frankel), 헤드릭 스미스(Hedrick Smith), 존 피니(John Finney)와 앨런 드루리(Allen Drury), 에드 데일(Ed Dale), 데이비드 핼버스탬(David Halberstam) 등도 '레스턴 군단'의 멤버였다. Gay Talese, The Kingdom and the Power (2007) pp.465~467

59 Max Frankel, The Times of My Life and My Life with the Times (1999) p.221

60 레스턴은 기자들에게 예의·규범 준수를 강조하는 동시에 취재원들에게는 기자들을 존중해줄 것을 요구했다. 케네디 대통령 시절 백악관의 테드 소렌슨(Ted Sorensen) 특별보좌관이 톰 위커 NYT 백악관 출입 신참 기자를 짓궂게 대하자, 레스턴은 소렌슨에게 전화를 걸어 "귀하가 위커를 어쭙잖게 대하는 것은 현명하지 않다. 우리는 자네가 워싱턴에 오기 전부터 여기 있었고, 자네가 떠난 뒤에도 여기 있을 것이네"라고 말했다. David

Halberstam, The Power That Be (2000) pp.221~223

61 Gay Talese, The Kingdom and the Power (2007), pp.9~10, 16

62 Gay Talese (2007) pp.8~9. 레스턴의 칼럼들은 "신(神)은 미국 편에 있으며 미국은 올바른 생각을 하는 긍정적인 국가"라는 논리를 폈다.

63 Harrison Young, "James Reston; A Reporter's Way of Thinking" Harvard Crimson (May 25, 1966)

64 James Reston, "Personal Letter" New York Times (Aug. 2, 1987)

65 임동수, "제임스 레스턴論", 신문연구 제30호 (서울 : 관훈클럽, 1980년 여름호) pp.142~148

66 James Reston, Deadline : A Memoir (1991) pp.384~386, "Official Transcript of the Wide-Ranging Interview With Premier Chou in Peking" New York Times (Aug. 10, 1971)

67 David Halberstam, The Power That Be (2000) pp.223~224

68 Eric Alterman, "The Ultimate Insider" Columbia Journalism Review (Sept./Oct. 1991)

마거리트 히긴스

1 Marguerite Higgins, News Is A Singular Thing (New York : Doubleday & Company, 1955) p.16

2 뉴욕 헤럴드 트리뷴은 1924년 뉴욕 트리뷴과 뉴욕 헤럴드의 합병으로 탄생했다. 1932년 흑자로 전환해 뉴욕타임스(NYT)와 경쟁한 권위 있는 일간 신문이었다. 히긴스가 사망한 1966년, 공교롭게도 이 신문의 뉴욕 본사는 신문 발행을 중단했다. 그러나 유럽 지부는 1967년 NYT와 워싱턴포스트에 인수돼 인터내셔널 헤럴드 트리뷴(International Herald Tribune)으로 2013년 10월 14일까지 발행됐다.

3 Higgins, News Is A Singular Thing (1955) pp.17~21

4 Marguerite Higgins : https://en.wikipedia.org/wiki/Marguerite_Higgins

5 Antoinette May, Witness to War (New York : Penguin Books, 1983) 전쟁의 목격자 (서울 : 생각의힘, 2019) p.70

6 Antoinette May (2019) p.74

7 Pride Mike, "The jury has spoken" Columbia Journalism Review (June 7, 2016)

8 Higgins, News Is A Singular Thing (1955) p.250

9 Antoinette May (2019) pp.288~289

10 첫 여성 종군기자는 소설가 어니스트 헤밍웨이의 세 번째 부인인 마타 겔혼(Martha Gellhorn)이었으나 여성 종군기자로서 퓰리처상 수상은 히긴스가 최초였다. Sandy Levins, "Marguerite Higgins; First Pulitzer-Prize Winning Female War Correspondent" WednesdaysWomen (July 15, 2020)

11 히긴스는 대한민국 해병대를 상징하는 '귀신(鬼神)잡는 해병대'라는 표현을 처음 만들었다. 한국 해병대 1개 중대가 북한군 대대 병력을 궤멸시킨 1950년 8월 초 경남 통영 상륙작전을 보도하면서 "그들은 귀신도 잡을 수 있겠다(They might capture even the devil)"라고 쓴 게 단초가 됐다. 대한민국 정부는 2010년 9월 2일 히긴스 기자에게 수교훈장을 추서했고, 2016년 5월 국가보훈처는 그녀를 '5월의 영웅(英雄)'으로 선정했다.

12 Higgins, News Is A Singular Thing (1955) p.32

13 Antoinette May (2019) p.38

14 Higgins (1955), pp.26~30. Alejandra Dechet, "Marguerite Higgins; Persistence to Pulitzer" Daily Californian (April 21, 2018)

15 Antoinette May (2019) p.44

16 Alejandra Dechet, Daily Californian (April 21, 2018)

17 Antoinette May (2019) p.60

18 Antoinette May (2019) p.64

19 Higgins, News Is A Singular Thing (1955) p.48

20 Antoinette May (2019) p.84

21 Higgins, News Is A Singular Thing (1955) p.49 히긴스는 성사되기 힘든 인터뷰나 특종, 회사 안에서 성공을 위해 자신의 성적(性的) 매력을 자주 활용한다는 지적을 받았다. 대학시절부터 많은 남자들과 연애한 히긴스는 원치 않는 임신을 했다가 혼자 불법 낙태 시술을 받기도 했다. Antoinette May (2019), p.53, 61

22 Antoinette May (2019), pp.94~96

23 Higgins, News Is A Singular Thing (1955) p.55

24 Antoinette May (2019), p.110

25 1945년 'Mademoiselle'에 마거리트 히긴스 기자가 쓴 주요 기사들의 제목과 쓴 시점은 이렇다. "Foreign Correspondence"(February), "New to Britain"(March), "Paris in the Spring"(May), "Two Who Knew the Enemy"(June), "Paris-Heartbreak and Hope"(September), "Germany-the Lesson of Belsen"(November), "Berlin-City of Women"(December)

26 Higgins, News Is A Singular Thing (1955) pp.77~80

27 Antoinette May (2019) p.134

28 Antoinette May (2019) pp.172~173

29 Antoinette May (2019) p.176

30 Antoinette May (2019) pp.177~178

31 Antoinette May (2019) p.155

32 Higgins, News Is A Singular Thing (1955) p.16

33 Antoinette May (2019) pp.204~207

34 Marguerite Higgins, War in Korea; the report of a woman combat correspondent (New York : Borodino Books, 1951) 자유를 위한 희생(서울 : KORUS, 2009) p.16

35 Higgins, War in Korea (2009) p.32, 67

36 Higgins (2009) pp.149~151

37 "Last Word" TIME (July 31, 1950)

38 Higgins, War in Korea (2009) p.18

39 Higgins (2009) p.47

40 Higgins (2009) p.218

41 Higgins (2009) p.207

42 Antoinette May (2019) p.232

43 Antoinette May (2019) p.256

44 Higgins, War in Korea (2009) pp.67~68

45 Higgins (2009) pp.87~88

46 Higgins (2009) pp.171~173

47 Higgins (2009) pp.176~177

48 "Pride of the Regiment" TIME (Sept. 25, 1950)

49 Higgins, War in Korea (2009) pp.196~197, 200~202

50 Higgins (2009) p.110

51 Higgins (2009), p.181

52 Antoinette May (2019) p.288

53 Higgins, War in Korea (2009) pp.33~50

54 Higgins (2009) pp.84~85

55 Higgins (2009) pp.263~274

56 Higgins (2009) p.200

57 Carl Mydans, "Girl War Correspondent" LIFE (Oct. 2, 1950)

58 Antoinette May (2019) p.280

59 미국 우편국(US Postal Service)은 2002년에 마거리트 히긴스 기자 기념우표를 발행했다.

60 Mike Pride, "The jury has spoken" Columbia Journalism Review (June 7, 2016)

61 James Greenfield, "Editorial Notebook; Not an Anchorman in Sight; War

Correspondents Remember Korea" New York Times (July 29, 1993)

62 Elizabeth Becker, You Don't Belong Here: How Three Women Rewrote the Story of War (New York : Public Affair, 2021)

63 Toni Howard, Shriek with Pleasure (New York : Prentice Hall, 1950)

64 "Marguerite Higgins Wed to Gen. W. E. Hall" New York Times (April 27, 1952)

65 1953년 두 사람 사이에서 태어난 첫딸 샤론(Sharon)은 5일 만에 세상을 떴다. 샤론은 예정일보다 2개월 일찍 태어난 조산아(早産兒)로 몸무게가 2kg이 안 됐다. Higgins, News Is A Singular Thing (1955) pp.245~248

66 Antoinette May (2019) p.334

67 Antoinette May (2019) p.355

68 Higgins, News Is A Singular Thing (1955) p.221

69 Higgins (1955) p.251

70 Antoinette May (2019) p.323

71 Antoinette May (2019) p.324

72 Marguerite Higgins, Red Plush and Black Bread (New York : Doubleday & Company, 1955)

73 Antoinette May (2019) p.324

74 Marguerite Higgins, Our Vietnam Nightmare (New York : Harper & Row, 1965)

75 "Marguerite Higgins Dies at 45: Reporter Won '51 Pulitzer Prize" New York Times (Jan. 4, 1966)

76 Antoinette May (2019) pp.310~311

77 Higgins, News Is A Singular Thing (1955) p.255

78 Antoinette May (2019) pp.365~366

79 Higgins, News Is A Singular Thing (1955) p.215

80 Higgins (1955) p.216

81 Higgins (1955) p.249

박권상

1 박권상기념회, 박권상을 생각한다 (서울 : 상상나무, 2015)

2 동아일보 논설위원으로 활동했던 소설가 최일남이 한 표현이다. 최일남은 박권상에 대해 "신문을 떠나서는 살 수 없는 사람, 그런데도 타력에 의해 신문사 밖으로 밀려나 있는 언론인"이라고 했다. 최일남, "진품 언론인의 숨소리" 박권상, 감투의 사회학 (서울 : 지식산

업사, 1987) PP.334~335

3 정진석, "언론인, 언론학자, 언론경영인 박권상과 한국 언론의 세계화" 관훈저널 제130호 (서울 : 관훈클럽, 2014년 봄호) p.110

4 1933년 일본 호세이(法政)대학 전문부 3년을 수료한 박용상은 같은 해 3월 京城日報 전주 지국 기자로 근무했고, 광복 후에는 전라신보, 전주일보, 전북일보 편집국장을 거쳐 1951년 전북일보 부사장, 1958년 전북일보 사장을 지냈다.

5 박권상과 함께 간 연수생은 盧熙燁, 朴權相, 金寅昊(합동통신), 秦哲洙(AP), 金 成(로이터), 朴重熙(코리아 타임스), 趙世衡(평화신문), 嚴基成(서울신문), 金昶鍾(대구일보), 朴鳳潤(부산 국제신보) 기자 등이었다.

6 박권상, "10년 전의 나, 10년 후의 나" 한국기자협회보 (1968. 5. 15)

7 조용중, "박권상을 생각하는 몇 가지 단면" 관훈저널 제130호 (서울 : 관훈클럽, 2014년 봄호) p.133

8 조용중, 관훈저널 제130호 (2014년 봄호) p.133

9 한국신문학회 초대 임원 가운데 회장은 곽복산, 부회장은 임근수와 한경수가 맡았다. 박권상은 같은 미국 유학파인 장용과 함께 간사가 됐다. 신문학보 제1호 (서울 : 한국신문학회, 1960년 4월), pp. 71~72

10 에드윈 에머리 외, 매스콤론 (서울 : 을유문화사, 1963), 찰스 라이트, 근대국가와 언론자유 (서울 : 범문사, 1965), 찰스 라이트, 매스컴 사회학 (서울 : 범문사, 1967) 등이다.

11 박권상, "IPI와 한국신문" 고재욱선생 화갑기념논총 '민족과 자유와 언론' (서울 : 일조각, 1963) pp. 118~138

12 세계통신은 프란체스카, 박마리아, 허정, 이기붕, 갈홍기, 이철원 같은 경무대(요즘 대통령실) 직계가 운영하던 통신사였다. 3·15 부정선거와 4·19 시위 무렵, 세계통신이 자진 폐간하는 바람에 박권상은 실업자가 됐으나 1959년 베를린 IPI 총회 한국대표단으로 같이 참석한 장기영 한국일보 사장에 의해 한국일보로 옮길 수 있었다. 김진배, "포성 속의 신문기자" 대한언론인회 (편저) 언론계 거목들2 (서울 : 미디어365, 2020) p.111

13 박권상, "책 머리에" 박권상의 시론 (서울 : 열림원, 1991)

14 남재희, "중량급 정치인 간담회를 주재", 박권상을 생각한다 (서울: 상상나무, 2015) p.50

15 김영희, "자유주의 언론의 선도자", 박권상을 생각한다 (서울 : 상상나무, 2015) p.176

16 박권상, [미니 회고록] 참 쓰기 어려웠던 두 社說 "군사 통치하에서 신문을 만든다는 것" 관훈저널 제88호 (서울 : 관훈클럽, 2003) p.38

17 박권상, [미니 회고록] 관훈저널 제88호 (2003) p.44

18 "[사설] 憲法改正과 우리의 見解", 동아일보 (1969. 8. 8) 2면

19 박권상, "'한국의 그랜드 올드 맨' 김상만 회장, 격농의 시대에 자유언론 지킨 거인" 월간 신문과방송 (서울 : 한국언론재단, 1994년 3월호) p.76

20 최맹호, "박권상 선배를 추모하며", 관훈저널 제130호 (2014년 봄호) p.141

21 김진배, "20대에 국내외서 신문기사 현대화에 앞장", 박권상을 생각한다 (서울: 상상나무, 2015) pp.42~43

22 김진배, "포성 속의 신문기자", 언론계 거목들2 (서울 : 미디어365, 2020) p.122

23 박권상, [미니 회고록] "군사 통치하에서 신문을 만든다는 것", 관훈저널 제88호 (2003) p.39

24 박권상, [미니 회고록] 관훈저널 제88호 (2003) p.53

25 박권상, [미니 회고록] 관훈저널 제88호 (2003) p.54

26 미국 LA Times 1980년 8월 13일자 기사와 Chicago Tribune 1980년 8월 19일자 사설, 영국 The Times의 1980년 8월 21일자 외신면 톱기사는 한국의 언론인 숙청 기사를 보도하면서 박권상의 이름을 실었다.

27 박권상, "동아 시론과 나" 박권상의 시론 (서울 : 열림원, 1991) p.5

28 박권상, "윌슨센터 연수생활" 박권상·조용중·문창극 외, 1년 특파원, 기자 학생의 현장 (서울 : 나남, 2002) pp.26~29

29 김영희, 언론인 박권상과 한국 현대언론 (서울 : 커뮤니케이션북스, 2019) p.203

30 박권상, "서문" 박권상의 시론 (서울 : 열림원, 1991)

31 "김 본사 사장 포터 대사 초청연" 동아일보 (1971. 6. 4)

32 이 모임에 대해 32년이 경과한 2003년 12월 13일 KBS TV는 '미디어 포커스' 프로에서 동아일보가 미국대사관을 통해 음성적인 영향력을 행사한 것처럼 보도해 논란을 낳았다. 동아일보는 KBS 보도를 비판 반박하는 기사를 같은 해 12월 22일과 23일 두 차례 실었다.

33 조용중, 관훈저널 130호 (2014년 봄호) p.135

34 김진현, "이상주의자, 현실주의자, 지성적 언론인", 박권상을 생각한다 (서울 : 상상나무, 2015) pp.190~191

35 남재희, 박권상을 생각한다 (2015) p.50

36 남재희, 박권상을 생각한다 (2015) p.54

37 박권상기념회, 박권상을 생각한다 (2015) p.33

38 박권상, "현대 신문으로의 탈바꿈, 한가운데 관훈클럽이 있었다" 조세형기념사업회, 조세형선생 추모문집 시대를 앞서 산 80년 (서울 : 함께가는세상, 2010) pp.45~46

39 박권상 언론학 (서울 : 상상나무, 2015) pp.11~12

40 박권상 언론학 (2015), p.14

41 박권상 언론학 (2015), p.16

42 박권상 언론학 (2015), p.18

43 박권상 언론학 (2015), p.20

44 박권상, "책 머리에" 감투의 사회학 (서울 : 지식산업사, 1987) p.3

45 박권상은 한국 언론인 가운데에는 최병우(崔秉宇·1924~1958) 기자로부터 많은 감화를 받았다. 그보다 다섯 살 위인 최병우는 1958년 9월 대만해협의 중공 포격전 취재를 위해 대만 진먼다오(金門島)에서 일정을 보낸 후 재상륙을 시도하다가 조난 당해 목숨을 잃었다. 당시 34세였다. 그를 '신문기자의 우상'으로 삼았던 박권상은 "정확하고 진실하며 공정하고 솔직한 문장을 쓰고, 신문기자라는 직업을 천직으로 삼고 일하는 기자의 전형이 바로 최병우 기자였다"고 말했다.

46 박권상, "책을 내면서" 예측이 가능한 세상이었으면 (서울 : 신원문화사, 1994)

47 박권상이 1996년 발간한 칼럼집의 이름이 '오늘, 그리고 내일'인 것도 '오늘과 내일'이라는 칼럼을 쓴 월터 리프먼에 대한 흠모(欽慕)에서 비롯된 것으로 보인다.

48 박권상, "칼럼과 칼럼니스트" 신문연구 제41호 (서울 : 관훈클럽, 1986) pp.179~180

49 김영희, 언론인 박권상과 한국 현대 언론 (2019) p.379

50 박권상, "신문의 질적 향상과 대기자론—외국 사례를 중심으로" 신문연구 제59호 (서울 : 관훈클럽, 1995) p.138

51 박권상, 박권상의 시론 (서울 : 열림원, 1991) pp.185~186

52 박권상, "신문의 질적 향상과 대기자론" 신문연구 제59호 (1995) p.139

53 박권상, 신문연구 제59호 (1995) p.149

54 박권상, 신문연구 제59호 (1995) p.150

55 정진석, 관훈저널 제130호 (2014년 봄호) pp.121~122

56 박권상, "언론발전 연구위원회의 설립을 제안한다" 관훈통신 제42호 (1995. 12. 11)

57 관훈클럽은 이를 2000년 말 〈한국 언론의 좌표: 한국언론 2000년위원회 보고서〉로 출간했다.

58 김진배, 박권상을 생각한다 (2015) pp.23~32

59 박권상, "美國서 보낸 첫 記事—양유찬 대사 회견의 파문" 신문연구 제31호 (서울 : 관훈클럽, 1980년 겨울호) pp.48~56

60 박권상, 신문연구 제31호 (1980년 겨울호) p.69

61 김영희, 언론인 박권상과 한국 현대언론 (서울 : 커뮤니케이션북스, 2019) p.249

62 김영희, 언론인 박권상과 한국 현대언론 (2019) p.251

63 최원영, 시사저널 47호 (1990. 9. 20) p.5

64 김진배, "포성 속의 신문기자" 언론계 거목들2 (2020) pp.128~129

65 진홍순, "영원한 KBS 사장" 관훈저널 제130호 (서울 : 관훈클럽, 2014년 봄호) p.148

66 7개 항은 'KBS를 영국 BBC와 같은 공적 기관화', '권력으로부터 독립', '인사 간섭 배제', '재정 건전화', '보도·편성·제작에 절대 개입 안됨', '진실·개관·공정한 뉴스가 국익에 도움됨', '최소 5년은 함께 갈 것' 등이다. 김진배 언론계 거목들2 (2020) pp.131~132

67 진홍순, 관훈저널 제130호 (2014년 봄호) p.144

68 정진석, 관훈저널 제130호 (2014년 봄호) pp.124~125

69 남시욱, "생애 최고의 동아일보 시절", 박권상을 생각한다 (2015) p.197

70 최맹호, 관훈저널 제130호 (2014년 봄호) p.142

71 김진배, 박권상을 생각한다 (서울 : 상상나무, 2015) p.44

72 심상기, "우리 시대를 대표하는 지성인", 박권상을 생각한다 (2015) pp.205~206

73 김대곤, "골프 치는 기자는 부패 기자", 박권상을 생각한다 (2015) p.171

74 조용중, 관훈저널 제130호 (2014년 봄호) p.137

75 김종심, "하늘이 낸 기자", 박권상을 생각한다 (2015) pp.186~187

아웃퍼포머의 힘 – 9인의 일류 저널리스트

지은이 | 송의달
펴낸이 | 박영발
펴낸곳 | W미디어
등록 | 제2005-000030호
1쇄 발행 | 2023년 12월 1일
주소 | 서울 양천구 목동 907 현대월드타워 1905호
전화 | 02-6678-0708
E-mail | wmedia@naver.com

ISBN 979-11-89172-48-0 (03070)

값 20,000원

＊ 이 책은 뉴스통신진흥자금을 지원받아 저술·출간되었습니다.